JN010920

はじめの一歩

THE FIRST STEP!

# 内容証明を出すならこの1冊

弁護士
多比羅誠
行政書士
多比羅研［著］

自由国民社

## はしがき

はじめに内容証明ありきといったらオーバーでしょうか。われわれ弁護士がトラブルの予防や解決のために動き出すとき、内容証明郵便を出すことから始めるケースがずいぶんあります。

内容証明郵便を出しておいたら何の問題もなかったのに、ハガキにしたため、出した出さないのトラブルになった人を知っています。内容証明郵便で請求したら、すぐ支払ってきたケースも知っています。

内容証明郵便はトラブルの予防や解決にとても役立つものですから、もっと利用してもらいたいと思います。

内容証明郵便をむずかしいものと思っている人がおりますが、そんなことはありません。内容証明郵便もたかが手紙です。手紙を書ける人なら、誰でも書けます。内容証明郵便を出すのに、いちいち弁護士や司法書士、行政書士に頼む必要はありません。

私は弁護士生活15年目です。その間にどのくらい内容証明を出したか、とても数えきれません。成功もありましたし、失敗もありました。この体験にもとづいて、内容証明郵便がいかに簡単なものかをわかってもらうために、そしてこの１冊で内容証明ならもう弁護士や司法書士に頼まないですむ、そんなことをめざしてこの本を書きました。

第１章から第４章までは内容証明郵便の基礎知識を、第５章と第６章では私の体得した内容証明郵便を上手に活用するテクニックを説明しておきました。これは弁護士がよく用いるテクニックですが、決してむずかしいものではありません。しろうとの方でも簡単に利用できます。

第７章以下に、各種の内容証明のひながたを掲げておきました。個性的な内容証明郵便は、他のケースに利用できません。ここに掲げたどの文例も、必要にして十分な事項だけを簡潔に書いてあります。したがって、どの文例も、日付、住所、氏名、金額、対象物件等を変えさえすれば、あなたの場合にそのまま利用できます。

お役に立てたら幸いです。

私の恩師高橋保治弁護士は、内容証明郵便について造詣が深く、内容証明郵便の使い方がとても巧みです。私はこの本を書くにあたり、高橋先生の著書『内容証明の実務と実例集』（この本は絶版となっており、とても残念なのですが）を参考にさせてもらいました。高橋先生に感謝しております。

昭和59年３月

多比羅　誠

## 改版にあたって

本書を世に出してから、早くも36年になりました。その間、多くの読者の皆様に支えられ、毎年のように改訂･増補を重ねてまいりました。それなりに自信を持って出版いたしましたが、これほど永続きするとは思っておりませんでした。読者の皆様に深く感謝いたします。

初版発行の頃と比べると、社会や法律にも様々な変化がありました。変化のひとつとして、公文書では横書きが多くなり、その他の文書もパソコンなどで作成されることが多くなったせいか、横書きのものが多くなったように思います。内容証明郵便の文書も横書きで作成する方が多いのではないでしょうか。

今回、近時の民法改正をふまえ、全体的に内容を見直し、必要に応じて書き改めました。

本書が読者の皆様のお役に立てたら幸いです。

令和２年４月

著　者

目　次

## 第1章　内容証明郵便とは何か



## 第2章　内容証明郵便の書き方



## 第3章　郵便局での出し方



## 第4章　電子内容証明とは

## 第5章　内容証明の上手な利用法



## 第6章　内容証明郵便が来たときの対策



## 第7章　借家契約に関する内容証明

## 第9章　不動産売買に関する内容証明

## 第10章 債権回収のための内容証明



## 第11章 担保権実行のための内容証明



## 第12章 商品売買と内容証明

## 第13章　会社経営をめぐる内容証明

# 第1章

# 内容証明郵便とは何か

## ① 内容証明がやって来た

山本氏は、ポスター、パネル、鏡などの室内装飾品の販売会社を営んでいます。

ある日、山本氏が会社にいると、郵便配達人が「書留です。ハンをください」と言って入って来ました。

令和〇年〇〇月〇〇日

東京都豊島区池袋１丁目２番３号

株式会社ヤマモト

代表取締役　山本二郎　殿

東京都中央区銀座８丁目６番４号

幸商事株式会社

代表取締役　幸 田 太 郎

通　知　書

貴社益々ご清祥のこととお慶び申し上げます。

さて弊社が貴社に対し、令和〇年〇〇月〇〇日から令和〇年〇〇月〇〇日までの間に販売いたしましたパネル・鏡等の代金２００万円を支払っていただいておりません。

つきましては、本書面到達後７日間以内に前記金２００万円をお支払いくださいますよう、ご通知いたします。

万が一、前記期間内にお支払いなき場合、遺憾ながら訴訟、強制執行その他の法的手続きをとらざるを得ませんので、ご了承ください。

山本氏が差し出された小さな紙にハンを押すと、郵便配達人は１通の手紙を渡しました。何事かと思って、急いで封を切ると、内容証明郵便です。

幸商事から商品代金の請求です。

仕入代金200万円が未払いになっていることは間違いありません。しかし山本氏は最初から支払わないつもりではありませんでした。

幸商事のセールスマンが、新製品でよく売れるから、ぜひ買ってくれというので、注文したのです。

ところが、納品は遅れ、しかも注文より多くの商品を送ってきました。その上、思うように売れず、大半が残ってしまいました。

山本氏が幸商事のセールスマンに文句を言うと、値引きして売っておいてください、あとで調整しますから、との返事です。

そこで、残りを仕入原価で売り、やっと売り切ったのです。

その後、担当セールスマンは転勤で北海道に行ってしまいました。幸商事はそんな約束をしたはずはないと言って、値引きに応じません。

そこで山本氏は腹を立て、請求書が何度送られてきても、電話で何度催促されても代金を支払わなかったというわけです。

内容証明郵便を見るのは、これが初めてです。山本氏は数日間考え込んでしまいました。最初のうちは、内容証明を送ってよこすなんて、ひきょうなやり方だと怒っておりました。この文書は、何とも威圧的でした。

よく読むと、書いてあることは今までの請求書と同じです。

違うところは、７日間以内に支払えとか、その期間内に支払わないと法的手続きをとると書いてある点だけです。

しかし幸商事が最後に送ってきた請求書の欄外には、支払わない時には裁判にしますと添え書きしてあったし、この間の電話の時にも、同じことを言われました。

請求書と同じなら、今までどおり放っておいてよいだろうと思われますが、今度ばかりは簡単にいきそうにも思えません。

内容証明郵便の終わりに、次のとおり書かれています。

> **この郵便物は令和○年○○月○○日第○○○号書留内容証明郵便物として差し出したことを証明いたします。**
>
> **日本郵便株式会社**

お役所が作った公文書のようにも思えます。どうも今までの請求書とは勝手が違うようです。

では、このまま放っておくと、どうなるのだろうか。相手の言うことを全部認めたことになるのだろうか。裁判を起こしてよいと認めたことになってしまわないか。

山本氏はだんだん不安になり、どういう手を打ったらよいか、わからなくなってきました。

……よく考えてみると、セールスマンの口車にのせられたけれど、200万円で買ったことは事実だ。わざわざ内容証明を出してきたのだから、このまま放っておくと裁判を起こしてくるだろう。裁判所に引っぱり出されるなんて、まっぴらだ……。

そう思った山本氏は、その月と翌月の２回に分けて、200万円を支払ってしまいました。

## ② 内容証明郵便とは何か

山本氏は何度請求されても支払わなかったのに、内容証明郵便で請求されたら、さしたる抵抗もしないで、支払ってしまいました。こんなに素晴らしい効果を持った、この内容証明郵便というのは、いったい何でしょうか。

相手に自分の気持ちや考えを伝えたい時には、会って話をします。相手が近くにいない時には、電話で話したり、手紙を出したりします。

ところで、喋ったことは消えてしまいます。手紙は相手に渡ってしまうと、手もとに何も残りません。電話の場合でも、後になって、何を、いつ話したのか、はっきりさせたいと思っても、何の証拠もありません。

話す時、録音しておいたらどうか。録音すれば、何を話したのかは再現できますが、いつ話したかは、はっきりしません。

手紙ならコピーしておけば、文面はちゃんと残ります。しかしその手紙が間違いなく配達されたかどうかは、わかりません。

メールであれば、いつ、どんな内容を通知したかの証拠を残せますが、メールアドレスを知らなければメールを送れません。

では、後になって、何をいつ相手に伝えたか、ということをはっきりさせる必要があるのでしょうか。実はあるのです。

サラリーマンの鈴木氏はある日街を歩いていると、英会話の教材のセールスマンに声をかけられました。英会話の必要性を説明され、今なら大幅に割り引く、その上海外旅行の特典もあるなどのたくみな話術にのせられてしまい、気がつくと、喫茶店で50万円もする英会話の教材一式を２年間の分割払いで購入する契約書にサインをするハメになりました。

一晩たってよく考えてみると、大幅割引といっても50万円は高いし、毎月の支払いも大変、それに海外旅行の特典というけれど無料ではなく、海外旅行の企画に割引料金で参加できるというものです。

鈴木氏は、その契約を取り消すことにしました。

そのセールスマンから８日間以内でしたらキャンセルすることができるとの説明があったし、契約書にも、クーリング・オフ条項として、契約した日から８日間は契約を解除することができると書いてあります。
鈴木氏は、販売会社あてに、契約を解除しますと手紙を書き、ポストに入れると安心し、もうそのことを忘れていました。
数日後、英会話の教材一式が届きましたが、行き違いだ、そのうち取りに来るか何か連絡があるだろうと、そのまま放っておきました。
１か月ほどして、その月分の支払いの請求書が送られてきました。
これには鈴木氏もびっくり。販売会社に連絡すると、契約を取り消した手紙は届いていないと言います。そして商品を送ってあるのだから、契約どおり毎月払ってほしいとの返事です。
電話ではらちがあかないので、会社に出かけて行き、契約した翌日、契約取消しの手紙を出したと何度も説明しましたが、会社は、そんな手紙は受け取っていない、代金は約束どおり支払ってくれの一点張りで、水掛論に終わってしまいました。
私が鈴木氏から相談を受けたのは、その数日後です。
鈴木氏は、普通の手紙で出したから失敗したのです。**普通の手紙では、相手に受け取っていないと言われたら、それまでです。**手もとに何の証拠も残っていません。
まさか、こんなことになるとは思っていなかったので、鈴木氏は手紙のコピーをとっておりません。仮にコピーがとってあっても、相手の会社に受け取っていないと言われたらどうしようもありません。また、そんなコピーは、後からそちらで勝手に作ったものだろう、信用できないと言われるかもしれません。
鈴木氏は、内容証明郵便にすればよかったのです。

内容証明郵便というのは、
**①どんな内容の手紙を**
**②いつ相手に出したか**
ということを郵便局で証明してくれるものです。

内容証明郵便は､同じ文面のものを３通作って郵便局に差し出します。すると郵便局では、１通を相手方つまり郵便の受取人に送り、１通を郵便局に保存し、１通を差出人に返してくれます。

ですから、どういう内容の手紙をいつ出したかということを、簡単に証明できます。

大切な手紙や、後日のためにその手紙を出したことの証拠を残しておかなければならない場合には、内容証明郵便がよいのです。

くどいようですが、**内容証明郵便の本来の効果は、どんな内容の手紙を、いつ出したのかを証明できる**ということ、それだけです。

なお、平成24年10月１日より郵便の業務は日本郵便株式会社が行うこととなりましたが、郵便局における内容証明郵便の取扱いはこれまでと変わりありません。

## ③ 内容証明郵便の心理的効果

内容証明郵便がその程度のものなら何もこわいことはありません。最初に登場した山本氏の場合も、幸商事はいついつ請求したということを証明できるだけです。

内容証明郵便で請求されたからといって、あっさりと支払ってしまう必要はなかったのではないか、と思います。

支払ったのは、山本氏が内容証明郵便の何たるかをよく知らなかったからです。知らないということは恐ろしいものだ、という見方もできるかもしれません。

しかし山本氏が支払ったのは、内容証明郵便のことを知らなかったためというよりも、内容証明郵便の持つ魔力によるものと思います。

内容証明郵便で出したからといって、お金の請求に強制力が生まれるわけでもありません。内容証明郵便が来たからといって、返事を出す義務が生じるわけでもありません。

また、内容証明郵便をもらって返事を出さなかったからといって、内容証明郵便に書いてあることを認めたことにはなりません。

それでも内容証明郵便を初めて受け取った人はドキリとします。

内容証明郵便をもらってからというもの不眠症になったとか、食事がのどを通らなくなったという話をよく聞きます。

私は弁護士ですから仕事の上でしょっちゅう内容証明郵便を出しており、相当慣れてはおりますが、数年前、事件の相手方から私個人あてに、弁護士であるお前にも損害賠償責任があるという内容証明郵便が来た時は、自分の方が有利に進展しないための八つ当たりか、脅しだとわかりましたが、ドキリとし、いやな気分になりました。

それだけ内容証明郵便が相手に与えるショックは大きいのです。

大変な心理的圧迫です。

われわれ弁護士は貸金や売掛金等のお金の取立てを頼まれた場合には、すぐには裁判を起こさず、まず内容証明郵便で請求します。依頼者から、今まで何度も請求書を出したり、何度交渉しても、一銭も支払わないのだから無駄ですよといわれることがありますが、それでも、いちおう内容証明郵便を出します。

内容証明郵便を出すと、そのうちの何割かは必ず反応があり、一括で支払ってくれたり、分割で支払ってくれたりします。

すぐに裁判を起こすより早く解決し、ずっと効率がよいのです。

これは内容証明郵便の持つ魔力、心理的圧迫によるものです。

では、なぜ内容証明郵便には、そんな心理的効果が生まれるのでしょうか。

いろいろな理由が考えられます。

① 内容証明郵便は、普通の手紙とは異なる格式ばった形式で書かれていることもあるため、今までの請求とは違うんだぞという印象を与えます。
② 書留郵便で配達され、いかにも重要な文書のように感じさせます。
③ 文書の末尾に、郵便事業株式会社が内容証明郵便として差し出されたことを証明するという記載とハンが押してあり（14ページ参照）、もらった方は緊張感を覚えます。
④ わざわざ内容証明郵便というやっかいな方法をとったのだから、次には何か法的な手続きでやってくるな、という不気味な予感を抱かせます。しかも、どんな手段をとってくるのかわからないし、裁判を起こされたらやっかいだと、困惑してきます。

以上のような作用があいまって、**内容証明郵便には相手方を心理的に動揺させ、威圧する効果が生じます。**

内容証明郵便を出したところ、あれほど逃げまわっていた相手があっさり支払ってきた、あるいはこちらの言い分を認めてきたというケースはよくあります。決して私だけの体験ではありません。

これはまさに内容証明郵便の心理的効果です。

世上、内容証明郵便はよく利用されていますが、その大半は内容証明郵便の本来的効果を目的にしたものではなく、二次的な作用ともいえる心理的効果によって自分の要求を実現させるために利用しているのです。

# 第2章 内容証明郵便の書き方

## ① どんな用紙を使えばよいのか

昔の内容証明郵便を知っている人の中には、赤枠、赤いマス目の用紙に書かなければいけないと思い込んでいる人がいます。実は、**どんな用紙に書いてもよい**のです。便せんに書いてもよいし、原稿用紙でもよいし、白い紙、メモ用紙でもかまいません。大きさだって自由です。

手紙を出すとき、普通は便せんに書きますが、原稿用紙でもかまいません。中にはノートを破いて書く人や、銀行でもらったメモ用紙を使う人もいます。内容証明郵便もこれと同じです。用紙についての制約はありません。

ただ内容証明郵便は、普通の手紙と違って、**同文の手紙を３通**書かなければなりません。また１枚の紙に書ける文字の数が決まっております。**１行に20字以内、１枚に26行以内**です。

手書きで内容証明の文書を作る場合、便せんや白紙を使うと、いちいち字数を数えながら書かなければいけません。原稿用紙のようにマス目のある用紙の方が数えるのに便利です。そこで１行20字、１枚26行のマス目が印刷されている薄紙の内容証明郵便用の用紙が市販されているのです。24ページ以下に掲げましたのがそれです。内容証明書用紙と名づけられ、株式会社日本法令（電話03-3862-5031）等が発行しています。

この用紙は、文房具店やインターネットで購入できます。手書きで内容証明の文書を作成するときには、この用紙を使うことをお勧めします。この用紙が手に入らないときは、原稿用紙やけい紙に字数、行数を注意して書けばよいのです。

同文の手紙が３通必要といいましたが、３通とも手書きするのはめんどうです。コピーでかまいません。最近では、手書きではなくパソコンで作成し、それを３通プリントアウトして、同文の手紙３通を作っています。

パソコンがあり、インターネットに接続できるなら、電子内容証明郵便（55ページ以下）を利用することもできます。

## ② 同文のものを３通作る

内容証明郵便は、前にも言いましたように、全く同文の手紙を３通用意しなければなりません。１通は相手方（受取人）に送り、１通は差出人が持ち、残りの１通は郵便局が保管します。

３通とも同文であればよいのですから、別々に作成する必要はありません。１通書いて、あと２通はそのコピーでもよいのです。パソコンならば、３通を１度にプリントアウトすることもでき、便利です。

## ③ １行20字以内・１枚26行以内で書く

内容証明郵便を書く場合には、１行20字以内、１枚に26行以内と内国郵便約款で決まっています。便せんやけい紙を使う場合には、字数を数えながら書かなければいけません。市販されている内容証明郵便の用紙は、ちゃんと１行20字、１枚26行のマス目が印刷されています。

上記の制限以内なら、たとえ１行が18字でも10字でも、また１枚に20行でも10行でもかまいません。

一般に使われている400字詰めの原稿用紙は、１行20字、１枚20行ですから、それを使っても、内容証明郵便として、もちろん有効です。また、パソコンでしたら、上記の制限内に簡単に作成できます。

**横書きの内容証明郵便**の場合には、１行20字以内、１枚26行以内のほかに、１行13字以内・１枚40行以内か、または１行26字以内・１枚20行以内でもかまいません。本書の12ページや７章以降で掲載している文例では「１行26字・１枚20行」方式をとっています。

なお、句読点やかっこは、１字として計算されますので注意してください。原稿用紙に書く要領で、句読点をマス目１コマに入れて書けばよいのです。

パソコンで内容証明を作成する場合には、ワープロソフトによっては、あらかじめ文字数と行数を設定していても、自動的に句読点を文頭にこないよう行の末尾へ移動することや、かっこ等の記号のサイズを調整することがあります。そのため、句読点や記号が入っている行については、文字数の確認を注意して行う必要があります。

〈書式１〉１行20字・１枚26行・縦書きの例

一字加入　伊藤
二字削除 一字加入　伊藤
三字削除　伊藤

貸金請求書

私は、貴殿に対し、令和〇〇年七月一日金五〇〇万円を、利息年三%、弁済期令和〇〇年一二月三一日の約束でお貸ししました。しかし弁済期を過ぎておりますが、いまだに返済していただいておりません。

つきましては、本書面到達後七日以内に、金五〇〇万円及びこれに対する令和〇〇年七月一日から完済まで年三%の割合による利息をお支払い下さいますように、ご請求申し上げます。

令和〇〇年二月一日

東京都中央区銀座一丁目一番一号

内容証明書用紙

伊藤一郎　伊藤

東京都豊島区池袋二丁目二番二号

山田二郎殿

〈書式１〉と〈書式２〉は、同じ内容証明郵便を縦書きと横書きにしたものです。

〈書式１〉は縦書きの場合の典型的なスタイルです。従来の内容証明郵便は、このように縦書きにする方が多いようです。

横書きにする場合は〈書式２〉のスタイルか、〈書式３〉のように１行26字詰め・１枚20行としたり、１行13字詰め・１枚40行とすることもできます。

〈書式２〉 １行20字・１枚26行・横書きの例

　　　　　　　　　　　令和○○年２月１日
東京都豊島区池袋２丁目２番２号
　山　田　二　郎　殿

　　　　　東京都中央区銀座１丁目１番１号
　　　　　　　　　　伊　藤　一　郎　(伊藤)

　　　　　貸金請求書
　私は、貴殿に対し、令和○○年７月１日金
10行目 ２字削除 ２字挿入 (伊藤)
５~~００~~２５万円を、利息年３％、弁済期令和○○
年１２月３１日の約束でお貸ししました。し
かし弁済期を過ぎておりますが、いまだに返
済していただいておりません。
内容証明書用紙
　つきましては、本書面到達後７日以内に、
15行目 ２字削除 ２字挿入 (伊藤)
金５~~００~~２５万円及びこれに対する令和○○年７
月１日から完済まで年３％の割合による利息
をお支払い下さいますように、ご請求申し上
げます。
　　　　　　　　　　　　　　　　　　以上

〈書式３〉 １行26字・１枚20行・横書きの例

令和○○年２月１日

東京都豊島区池袋２丁目２番２号

山　田　二　郎　殿

東京都中央区銀座１丁目１番１号

伊　藤　一　郎　（伊藤）

貸金請求書

　私は、貴殿に対し、令和○○年７月１日金５００万円を

、利息年３％、弁済期令和○○年１２月３１日の約束でお

貸ししました。しかし弁済期を過ぎておりますが、いまだ

に返済していただいておりません。

　つきましては、本書面到達後７日以内に、金５００万円

及びこれに対する令和○○年７月１日から完済まで年３％

の割合による利息をお支払い下さいますように、ご請求申

し上げます。

内容証明書用紙

# ④ 使用できる文字、数字、記号は

内容証明郵便に使用できる文字は、きまっています。かな（ひらがな、カタカナ）、漢字、および数字です。

数字は、１２３……の算用数字も、一二三や壱弐参の漢数字も使うことができます。

英字は、氏名、会社名、地名、商品名等の固有名詞にだけ使えます。ですからコカ・コーラとしないで、Coca-Colaとすることができます。

なお、英語等の外国語による内容証明郵便は許されていません。

かっこ、句読点、その他一般に記号として使用されるものは、内容証明郵便に使えます。

◉字数の計算方法

① 固有名詞

Coca−Cola………………９字

コロナMARKⅡ1600ハードトップ
…18字

② 記号

%
＋
m
}……………………………１字

㎡
kg
kℓ
は⃝
}……………………………２字

NO. ……………………………３字

Tel. …………………………４字

$H_2SO_4$ ………………………５字

③ かっこ

私は、貴殿に金500万円を、利息（年３％…20字
）、弁済期を令和○年○月○日　…………13字

④（一）（１）（ア）など、文字または記号にかっこをつけたもの

文中の序列を示す記号として認められるものにかぎり１字として計算し、その他の場合は２字として計算します。

私は貴殿に対し、金５００万円を　………15字
（１）利息年３％ ……………………………６字
（２）弁済期　令和○年○月○日 ………12字
の約束で貸し付けました。 ……………12字
ところが、貴殿は（2）の弁済期が過ぎて……18字

⑤ 傍点

私は貴殿に対し、金５００万円を　………15字

記号としては、m, ㎡, g, kg, ℓ, kℓ, %, +, −, No., Tel., sin, $H^2O$等があります。

句読点も記号も、1個1字として計算します。

**かっこは、上下（横書きの場合は左右）を合わせて1字とし、字数計算では上（横書きの場合は左）のかっこのある行の字数に含めます。**たとえば、「　」、『　』、（　）は各々1字です。

なお、かっこつきの数字でも、１ ２ ３とか（1）（2）（3）のように、文中の序列を示す記号と認められるときは、1や（1）を1字とします。

記号ではありませんが、「とくに」や「とくに」のように文字に傍点がふってあっても線が引いてあっても「と」や「と」は1字に計算します。

## ⑤ 2枚以上のときの注意

内容証明郵便は、どんなに長文になってもかまいません。5枚でも、10枚でも、20枚でも、枚数に制限はありません。

ただし、2枚以上になったときは、ホッチキスやのりで綴《と》じ、**そのつなぎ目に差出人のハンを押します。**これを**契印**《けいいん》または**割印**《わりいん》といいます。忘れずに契印をして郵便局へ提出してください。

なお、電子内容証明郵便の場合には、5枚の制限があります。また、2枚以上の場合の契印または割印は不要です。

## ⑥ 書き間違えたときの訂正方法

普通、手紙を書いていて、書き間違えると、2本の線を引いて消したり、塗りつぶしたりします。内容証明郵便の場合は、訂正の仕方が内国郵便約款で決まっていて、普通の手紙のようなわけにはいきません。

文字を書き間違えた場合には、**間違えた個所を２本の線で消します。それから正しい文字を書き加えます。文字を削除するときに、何を消したのか読めるようにしておかなければなりません。**ですから、塗りつぶさずに、２本の線で消しておきます。

**訂正したら、その欄外に「何字削除、何字加入」**と書き、そこに**差出人のハンを押します。**どこの個所を訂正したのか、わかるようにすることが大切ですから、「何行目何字削除、何字加入」と書けば、もっとよいでしょう。

欄外でなく、末尾余白に書いてもかまいません。その場合は必ず「何行目何字削除、何字加入」と書きます。単に「何字削除、何字加入」では、どこを訂正したのかわからなくなるからです。

訂正に使うハンは、差出人のハンであれば実印でなくても、三文判でも有効です。

訂正の仕方については、前掲の**〈書式１～２〉**（24 ～ 25ページ）を参考にしてください。

◉訂正の仕方

さて弊社が貴社に対し、令和〇年１月８日から令和〇年
２月２０日までの間に販売いたしましたパネル・鏡等の代
　２３４
金~~１８７~~万円を支払っていただいておりません。　３字削除 ３字加入 伊藤
　　　　本書面到達後　　　　　　２３４
つきましては、７日間以内に上記金~~１８７~~万円をお支払　３字削除 ９字加入 伊藤
いくださいますよう通知いたします。

## ⑦ 差出人欄と受取人欄の書き方

手紙の冒頭か最後には、自分の名前と相手の名前を書くのが常識です。内容証明郵便の場合、もう少していねいというか、厳格で、手紙の冒頭か終わりに、差出人の住所氏名と受取人の住所氏名を書きます。名前だけではいけません。**住所を書くことも義務付けられています。**

差出人の住所氏名、受取人の住所氏名を書く場所は、原則として冒頭か最後ですが、横書きの内容証明郵便では、冒頭に書くことが多いようです（**〈書式２〉**参照）。

次にハンの問題です。内容証明郵便をみると必ず、縦書きの場合は差出人の名前の下に、横書きの場合は差出人の名前の右に、捺印してあります（**〈書式１〉**および**〈書式２〉**参照）。私も内容証明郵便を出すときは、必ず自分の名前の次にハンを押して出しています。

しかし法律上は、差出人の名前の次の捺印は、必要ありません。捺印がなくても有効です。

ではなぜ差出人の名前のほかに捺印しているかというと、内容証明郵便はいずれも重要な通知（意思の表示）ですから、間違いなく本人の意思で作成されたのだということを示すためです。

日本では、重要な文書にはみな署名捺印しています。

契約書を見てください。領収証を見てください。必ずそうなっています。別に法律で契約書や領収証には署名捺印しなければ無効だと定めているわけではありません。ハンを押していないものは、本当にその人が書いたかどうかわかりません。信用度が低くなります。

捺印するのはその意味ですから、ハンは差出人のものであればよく、なにも実印である必要はありません。なお、**訂正したときの訂正印や、文面が２枚以上にわたるときの契印（割印）は、内国郵便約款で押しな**

さいと決められています。これは必ず押してください。

差出人名と受取人名の書き方で、もう一つ誤解があります。

内容証明郵便というと、「通知人山田太郎」「被通知人佐藤一郎」、あるいは「催告人田中二郎」「被催告人高橋花子」というように、差出人名や受取人名に肩書きをつけなければいけないと思い込んでいる人がいます。

たしかに、内容証明の本に出ているひながたを見ると、ときどきそういう肩書きがついています。

しかし「通知人」「被通知人」などの肩書きは不要です。受取人名は○○殿とか、○○様と書きますから、そんな肩書きをつけなくても、誰が「通知人」で、誰が「被通知人」かわかります。もちろん、つけても間違いではありません。作成者の好みの問題です。

ただし、差出人の住所氏名と、受取人の住所氏名を並べて書いた場合には、どちらが差出人がわかりませんから、通知人何某、被通知人何某と書きます。

差出人と受取人を並べて書く方式は読みにくいですから、前掲の**〈書式1〉**や**〈書式2〉**のように別の行に書く方がよいでしょう。

## ⑧ タイトルは必要か

内容証明郵便には、よくタイトルがついています。たとえば「貸金請求書」「売掛金請求書」「家賃値上通知書」「家賃支払催告書」「賃貸借契約解除通知書」あるいは簡単に「通知書」「通告書」「請求書」「催告書」などです。

タイトルをつけないで、普通の手紙のように、「拝啓　秋冷の候益々ご清栄のこととお慶び申し上げます。さて、私は貴殿に令和○年○○月

○○日金300万円をお貸ししましたが……」と書き始めても、いっこうにかまいません。

あるいは、もっとストレートに「前略　弊社は貴社に対して令和○年○○月○○日金500万円を貸与いたしましたが……」でもよいのです。タイトルをつける、つけないは、作成者の好みの問題です。

タイトルは、内容に合ってさえいれば、どんなものでもかまいません。

タイトルを何にしたらよいかわからないときは、「通知書」あるいは「通告書」が無難です。どんな内容証明郵便にも使えます。お金の請求なら「請求書」でもかまいません。内容証明郵便に対する返事のときには「回答書」がよいでしょう。

## ⑨ 時候のあいさつは必要か

普通の手紙でしたら「拝啓　猛暑の折いかがお過ごしでしょうか。さて……」とか「拝啓　厳寒の候貴殿にはいよいよご清栄のこととお慶び申し上げます。さて……」と、まず冒頭のあいさつをして、それから用件に入ります。

ところが内容証明郵便の場合には、冒頭のあいさつを省き、「通知書」などとタイトルを書いたら、すぐ「私は貴殿に対して、令和○年○○月○○日金50万円をお貸ししましたが、弁済期を過ぎましたのに、現在までお返しいただいておりません……」と書くのが普通です。

これでよいと思います。

もっとも時候のあいさつを書いてはいけないということではありません。内容証明郵便はかた苦しく、また挑戦的ですので、あたりをやわらかくするために、意識的に時候のあいさつを入れることもあります。

## ⑩ 封筒の書き方

封筒は、普通の手紙の場合と同じです。現金書留の時のように、内容証明郵便専用の封筒があるわけではありません。市販されている封筒を使います。

封筒の表側に受取人の住所氏名、裏側に差出人の住所氏名を書きますが、その住所氏名は内容証明郵便に書いてあるものと、同じに書きます。中に入れる手紙文の住所氏名と封筒の住所氏名が違っていてはいけません。

そして、３人の連名で出すときは、封筒の裏側に３人の住所氏名を書きます。

なお手紙文には通知人何某、被通知人何某と書いたとしても、封筒には「通知人」「被通知人」というような肩書きを書く必要はありません。

封筒は封をせず、同文の手紙文３通と共に郵便局へ持って行きます。封をするのは、郵便局で内容証明郵便の手続きをしてからです。

## ⑪ 資料や写真は同封できない

普通の郵便でしたら、写真や資料を同封することができます。書留郵便の場合にも可能です。

しかし内容証明郵便の場合には、手紙文以外の物、資料や写真等を同封することはできません。

「私は川崎太郎氏に、令和○年５月10日金350万円を貸し付け、その際貴殿が保証されました。川崎氏は全然返済してくれません。保証人として貴殿に支払ってもらいたいと思います。貴殿は保証した覚えがないと言っておられますが、借用証に貴殿の署名と捺印があります。借用証のコピーを同封しましたので、お確かめください。そして至急お支払いください」

という内容証明郵便を出したい場合があります。しかし借用証のコピーを同封することができませんので、こういうときは、「借用証のコピーを同封…」を「疑問があれば、いつでも借用証のコピーを差し上げる用意があります」として出しておくとよいでしょう。

## ⑫ 外国人が内容証明郵便を出すとき

内容証明郵便に使えるのは日本語だけです。英字は固有名詞を書くときに使えるだけです。

英語やフランス語等の外国語による内容証明郵便は認められていません。外国人も日本語で書かなければいけません。

外国人の場合、困るのは印鑑がないことです。差出人名の下にハンを押さなくとも有効だということは前に説明したとおりです。しかし、字句を訂正する場合の訂正印や手紙文が２枚以上にわたる場合のつなぎ目にする契印《けいいん》（割印《わりいん》）は、内国郵便約款で義務付けられております。

といって、外国人に印鑑を要求できませんので、その場合には、ハンを押すかわりに、サインをすればよいことになっています。

## ⑬ 差出人が２人以上のとき

父親の持っていたアパートを３人の息子が相続したところ、アパートの住人が何か月も家賃を支払いません。そこで内容証明郵便で、家賃の請求と賃貸借契約の解除をすることになりました。

この場合、３人の息子が各々、同一の内容証明郵便を作って差し出すこともできますが、３人が連名で出せば１回ですみ、簡単です。３人の連名で差し出す場合には、手紙の差出人欄は下記のように書きます。

**差出人が２人以上の場合、訂正印や契印は差出人全員が押します。**

差出人が複数の場合には、受取人が複数の場合と違って、用意する内容証明郵便は差出人が１人の場合のように同文のもの３通です。差出人用は１通だけです。したがって郵便料金も差出人１人の場合と同じです。

封筒の裏側に、差出人３人の住所氏名を連記しなければならないことは前にも述べたとおりです（33ページ参照）。

◉差出人が２人以上のときの差出人欄・受取人欄

東京都練馬区練馬４丁目４番４号
鈴木アパート１号室
山　田　太　郎　殿

東京都新宿区新宿１丁目２番３号
鈴　木　一　郎 鈴木
同都中野区中野２丁目２番２号
鈴　木　二　郎 鈴木
同都杉並区高円寺３丁目２番１号
鈴　木　三　郎 鈴木

## ⑭ 受取人が２人以上のとき

前の例とは逆に、ある人が土地を貸していたところ、借地人が死亡し、借地権を息子３人で相続したのに、地代を支払わない。そこで内容証明郵便で、地代の請求と借地契約の解除をするということがあります。

この場合、地主は３人の相続人に対し、同じ内容証明郵便を別々に差し出すこともできます。しかし、この方法ですと、３回も内容証明郵便を出すことになります。

受取人が違うだけで、同じ内容のものなら、１回の内容証明郵便で出すことができます。これを同文内容証明郵便といいます。これは、さらに完全同文内容証明郵便と不完全同文内容証明郵便の２つに分かれます。

### ❶ 完全同文内容証明郵便

２人以上の受取人にあてた内容証明郵便で、手紙の内容が全く同じであるだけでなく、日付、差出人の記載、受取人の記載が全く同じものを**完全同文内容証明郵便**といいます。２人以上の受取人に出すものですから、受取人の記載が同じということは、受取人全員の住所氏名が連記してあることになります。

地主から３人の相続人に対し、完全同文内容証明郵便で出す場合、受取人の記載は、次ページの書式のようになります。ほかは普通の内容証明郵便と同じです。

どの受取人のところにも受取人全員の住所氏名が連記してある、全く同じものが届くのです。

受取人１名の普通の内容証明郵便の場合には、受取人用、差出人用、郵便局用の合計３通を作りますが、**完全同文内容証明郵便の場合には、**

**受取人が増えた分だけ増やします。**受取人が３名なら、受取人用３通、差出人用１通、郵便局用１通の、合計５通です。受取人が４名なら全部で６通作ります。**受取人の数プラス２通です。**

封筒は受取人の数だけ用意します。しかし、封筒の表面には受取人全員の住所氏名を連記するわけではありません。受取人１人ずつの住所氏名を書いて郵便局に持って行きます。

◉完全同文内容証明郵便の差出人欄・受取人欄

東京都新宿区新宿１丁目２番３号
　　鈴　木　一　郎　殿
同都中野区中野２丁目２番２号
　　鈴　木　二　郎　殿
同都杉並区高円寺３丁目２番１号
　　鈴　木　三　郎　殿

東京都大田区山王１丁目６番９号
犬　塚　信　一　(犬塚)

## ❷ 不完全同文内容証明郵便

２人以上の受取人に同じ内容証明郵便を出す場合に、手紙の内容、日付、差出人の住所氏名は同じですが、完全同文内容証明郵便と違って、受取人全員を連記せず、受取人の記載は１人ずつ別々に書いて出すこともできます。

受取人の住所氏名だけが異なるので、**不完全同文内容証明郵便**といいます。

地主から３人の相続人に対し、不完全同文内容証明郵便で出す場合、受取人の記載は、39ページの書式のようになります。ほかは、やはり普通の内容証明郵便と同じです。

不完全同文内容証明郵便で出す場合にも、受取人の数プラス２通作ります。受取人２名なら４通、受取人３名なら５通です。

手紙の内容、日付、差出人の住所氏名までは同じですから、そこまでは共通です。受取人の記載が完全同文型とは違います。

郵便局と差出人が保管する手紙文、つまり２通は、受取人全員の住所氏名を連記します。受取人に送るものは、受取人１人ずつの住所氏名を書きます。

鈴木一郎に送るものには、鈴木一郎だけの住所氏名を書き、鈴木二郎に送るものには、鈴木二郎だけの住所氏名を書きます。

つまり受取人全員の住所氏名を連記した手紙文（次ページのいちばん下）が２通、鈴木一郎の住所氏名を書いた手紙文①が１通、鈴木二郎の住所氏名を書いた手紙文②が１通、鈴木三郎の住所氏名を書いた手紙文③が１通です。

## ❸ 同文内容証明郵便の利点

私は、複数の相続人に対して内容証明郵便を出す場合や、貸金の請求を借主と連帯保証人に同時にする場合、同文内容証明郵便を利用しています。

受取人が何人いようと、１回の内容証明郵便ですみ便利です。その上、別々に出すよりも内容証明郵便の料金が安くなる利点があります。

◉不完全同文内容証明郵便の差出人・受取人欄

①鈴木一郎あて

東京都新宿区新宿１丁目２番３号
　　　鈴　木　一　郎　殿
　　　　　　　　　　　　　　　東京都大田区山王３丁目６番９号
　　　　　　　　　　　　　　　　　　　犬　塚　信　一　犬塚

②鈴木二郎あて

東京都中野区中野２丁目２番２号
　　　鈴　木　二　郎　殿
　　　　　　　　　　　　　　　東京都大田区山王３丁目６番９号
　　　　　　　　　　　　　　　　　　　犬　塚　信　一　犬塚

③鈴木三郎あて

東京都杉並区高円寺３丁目２番１号
　　　鈴　木　三　郎　殿
　　　　　　　　　　　　　　　東京都大田区山王３丁目６番９号
　　　　　　　　　　　　　　　　　　　犬　塚　信　一　犬塚

④郵便局および差出人が保管するものの差出人・受取人欄

東京都新宿区新宿１丁目３番３号
　　　鈴　木　一　郎　殿
東京都中野区中野２丁目２番２号
　　　鈴　木　二　郎　殿
東京都杉並区高円寺３丁目２番１号
　　　鈴　木　三　郎　殿
　　　　　　　　　　　　　　　東京都大田区山王３丁目６番９号
　　　　　　　　　　　　　　　　　　　犬　塚　信　一　犬塚

## ⑮ 代理人によって出すときの注意

内容証明郵便は、必ず本人が出さなければいけないわけではなく、代理人をたて、その人に出してもらうこともできます。

われわれ弁護士は、毎日のように内容証明郵便を出しておりますが、これは依頼者に頼まれて、代理人として出しているものです。

裁判の場合には、本人が自分でやるか、もし代理人をたてるとすると、弁護士に頼むしかありません（簡易裁判所の事件については、一定の研修を受けた認定司法書士も代理人とすることができます)。

もっとも簡易裁判所の事件については、裁判所の許可を得ると、弁護士や司法書士以外の人も代理人となることができますが、これは例外です。

しかし内容証明郵便を出すことは、裁判手続きではありませんから、その事案の解決を弁護士でない人に頼み、その人が代理人として出すこともできます。

たとえば、お金を貸していたけれど、自分は病気なので、息子を代理人にして貸金回収の交渉をさせようとする場合には、息子さんが代理人として貸金請求の内容証明郵便を出したらよいのです。

内容証明郵便だけをほかの人（たとえば司法書士等）に書いてもらい、あとの交渉はご本人がするという場合には、代理人名ではなく、直接本人名で出します。

代理人によって出すときは、次ページの①のように書きます。誰の代理人として、誰が出すのか、はっきりわかることが大切です。

冒頭に代理文句（私は、東京都世田谷区成城１丁目２番３号　原田花子の代理人として、ご通知申し上げます）を書いた場合には、差出人名を書くとき、「原田花子代理人」という肩書きをはぶき「東京都中央区銀座８丁目４番４号　伊藤太郎」と書いてもかまいません。

もし、冒頭に代理文句を書かず、いきなり「原田花子は貴殿に対し…」とする場合には、差出人欄に、下記の②のように書きます。

**◉代理人によって出すときの通知書の例**

**①冒頭に代理文句を書く場合**

令和○年１０月１日

東京都豊島区池袋１丁目３番４号

山川　進　殿

東京都中央区銀座８丁目４番４号

原田花子代理人

伊　藤　太　郎　(伊藤)

通　知　書

私は、東京都世田谷区成城１丁目２番３号原田花子の代理人として、ご通知申し上げます。

原田花子は貴殿に対し……（省略）。

**②代理文句を冒頭に書かない場合の差出人・受取人欄**

東京都豊島区池袋１丁目３番４号

山　川　　進　殿

東京都世田谷区成城１丁目２番３号

原　田　花　子

東京都中央区銀座８丁目４番４号

原田花子代理人　　伊藤太郎　(伊藤)

# 第3章

# 郵便局での出し方

## ① 郵便局に持っていく物は

内容証明にする手紙文が書けたら、郵便局に行って、「これを内容証明郵便にしてください」と頼みます。

郵便局に持って行くものは、次のものです。

- 内容証明郵便にする手紙文（同文のもの）３通
- 封筒１通
- 差出人の印鑑
- 郵便料金

封筒は、前に説明したとおり、表側に相手方の住所氏名を、裏側に差出人の住所氏名を書き、封をしないで持って行きます。

印鑑は、差出人の名前の下、訂正した個所、２枚以上の場合にはつなぎ目にあらかじめ押しておけば、必ずしも郵便局に持参する必要はありません。

ただ時々、句読点やかっこ等を見落として字数計算していたことを郵便局の係員に指摘され、その場で訂正しなければならないことがあります。自分では間違っていないと思っても、訂正する場合もありますので、これに備えて、郵便局へ行くときには、印鑑を持参する方が無難です。

代理人の名前で差し出す場合には、代理人の印鑑を持って行きます。

## ② 取扱いをする郵便局は

内容証明郵便は、どこの郵便局からでも出せるというわけではありません。

郵便局には､郵便物の集配をする郵便局としない郵便局とがあります。内容証明郵便を取り扱うのは、集配郵便局と日本郵便株式会社が定める無集配郵便局（内容証明取扱店）に限られています。

内容証明郵便は、これを利用する者の権利義務に重大な関係を及ぼすものですし、また内容証明郵便の手続きは煩雑なので、内容証明郵便のことをよく知っていて、取扱いが可能な郵便局だけが行うことになっています。

どこの郵便局で取り扱っているのかわからない場合には、最寄りの郵便局に行ってたずねてみるか、あるいは電話して内容証明郵便を取り扱う郵便局を教えてもらうとよいでしょう。

## ③ 内容証明郵便を出すときの手続き

同文の手紙３通と封筒１つを郵便局の窓口に出しますと、郵便局員はその文書が内容証明郵便のルールに従って書かれているかどうかを調べます。字数はどうか、行数はどうか、訂正印が押されているか、つなぎ目に契印があるか…などなどです。

この審査に合格すると、郵便局員はその手紙の末尾余白に、

「この郵便物は令和○年○○月○○日第○○○号書留内容証明郵便物として差し出したことを証明します　日本郵便株式会社」

と記載し、その下に通信日付印を押します。１通だけでなく、同文の手紙３通全部につき行います。

それができると、３通のうち１通を郵便局で保管し、１通を差出人に渡します。残りの１通は、郵便局員立会いの下に、差出人が封筒に入れて封をし、郵便局員に渡します。これが受取人に郵送されるのです。

この時、郵便局員から差出人に「書留・特定記録郵便物等受領証」が

渡され、内容証明郵便の差出手続きは終わります。

「書留・特定記録郵便物等受領証」には、差出人誰々、受取人誰々の内容証明郵便を、いつ引き受け、お問い合わせ番号は何番かが記載されています。

この受領証は、その書留郵便物がなんらかの事情により受取人に配達されなかった場合に生ずる損害賠償を日本郵便株式会社へ請求するときに必要ですし、また郵便局に保存してある内容証明郵便を閲覧したり、あるいは内容証明郵便を紛失した場合に再度証明をしてもらうときにも必要ですから、大切に保管しておかなければいけません。

なお、郵便局には差出人本人が行く必要はなく、お使いの人が持って行って手続きをしても差しつかえありません。

## ④ 配達証明にすることを忘れずに

郵便局で内容証明郵便を出すときは、窓口で必ず「配達証明付きでお願いします」と言ってください。**内容証明郵便にしただけでは、当然には配達証明にしてもらえません。**

**配達証明をしてもらわないと、**せっかく内容証明郵便にして、いつどんな手紙を出したのかという証拠を残しておいても、**差出人には、その内容証明郵便が受取人に配達されたのかどうか、配達されたとすれば、いつ配達されたのか、わかりません。**それでは内容証明郵便にした意味がなくなります。

配達証明付きにしてもらいますと、１週間ほどして、郵便局から差出人宛てに、○○年○○月○○日受取人に配達したことを証明しますという郵便物配達証明書（はがきの裏面に記載されています）が送付されます。これが、内容証明郵便がいつ配達されたかの証拠になるものです。

### ◉書留・特定記録郵便物等受領証

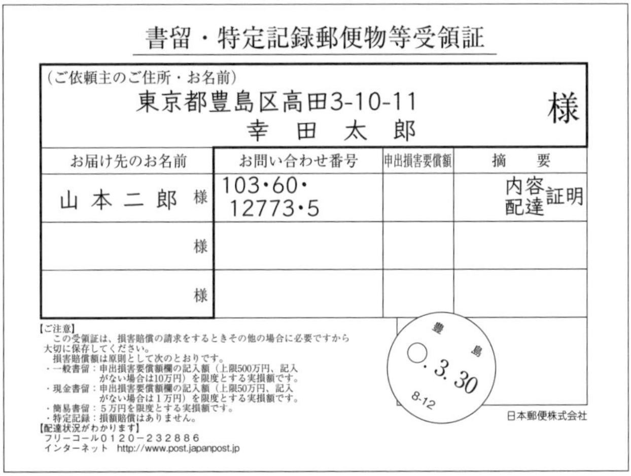

書留・特定記録郵便物等受領証

（ご依頼主のご住所・お名前）
東京都豊島区高田3-10-11
幸　田　太　郎　様

| お届け先のお名前 | お問い合わせ番号 | 申出損害要償額 | 摘　要 |
| --- | --- | --- | --- |
| 山 本 二 郎　様 | 103•60•12773•5 | | 内容 配達 証明 |
| 様 | | | |
| 様 | | | |

【ご注意】
この受領証は、損害賠償の請求をするときその他の場合に必要ですから大切に保存してください。
損害賠償額は原則として次のとおりです。
・一般書留：申出損害要償額欄の記入額（上限500万円、記入がない場合は10万円）を限度とする実損額です。
・現金書留：申出損害要償額欄の記入額（上限50万円、記入がない場合は1万円）を限度とする実損額です。
・簡易書留：５万円を限度とする実損額です。
・特定記録：損額賠償はありません。
【配達状況がわかります】
フリーコール０１２０－２３２８８６
インターネット　http://www.post.japanpost.jp

豊島 ○.3.30 8-12

日本郵便株式会社

### ◉配達証明のはがき

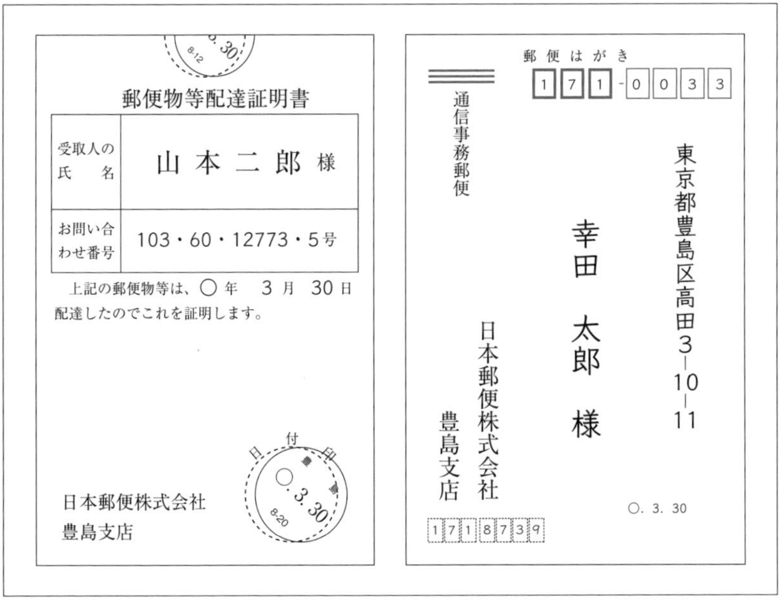

郵便物等配達証明書

| | |
| --- | --- |
| 受取人の氏　名 | 山 本 二 郎 様 |
| お問い合わせ番号 | 103・60・12773・5号 |

上記の郵便物等は、○ 年　3 月　30 日配達したのでこれを証明します。

日付印　豊島 ○.3.30 8-20

日本郵便株式会社
豊島支店

郵便はがき
171-0033
通信事務郵便
東京都豊島区高田3−10−11
幸田　太郎　様
日本郵便株式会社
豊島支店
○. 3. 30
1718739

この配達証明書は、内容証明郵便や書留郵便物受領証と一緒に保管しておきます。

配達証明を頼む場合は、配達証明料が必要です。令和２年４月１日現在320円です。

配達証明は、内容証明郵便を出すときに頼むのが普通ですが、出した後でも差し出してから１年以内なら配達証明をしてもらえます。その場合に必要な配達証明料は440円となります。

## ⑤ 受取人本人が直接受け取ってほしいとき

郵便物の郵送には、郵便物に記載された受取人本人に限って郵便物を渡すという**本人限定受取**という方法があります。

内容証明郵便を配達証明付きで出した場合、受取人に配達されたことの証明をすることはできますが、受取人本人が直接受け取ったかどうかまではわかりません。たとえば会社宛の場合、従業員が受け取る可能性もあり、社長の手に届くかどうかまではわかりません。もっとも、会社の従業員が受け取った場合には、会社に送達されたという効力は生じます。また、離婚問題においては、実家に戻っている夫（あるいは妻）の手元に確実に届いてほしい、同居している親兄弟が受け取ってしまうことがないようにしたい、という場合もあります。

そこで、受取人本人が直接受け取るようにするためには、内容証明郵便に「本人限定受取」を追加するとよいです。

本人限定受取の内容証明郵便が出されると、受取人へ到着通知書が送付されます。受取人は、郵便窓口で運転免許証、パスポート、マイナンバーカード等の本人確認書類を提示すると、その内容証明郵便を受け取れます。

本人限定受取郵便を利用するには、料金として105円が加算されます。これに、配達証明をつけることで、受取人本人に配達されたことを証明できることになります。

## ⑥ 内容証明郵便に要する費用は

内容証明郵便を出す場合には、次のような費用がかかります。

**●内容証明料**

受取人に出す手紙文が１枚のときには440円、１枚を超える場合には、２枚目から１枚ごとに260円増しです。

**●書留料**

内容証明郵便は一般書留にする必要がありますので、書留料435円が必要です。

**●通常郵便物の料金**

通常郵便物としての料金が必要です。定型で25グラムまで84円、50グラムまで94円です。一般に、内容証明郵便は長文になることはありませんので、普通は84円で足りるでしょう。

**●配達証明料**

配達証明を、内容証明郵便差出しの際に依頼すれば320円、差出し後であれば440円です。配達証明を付けなければ、この料金は不要です。

手紙文１枚で配達証明付きの場合は、内容証明料が440円、書留料が435円、通常郵便物の料金が84円、配達証明料が320円、合計1279円です。

手紙文２枚の場合は、内容証明料が基本の440円と１枚の増加分260円、あわせて700円となり、全部合計すると1539円です。

これを速達にする場合は、速達料290円（ただし250グラムまで）が加算されます。

ここに述べた料金は、令和２年４月１日現在のものですから、その後の改訂には十分に注意してください。

これらの料金は郵便切手で支払うこともできます。ただし、郵便切手で支払う場合､封筒には郵便切手を貼らずに郵便窓口に持って行きます。

２人以上の受取人に対し同文内容証明郵便を出す場合には、完全同文であれ、不完全同文であれ、２人目以降については、内容証明料が半額になります。

受取人２名で手紙文１枚の場合の内容証明料は、440円プラス220円、合計660円です。手紙文２枚なら、合計1050円です。

また、受取人３名で手紙文１枚の場合の内容証明料は880円、手紙文が２枚ならば1400円となります。

その他の料金（書留料、配達証明料、通常郵便物の料金等）は、割引とならず、受取人２名なら２名分、３名なら３名分の料金がかかります。

内容証明料は安くなるけれど、封筒に貼る郵便料金は、同文の内容証明郵便でも変わらないということです。

## ◉内容証明郵便を出すときにかかる料金

| 内容証明料金 | | |
|---|---|---|
| 同文内容証明以外のもの(※) | 謄本1枚 | 440円 |
| | 1枚増すごとに | 260円増し |
| 同文内容証明 | 1個 | ※と同じ |
| | 1個超えるごとに | ※の半額 |
| 謄本閲覧 | | 440円 |

| 通常郵便料金 | |
|---|---|
| 定型25グラムまで<br>定型50グラムまで | 84円<br>94円 |
| **配達証明料金** | |
| 差出しの際<br>差出し後 | 320円<br>440円 |
| **速達で出すときの料金** | |
| 250グラムまで | 290円 |

## ◉内容証明郵便料金シミュレーション

**1　手紙文1枚の場合**

内容証明料(440円)＋書留料(435円)＋通常郵便物の料金(84円)＋配達証明料(320円)＝1,279円

**2　手紙文2枚の場合**

内容証明料(440円＋260円)＋書留料(435円)＋通常郵便物の料金(84円)＋配達証明料(320円)＝1,539円

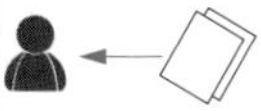

**3　手紙文3枚の場合**

内容証明料(440円＋260円＋260円)＋書留料(435円)＋通常郵便物の料金(84円)＋配達証明料(320円)＝1,799円

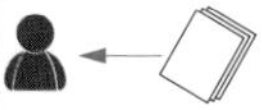

**4　手紙文1枚で速達の場合**

内容証明料(440円)＋書留料(435円)＋通常郵便物の料金(84円)＋配達証明料(320円)＋速達料(290円)＝1,569円

**5　手紙文2枚で速達の場合**

内容証明料(440円＋260円)＋書留料(435円)＋通常郵便物の料金(84円)＋配達証明料(320円)＋速達料(290円)＝1,829円

**6　受取人2名、手紙文1枚の同文内容証明郵便の場合**

内容証明料(440円＋220円)＋{書留料(435円)＋通常郵便物の料金(84円)＋配達証明料(320円)}×2＝2,338円

**7　受取人2名、手紙文2枚の同文内容証明郵便の場合**

内容証明料(440円＋220円＋260円＋130円)＋{書留料(435円)＋通常郵便物の料金(84円)＋配達証明料(320円)}×2＝2,728円

**8　受取人3名、手紙文1枚の同文内容証明郵便の場合**

内容証明料(440円＋220円＋220円)＋{書留料(435円)＋通常郵便物の料金(84円)＋配達証明料(320円)}×3＝3,397円

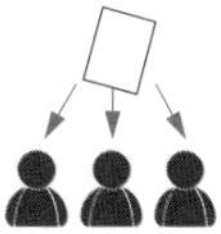

**9　受取人3名、手紙文2枚の同文内容証明郵便の場合**

内容証明料(440円＋220円＋220円＋260円＋130円＋130円)＋{書留料(435円)＋通常郵便物の料金(84円)＋配達証明料(320円)}×3＝3,917円

**10　受取人3名、手紙文2枚の同文内容証明郵便を速達にした場合**

内容証明料(440円＋220円＋220円＋260円＋130円＋130円)＋{書留料(435円)＋通常郵便物の料金(84円)＋配達証明料(320円)＋速達料(290円)}×3＝4,787円

## ⑦ 内容証明郵便の閲覧と再度証明

### ❶ 郵便局での閲覧

差出人が内容証明郵便を紛失した場合には、差し出した郵便局に行って、自分の出した内容証明郵便を閲覧することができます。その場合、郵便局から受け取った**書留郵便物受領証を示さなければなりません**。

郵便局は、内容証明郵便を５年間保存しておくことになっています。

その保存期間内なら、いつでも閲覧できます。閲覧できるのは、差出人だけで、受取人や第三者は閲覧できません。

### ❷ 内容証明郵便を出したことの再度証明

差出人が内容証明郵便を紛失した場合、郵便局で閲覧し、自分が出した内容証明郵便とそっくり同じものを作って郵便局に持って行きますと、その郵便物が内容証明郵便物として差し出されたことを証明してくれます。

これを**再度証明**といいます。

**この証明をしてもらうときにも、書留郵便物受領証を持参する必要があります**。この証明を受けられるのも、内容証明郵便が保存されている５年間に限られます。

令和２年４月１日現在、閲覧料は440円、再度証明料は内容証明料と同じで、受取人に出した手紙が１枚のときは440円、２枚目からは１枚ごとに260円増しです。

## ⑧ 郵便追跡サービス

内容証明郵便を出したあと、この郵便が現在どのような状況にあるのかをインターネット上で確認できるサービスとして、日本郵便株式会社のホームページに「郵便追跡サービス」があります。

日本郵便株式会社の「郵便追跡サービス」のホームページのアドレスは、

https://trackings.post.japanpost.jp/services/srv/search/

です。

このサービスを利用する場合には、郵便局から差し出したときに受け取る「書留・特定記録郵便物等受領証」の「お問い合わせ番号」記載の番号をホームページの該当箇所に入力して検索をすると、該当の内容証明郵便が現在配達のどの段階にあるのか分かります。たとえば、受取人の住所地の取扱い郵便局に到着したとか、受取人不在のため持ち帰り、受取人住所地の取扱い郵便局で保管中等々です。

特に相手が留守で届かない場合には、相手が受け取るあるいは内容証明郵便が保管期間を過ぎたため戻ってくるまでに時間がかかります。内容証明郵便を出した後、何日経っても配達証明書が送付されて来ない場合には、この郵便追跡サービスを利用して、現在どのような状況にあるのかを確認することができるため便利です。

# 第4章

# 電子内容証明とは

## ① 電子内容証明の特徴

電子内容証明とは、**インターネットを通じて、内容証明郵便を差し出す方式**のことです。

差出人は、内容証明郵便の文書を作成し、インターネットで送信すると、新東京郵便局がその文書を内容証明郵便として受け付け、自動的に２通を作成して、１通を受取人に、もう１通を差出人に配達されます。

電子内容証明郵便の受付は、インターネットを通じて行うため、**24時間受け付けています。**また、インターネットを通じて差し出すため、通常の内容証明郵便のように、郵便局へ行く必要はなく、封入、封かんや差出人の押印も不要です。

郵便局からの配送は、受取人には一般書留郵便で配達され、差出人には簡易書留郵便で配達されます。

電子内容証明ホームページのアドレスは、
https://e-naiyo.post.japanpost.jp/　です。

## ② まず会員登録を行う

電子内容証明を利用するには、**事前に会員登録を行う**必要があり、ID・パスワードを設定の上、決済方法を決定します。決済方法は、クレジットカードか料金後納のいずれかの方法で行われます。

## ③ 電子内容証明の作成

電子内容証明の文書は、ホームページから文書の雛形をダウンロードして作成します。

電子内容証明には、通常の内容証明のような１行の字数や１枚の行数の制限はなく文書を作成することができますが、次のような制約があります。

**●文字ポイントサイズ**

10.5ポイント以上145ポイント以下。１行20字以内という制限はありません。

**●用紙サイズ**

Ａ４判縦置きで横書きか、Ａ４判横置きで縦書きです。

**●余白**

Ａ４判縦置きで横書きの場合、全ページとも、上左右に各々1.5センチメートル以上、下に７センチメートル以上の余白が必要となります。

Ａ４判横置きで縦書きの場合、全ページとも、上下右に各々1.5センチメートル以上、左に７センチメートル以上の余白が必要です。

**●文字等の制限**

外字は使用できません。文字の装飾は、太字や斜体のみ使用できますが、その他の装飾は使用できません。

また、図や表を使用することもできません。

**●用紙の枚数**

最大５枚までとなっています。

**●押印**

不要です。

◉電子内容証明の作成例　用紙は縦置き・文書は横書き

上余白
1.5cm以上

令和○年４月２５日

東京都中央区銀座４丁目１０番６号

山　本　二　郎　郎　殿

東京都千代田区有楽町２丁目２番２号

幸　田　太　郎

通　知　書

右余白
1.5cm
以上

左余白
1.5cm
以上

私は、令和○年３月１日、貴殿に対し、金２００万円を利息年３％の約束で、弁済期日を定めずにお貸しいたしました。すでに１年余を経過いたしましたし、私におきましても、その金２００万円を至急必要とする事情もありますので、本書面到達後１０日以内に元利金全額をお支払いくださいますよう、ご請求申し上げます。

下余白
７cm以上

差出人　〒100－0006

東京都千代田区有楽町２丁目２番２号　　幸田太郎

受取人　〒104－0061

東京都中央区銀座４丁目１０番６号　　山本二郎　様

この郵便物は令和○年４月２５日

第9876543210号書留内容証明郵便物として

差し出したことを証明します。

新東京支店長

新東京
○. 4. 25
12-18

受付通番　1234567890号

1／1頁

## ④ 電子内容証明の差出し

電子内容証明の文書を作成したら、ホームページ上の電子内容証明サービスからログインをします。差出し手続の画面へ進み、差出し文書ファイルの選択、差出人の住所氏名の入力、受取人の住所氏名の入力をします。入力に際して、配達証明、速達、親展の付与も選択することができます。

差出文書内容と料金の確認をした後、支払方法を確定し、購入を選択すると差出が完了します。

電子内容証明も通常の内容証明と同じ様に、同文内容証明を利用することができます。受取人を複数指定した場合に、完全同文内容証明とするか、不完全同文内容証明とするかを選択することになります。

電子内容証明は、１度に100通まで差し出せます。

## ⑤ 電子内容証明の配達

郵便局は、送信された電子内容証明本文をもとに、受取人宛の郵便物と差出人宛の郵便物とを作成し、専用の封筒に入れ、受取人宛ては一般書留郵便として、差出人宛は簡易書留郵便として配達します。

受取人宛について、配達証明付きにした場合は、配達証明のはがきが、後日、差出人のところに届きます。

配達については、通常の郵便と同様に郵便追跡サービスで確認できます。

## ⑥ 謄本の再度証明

差し出された電子内容証明の謄本について、再度証明を発行してもらうことができます。ホームページを通して申し込むか、または内容証明を取り扱う郵便局でやってもらうことができます。

## ⑦ 利用料金

令和２年４月１日現在、料金は下の表のとおりです。

①**基本の郵便料金**の他に、内容証明関連料金として、②**電子郵便料金**、③電子内容証明本文に応じた**内容証明料金**、⑤**書留料金**が必要になります。また、差出人宛てに返送される謄本に関しては④**謄本送付料金**が必要です。その他、配達証明、速達を選択すると、⑥**配達証明料金**、⑦**速達料金**が加算されます。

なお、同文内容証明として同じ内容の文書を複数の受取人に宛てた場合は、受取人宛ての２通目以降の料金が減額になります。

◉電子内容証明の利用料金

| | | |
|---|---|---|
| ①基本郵便料金 | | 84円 |
| ②電子郵便料金 | 通信文　用紙１枚目 | 15円 |
| | 通信文　用紙２枚目以降 | 5円 |
| ③内容証明料金 | 本文　１枚目 | 382円 |
| | 本文　２枚目以降 | 360円 |
| | 同文内容証明の原本２通目以降　本文　１枚目 | 210円 |
| | 同文内容証明の原本２通目以降　本文　２枚目以降 | 210円 |
| ④謄本送付料金 | 通常送付 | 304円 |
| | 一括送付 | 503円 |
| ⑤書留料金 | | 435円 |
| ⑥配達証明料金 | | 320円 |
| ⑦速達料金 | | 290円 |

# 第5章

# 内容証明の上手な利用法

## ① 内容証明郵便の力を知り、使い分けよ

内容証明郵便は、郵便の一種です。手紙なのです。ところが内容証明郵便は手紙としてより、法律的トラブルの解決の手段として利用されています。

内容証明郵便がよく利用されているケースをみれば、それがわかります。金銭の請求、契約の解除、借地・借家の更新拒絶や解約の申入れ、債権譲渡の通知、相殺の通知、抵当権消滅請求の通知などなど。いずれもトラブル解決の手段です。

そこで内容証明郵便をどう書くかも大切ですが、どういうときに内容証明郵便を出すかも、とても重要になってきます。

**内容証明郵便は、相手にどんな手紙をいつ出したかを証明できるという本来の効果と、相手に対する心理的強制力をもっています。**内容証明郵便を上手に利用するコツは、この二つの効力をよく理解し、これを使いわけることです。

内容証明郵便には、それ以上の力はありません。弁護士が内容証明郵便を出すと、それだけでトラブルが解決すると思っている人がいます。とんだ誤解です。

ある人が私の事務所にやって来ました。取引先が倒産し、もらっていた手形が不渡りになってしまった。その会社は全国各地の小売店に売掛金があるけれど、倒産した会社の社長が回収し、持ち逃げしそうだから、小売店全部に売掛金を支払うなという内容証明郵便を出してほしいとの相談でした。

その人は、弁護士が内容証明郵便で支払うなという通知を出しさえすれば、小売店は支払いをストップすると思い込んでいます。裁判所の出

す仮差押命令や差押命令なら、そのとおりですが、内容証明郵便にはそんな効力はありません。すぐ仮差押えをするか、破産手続開始の申立てをして財産を保全する手続きをとるように勧めました。

内容証明郵便の力を過信してはいけません。



## ② 内容証明郵便にした方がよいケース

内容証明郵便の本来の効果は、どんな内容の手紙を、いつ相手に出したかを郵便局で証明してくれることです。ですから、重要な手紙なので、相手に確実に送りたい、そしてその証拠を残しておきたい場合に、内容証明郵便を使います。

内容証明郵便で出した方がよいケースがあります。以下、その主なものを説明します。

### ❶ 債権譲渡の通知

春野会社が夏川会社に機械を代金500万円で売ったとします。春野会社は夏川会社に500万円を請求できます。これを法律的にいうと、春野会社は債権者で、夏川会社は債務者です。春野会社は500万円の売買代金請求権という債権を持っています。

この債権は、第三者（冬山会社）に譲ることができます。譲り受けた冬山会社は、夏川会社に500万円を請求し、500万円を受け取れます。

債権譲渡をするには、まず譲る人（春野会社）と譲り受ける人（冬山会社）とが「譲ります」「譲り受けます」という約束（契約）をします。ちょうど売買契約が、売る人と買う人とで、「売ります」「買います」という約束をするのと同じです。

土地建物の売買の場合、「売ります」「買います」という契約をしても、そして代金を全部支払っても、登記をしなければ、第三者に所有権を主張できません。

債権譲渡の場合も、債権譲渡の契約をしただけでは、譲受人（冬山会社）は債務者（夏川会社）から500万円を支払ってもらえません。

債権譲渡の契約をしたら、まず譲り渡す人（春野会社）から債務者（夏川会社）あてに債権譲渡をしたという通知をします。この通知があってはじめて、譲り受けた人（冬山会社）は債務者（夏川会社）に債権を譲り受けたから500万円支払ってくれと言うことができるようになり、債務者は譲り受けた人に支払いをしなければならなくなるのです（民法467条１項）。

債権譲渡をしたという通知は、譲渡人（春野会社）が行います。譲受人（冬山会社）が債権譲渡を受けましたという通知を出しても、法律で要求する債権譲渡の通知をしたことになりません。無意味な通知です。

債権譲渡の通知は、内容証明郵便にした方がよいです。

譲渡人（春野会社）が、冬山会社に譲渡したあとで、秋空会社にも債権譲渡の約束をした場合、先に内容証明郵便で債権譲渡の通知をした方が優先します。

民法467条１項では、債権の譲渡は、譲渡人が債務者に通知をし、または債務者が承諾をしなければ、債務者その他の第三者に対抗することができないと定めています。そしてさらに同条２項では前項の通知または承諾は、確定日付のある証書によってしなければ、債務者以外の第三者に対抗することができないとしています。

**確定日付ある証書による通知**というのは、内容証明郵便がその代表例です。春野会社が冬山会社に債権譲渡したという通知を普通郵便で出した後、秋空会社に債権譲渡をし、内容証明郵便で秋空会社に譲渡したという通知をしますと、後に行った秋空会社への債権譲渡が有効になります。冬山会社はその債権を取得できません。春野会社が両方の通知を内容証明郵便で出した場合には、先に通知した冬山会社への債権譲渡が有効です。

**◉債権譲渡のしくみ**

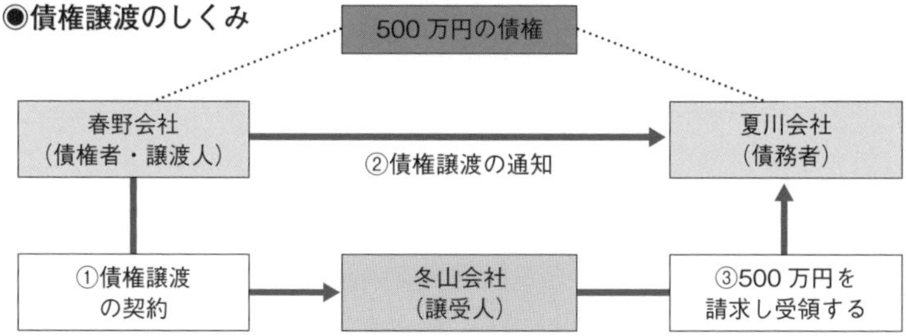


**◉債権の二重譲渡のしくみ**

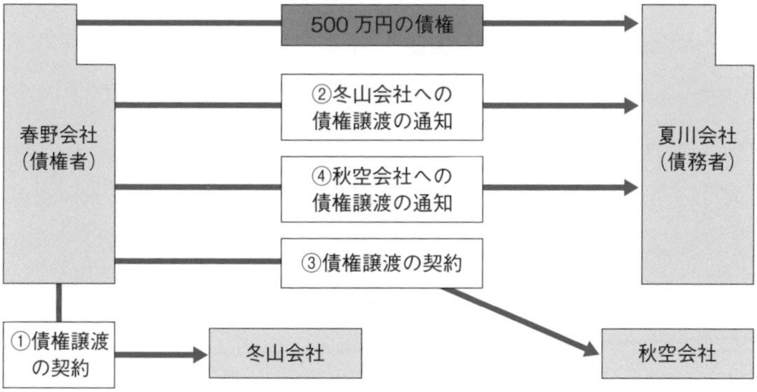


- 債権譲渡の通知が、いずれも内容証明郵便でなされたときは、先になされたものが債権を取得する。
- 先になされた通知が普通郵便で、後のが内容証明郵便の場合は、後の方が債権を取得する。

債権を譲り受けるときは、**債権譲渡の通知を内容証明郵便で出す**よう譲渡人に頼むことを忘れてはなりません。譲渡人は債権譲渡の約束をすると、内容証明郵便というやっかいな手続きをおっくうがることがあります。

そこで譲り受ける人は、債権譲渡の契約書を作成する際、債権譲渡の通知書も作成し、契約書に調印すると同時に債権譲渡の通知書にも譲渡人のハンを押してもらいます。そして譲受人がそれを郵便局に持って行き、内容証明郵便の手続きをして、通知書を自ら保管する、そのくらいの配慮が必要です。

債権譲渡通知書は**文例70**および**文例71**です（209～210ページ）。

債務者が債権譲渡を承認すれば、債権譲渡の通知をしなくてもよいことになっています。その場合、譲り受けた人は、承認したことを文書にしてもらいます。そして、その承認書を公証役場に持って行き、確定日付をとっておきます。そうしておかないと、後日、二重に債権を譲り受けた人が登場したとき、対抗できなくなりますから、注意してください。

なお、動産・債権譲渡特例法によって、法人がする金銭債権の譲渡等について、前述したような債務者に対する通知または債務者の承諾という対抗要件に加えて、法務局に備える債権譲渡登記ファイルに債権譲渡登記をすることにより、第三者に対する対抗要件が認められることになっています。その場合、債権の譲受人が債務者に弁済を請求するには、債務者に対して債権譲渡の登記をしたという登記事項証明書を交付して通知しなければならないことになっています。

## ❷ 契約を解除するとき

契約を解除するには、相手に解除の意思を伝えれば、それでよいのです。口頭で「契約を解除します」と言っても、また普通郵便で契約を解除するという手紙を出しても有効です。

しかし口頭で通告した場合には、証拠が残りませんから、後日「契約を解除した」「いや、していない」と争われたら困ってしまいます。普通郵便で送ったときも同じで、そんな手紙を受け取っていないと言われたら、契約を解除したことを証明するのに難渋します。

**契約解除のように重要なことは、なるべく内容証明郵便で通知し、その通知書を証拠として保管しておかなければいけません。**

### ❸ 債権を放棄するとき

商取引をしていた相手方が倒産し、売掛金が回収できなくなることがあります。そのままにしておきますと、帳簿上その売掛金債権は資産として計上されており、税務上損をします。

回収できないものを持っていても仕方ありません。その売掛金債権を放棄しますと、放棄した金額を損金として処理することができます。

**税務対策として債務者に対し債権を放棄しますという通知をする場合には、なるべく内容証明郵便にして証拠を残しておきます。**

税務署から債権放棄の証拠を見せてくれといわれたとき、電話で伝えましたとか、普通郵便で送りましたというのでは認めてもらえません。損金処理を否認されてしまいます。

債権放棄通知書は**文例75**と**文例76**（216ページ）を見てください。

## ③ 時効の進行のストップも内容証明郵便で

### ❶ 放っておくと時効になる

売掛金は請求しないで放っておくと、時効によって消滅します。時効にかかるのは売掛金だけではありません。手形・小切手であれ、貸金であれ、飲食店のツケであれ、ある人に対して何かを請求できるという権利は、ある期間放っておくと、みな時効で消滅してしまいます。

これを**消滅時効**《しょうめつじこう》といいます。権利の上に眠る者を法律は保護しません。

権利を行使できることを知った時から５年間行使しないとき、または権利を行使することができる時から10年間行使しないときのいずれか早い方が経過したときに消滅時効が成立します。平成29年に民法が改正されまして、消滅時効の期間がこのように統一されました。ご注意ください。

## ❷ 時効の進行をストップさせるには

時効の進行をストップさせることを**時効の完成の猶予**といいます。

債権者が売掛金を支払えという訴訟を起こしますと、もはや権利の上に眠る者でなくなり、時効の進行はストップします。

**時効の完成が猶予されるのは**、債権者が権利を行使していると見られるときです。具体的には、**訴訟を起こしたり、支払督促の申立て等の裁判上の請求をしたとき、それから差押え、仮差押え、仮処分等の裁判手続きをとったときです。**

請求書を送るとか、電話で請求する、あるいは会って請求するという裁判外の請求でも、一時的に時効の進行がストップします。しかし**裁判外の請求のときは、請求後６か月以内に、裁判上の請求（訴訟や支払督促等）か、差押え、仮差押え、仮処分のいずれかをしないと、消滅時効は成立したことになります。**

６月30日で時効が成立するという場合に、６月１日に請求書を債務者に渡したとします。請求後６か月以内つまり12月１日までに、訴訟を起こすか、仮差押え等をしますと、６月１日に時効の進行はストップし時効にかかりません。

しかし請求書を渡しただけで、12月１日までに裁判上の手続きをとりませんと、時効の進行はストップせず、６月30日で時効になってしまいます。

請求書を出してから６か月以内に（この場合でいうと12月１日までに）再び請求書を出すと、また６か月時効期間が延びると思っている人がいますが、間違いです。**延びるのは１回かぎり、再延長はありません。**

裁判外の請求は、口頭でも文書でもよいのですが、「請求した」「いや、請求を受けていない」あるいは「請求書を送った」「いや、そんな請求書を受け取っていない」という水掛論になって、簡単に請求したことを証明できないことがあります。

**時効の進行をストップさせるために請求する場合には、いつ請求した**

**かという証拠を残しておくため、なるべく内容証明郵便で行うべきです。**支払いを求める請求書の書き方は、後掲の債権回収のための内容証明の章（200ページ以下）を参照してください。

時効の成立が目前に迫った場合には、とりあえず内容証明郵便でこれこれの金を支払えという請求をし、それから6か月以内に訴訟を起こせば、時効の進行をストップできます。

時効の進行がストップするのは、権利者が権利を行使する場合のほかに、もう一つあります。それは**債務者が金銭の支払義務のあることを承認（債務の承認）したときです。**

借主が借入金200万円を間違いなく支払いますといえば、それはまさに債務の承認です。

それ以外でも、債務の一部分を支払った場合、利息を支払った場合、担保を提供した場合、必ず払うからいついつまで待ってくれと、支払猶予を求めてきた場合には、債務の承認として時効の進行はストップします。

もし時効が成立してしまったら、どうしたらよいでしょうか。

簡単にあきらめてはいけません。かまわず集金に行くことです。相手が一部分でも支払ってくれたり、支払いを延ばしてくれとか、分割払いにしてくれといったら、しめたものです。即座に長期の分割払いの約束をします。時効で消滅したというかどうかは、債務者の自由です。債務者が支払ってくれるならば、20年前の売掛金を受け取っても文句ありません。

一部分の支払いや支払猶予の要請は、債務の承認となります。そして債務の承認は、時効の主張を放棄したことになります。時効完成後に一度時効を放棄してしまいますと、その後、時効は完成していたのだから支払えない、という主張はできません。

## ④ 配達証明を付けること

木村さんは、取引先の大浜産業が倒産する直前に、売掛金の債権譲渡を受けました。売掛金というのは、大浜産業が黒金商事に売った商品代金の386万円です。大浜産業は、金融機関が融資をしなくなってからも融資をしてくれた木村さんに恩義を感じ、特別に債権譲渡してくれたのです。

黒金商事に対する債権譲渡の通知は、大浜産業が内容証明郵便で出し、木村さんはその内容証明郵便を預かって大事に保管しておきました。

月末、木村さんは集金に行きましたが、黒金商事は大浜産業の社長が一緒でないと支払えないと言います。大浜産業の社長は倒産後、家族と共に蒸発し、居所がわからないのです。

仕方がないので、黒金商事を相手に386万円の支払いを求める訴訟を起こしました。木村さんは、売掛金を譲り受けただけのことで、別にむずかしい裁判ではないから弁護士を頼むまでもないと思い、知合いの司法書士さんに訴状を書いてもらって、自分で裁判を起こしたのです。

これを本人訴訟といいます。裁判をするのに、弁護士をつけなければいけないわけではありません。ただ自分でやらないで他人に頼むときは、弁護士に頼まなければいけないだけです。

黒金商事側は弁護士が法廷に出て来て、「債権譲渡されたことは知らない。債権譲渡の通知があったことは否認する。債権譲渡の内容証明郵便は知らない」と答弁しました。

木村さんは「この内容証明郵便で出したのですよ。そちらに届いているでしょう」と言いましたが、その弁護士は「内容証明郵便が大浜産業の社長によって間違いなく作成されたことと、それが黒金商事に送達されたことを証明してください」と冷たく答えるだけです。

木村さんはどうしたらよいかわからず困りはてた様子で、私の事務所にやって来ました。

**通知というのは、相手に届かなければ効力がありません。債権譲渡の通知も契約解除の通知も賃料値上げの通知も皆そうです。**

内容証明郵便で出しますと、差出人の手もとに１通内容証明郵便の控え（謄本）が残りますから、**いつ、どんな手紙を出したか**ということは簡単に証明できます。

しかし、それが**いつ**相手に**到達したか**ということまでは証明できません。内容証明郵便だから届いたろうということは推測できますが、届いたということの証拠にはなりません。せっかく内容証明郵便で出しても、届いたことを証明できなければ、債権譲渡を、契約解除したことを、あるいは賃料値上げしたことを、相手に主張できません。

届いたかどうかがわかるのは郵便局です。したがって、**相手に到達したことを証明するには、郵便局の配達証明が必要です。**内容証明郵便を出すときは、配達証明付きにしてもらいますと、郵便局で後日、内容証明郵便はいついつ相手に配達いたしましたという郵便物配達証明書を送ってくれます（46ページ参照）。これが配達されたことの大切な証拠です。

郵便局の窓口で「内容証明郵便にしてください」と頼んだだけでは配達証明をしてくれません。なるべく「配達証明付きでお願いします」とつけ加えてください。

もっとも、**内容証明郵便を出した後でも、郵便局で配達証明をしてもらうことができます。**ただし、この場合は出してから１年以内に限られます。しかも配達証明を受けられるのは差出人だけで、木村さんのような第三者は駄目です。

木村さんから依頼を受けた私は、弁護士会を通じて郵便局に対し、黒金商事にいつ配達されたかを照会したところ、しばらくして回答書が届きました。それには、内容証明郵便を出した翌日にちゃんと配達されていることが記載されておりました。

そのあとで法務局から大浜産業の印鑑証明書を取り寄せ、内容証明郵便のハンが大浜産業の実印であることを証明し、386万円をばっちり回収したことはいうまでもありません。

大浜産業が倒産し、社長が蒸発したので、黒金商事は何とか理由をつけて支払いを免れるか、値切ろうとしたのです。相手が倒産すると、クレームをつけたり、返品したり、そのほか何かと因縁をつけて支払いを拒む会社がずいぶんあるのは困ったものです。

それにしても、配達証明があればもっと簡単に回収できたことは確かです。内容証明郵便を出すときには、配達証明を付けてもらうのがいかに大切かを示す好事例でした。

## ⑤ 債権回収は内容証明郵便がよい

債権の回収は簡単なようにみえますが、実はやっかいです。請求書を送っただけで、すぐ支払ってくれるところもありますが、なかなか支払ってくれないところも結構あるものです。

借りた金をなぜ返さないのか、商品を送ったのになぜ代金を支払わないのか、と腹が立ちます。しかし怒ってみても、債権の回収はできません。

債権回収の方法には種々あります。もう一度請求書を出してみるのもよいでしょう。電話で交渉したり、会って交渉することも必要です。

回収できなくて困ると、暴力団に頼む人もいます。おどして回収しようという寸法です。

私は前々からあの連中がいくら報酬をとるのか興味を持っていました。つい先日、ある事件で敵方になったインテリヤクザに尋ねたところ、「取り半さ」と答えていました。回収金額の半分をもらうのが相場だということです。しかし中には回収した9割を報酬に取ってしまうヤクザもいると話していました。それが本当かどうか私にはわかりません。

うっかり頼むと、恐喝の共犯でパクられたり、高い報酬を要求されたりしますので、ご用心。

アウトローな方法でなく、まともな法的手段としては、相手の持っている財産、たとえば土地建物、預金、売掛金、商品、機械等の仮差押えをしたり、調停や訴訟を起こす方法があります。

われわれ弁護士が債権の回収を頼まれたとき、まず内容証明郵便で請求してみます。弁護士というと、すぐ仮差押えとか訴訟等の裁判上の手続きをとるものだと思い込んでいる人が多いようですが、必ずしもそうではありません。裁判上の手続きは費用も時間もかかりますから、なるべく裁判にしないで、早く、安く解決するよう心がけています。

内容証明郵便で請求すると、相手から分割払いにしてくれ、一度に支払うからもう少し時間をくれなどと言ってくることがかなりあります。

相手から連絡があったら、これはしめたものです。会って交渉します。相手の支払える条件を聞き、話をまとめます。分割払いのこともあれば、減額して即金で支払ってもらうこともあり、また支払時期を延ばしてやることもあります。

分割払いを認める場合には保証人をつけさせます。相手が会社なら社長か専務、相手が個人なら家族か肉親が適当です。分割払いを認める交換条件を持ち出すと、すんなり応じてくれます。

また分割金の支払いを2回とか3回怠った場合には、分割払いではなく残金全額の一時払いになり、その上ペナルティーとして年1割とか2割の金利をプラスして支払うことを約束させておくのもよい方法です。

分割金の支払いをしないと高い利息をとられ、あるいは保証人に請求されるとなると、熱心に支払います。

支払方法についての約束ができたら、それを文書にして相手にサインをさせます。後々の証拠になりますし、時効の完成が猶予されます。

内容証明郵便で請求すると、それまでウンともスンとも言わなかった相手がなぜ支払うようになるのか。やはり内容証明郵便の心理的圧力です。敵はわざわざ内容証明郵便を出してきたのだから、ここで支払わないと、次には裁判とか、何か強い手段に出てくるかもしれない、それはやっかいだ、そういう思いにとらわれるのでしょう。

売掛金や貸金等の債権の回収に内容証明郵便がよく利用されるのは、そのためです。事実、その成功率は高いといえます。

では、内容証明郵便で出せば、必ず回収できるかというと、そんなことはありません。何にも回答してこない相手もいます。そんなときは、電話をするか、出かけて行ってもう一度交渉し、それでも支払わない場合には、財産の仮差押え、支払督促、調停、訴訟等の手続きをします。

また逆に、内容証明郵便を出してはいけないときがあります。それについては88ページ以下をご覧ください。

## ⑥ 相手が横着で約束を守らないときに出す

この世の中におこるトラブルは実に多種多様です。店舗を借りて営業しているのに家賃を支払わない人。土地建物を買うと契約しながら、気に入らなくなったといって代金を支払わない人。婚約したあとで、結婚したくないといい出した人。離婚のときに約束した子供の養育費を支払わない人。借りた金を返さない人。私が最近扱ったトラブルでも、ざっとこんなところです。

いずれも約束を守らないために生じたケースです。約束を破れば、トラブルになるのは当然です。世の中の人がみな約束を守れば、トラブルはずいぶん少なくなります。

しかし人間というものは、わがままで欲深いものです。自分で約束したことであっても、義務を行うことは苦痛なのです。

確かに、お金を支払うことなんて、誰だっていやです。できれば支払いたくありません。手もとに余裕がないときは、なおさらです。

お金を借りたときは貸主に感謝し、返すのが当り前と思っていたけれど、いざ返済日になると貸主が大目にみてくれるなら、もうしばらく借りていたいなどと虫のいい考えをしてしまうようです。特に人のいい貸主の場合、もう少し、もう少しと引き延ばされてしまいます。

離婚のときに約束した養育費を支払わなかった男の場合、月給をギャンブルで使ってしまったくせに、あの女も何とか暮らしているようだから、今月は送らなくてもいいだろう、本当に困れば何とか言ってくるはずだと、自分に都合のよい解釈をしていたのです。

なかには忘れていたなどと、とぼける人もいます。返済の日を忘れていたというのなら、まだかわいいのですが、借りたことを忘れて借りていない、あるいは返していないのに返したと頑張ってくる人もいます。とくに借りては返し、借りては返しということを何回か繰り返しているケースで、その100万円は借りたことがないとか、その分は返したともめることがあります。

人間は自分に不利なことを忘れるようにできていると聞きました。嫌なことをいつまでも覚えていたら、ノイローゼになって自殺してしまうかもしれません。その意味で自己防衛本能は大切です。でも、その自己防衛本能が異常に発達していたら、相手は迷惑です。そんな横着な人、小ずるい人に対しては強くでることです。内容証明郵便の出番です。ショック療法になります。

内容証明郵便はこれから戦争を開始するという一種の宣戦布告ですから、横着な人やずるいけれど小心者に対しては、とくに効果があります。

## ⑦ 相手の考えをさぐるために出す

敵を知り、己を知らば、百戦危うからず。法律上のトラブルも戦いですから、相手が何を考えているのか、どんな証拠を持っているのかわからないと、作戦の立てようがありません。

東京のある食品メーカーの登録商標と似ている商標を使っている会社が北海道にあらわれました。東京の会社はカンカンになって、すぐ差止めの裁判を起こしてくれと、弁護士に頼みました。

差止めの裁判をすぐ起こそうと思えば、起こせます。しかし相手の会社がなぜ使っているのか、わかってからの方が適切な作戦が立てられますし、準備もできます。

こんなときに内容証明郵便を使います。「貴社ご使用の商標は、当社の登録商標ですから、ご使用をおやめください……」と。相手がその問題について、どんな考えを持っているかをさぐるためです。

北海道の会社の返事が、登録されていることを知らずに使っていたということならば、差止めの裁判をしなくても止めさせられるでしょう。

東京の会社よりずっと前から使っていたという返事なら、その証拠を見せてもらい、先使用権が成立するかどうか調べます。

類似商標でないから今後も使用するというなら、差止めの裁判を起こします。

内容証明郵便を受け取ると、受取人は差出人に対し何か回答しなければ気がすまないという衝動にかられるようです。喧嘩を仕掛けられたのに黙っていられるかと思うのか、何か回答しないと相手の言い分を認めたことになると考えるのか、とにかく内容証明郵便を出すと、内容証明郵便による回答が戻ってきます。内容証明郵便の不思議な力です。



相手が何を考えているかわからないとき、内容証明郵便を出せというのは、その力を使用して、相手の考えを引き出すためです。

この場合の内容証明郵便の目的は、こちらの考えを通知すること自体にあるのではなく、相手の考えをさぐるためです。したがって**相手が受け取ったら、それに返事を書かざるを得ないような書き方にする**のが大切です。

あるときは下手に出て懇願するような、あるときは強気に出て相手を屈伏させるような、またあるときは相手を怒らせ本音を吐かせるような書き方をします。

テクニシャンになると、わざと間違えたことを書き、相手からその間違いを指摘させ、本当のことを言わせる方法をとることがあります。しかしこれは上手にやらないと、自分の方が不利になることがありますので、注意を要します。

私の恩師、高橋保治弁護士は民事のトラブル解決について大変有能な人です。人の心や事件の流れを読むことに卓越し、トラブル解決の戦略家としてすぐれています。その高橋弁護士から、こんな話を聞いたことがあります。

ある弁護士が雑貨卸商から売掛代金の回収事件の依頼を受けた。この依頼人はのんきな人で、商売上の帳簿を全然作っていなかった。その上、売掛金が存在するとの証拠となるべき書類も皆無であった。ただしこの債権者の手帳にメモのような記載があって、A商品がいくら、B商品がいくら、C商品がいくら、合計いくらと書いてあったにすぎない。

こんなときうっかり訴えの提起をして、相手方から売掛金の存在自体を否認されてしまうと立証のしようがなくなり、たちまち敗北に至ることは必定である。そこで、その弁護士は一計を案じて、わざと合計金額を間違えて債務者に内容証明郵便を発信した。そのときの真実の売掛代金はＡ、Ｂ、Ｃの商品の売渡し代金総額83万2500円であったが、その弁護士はわざとＡ、Ｂ、Ｃの他に架空のＤ商品の金額を加えて合計96万3800円の請求をしたのである。

するとどうだろう！　その弁護士は間もなく債務者からの内容証明郵便による回答書を受け取ることができた。その手紙には「お前は何を勘違いしているのだ。私が彼から買った品物はＡ、Ｂ、Ｃの商品で、その代金の合計は83万2500円だったはずだ」と書かれてあった。

右の弁護士は、相手方からの内容証明郵便を唯一の証拠として訴えを提起し、この裁判で勝訴できたのはもちろんである（高橋保治著「内容証明の実務と実例集」18ページ）。

これは内容証明郵便をうまく利用した成功例です。

その後、私も同じような事件を頼まれました。依頼者はやはり帳簿をつけておりません。手帳に数字のメモがあるだけです。私は高橋方式を真似して「貴殿に対し金208万3868円の売掛残金がありますので、すみやかにお支払いくだされたく…」という内容証明郵便を出しました。

何日かして相手が私の事務所にやって来ました。「申しわけありません。取引先が倒産して、もらっていた手形が不渡りになったので、支払いが遅れています。間違いなく208万3868円支払いますから、２か月待ってください」

「ええ、208万3868円を支払うって。168万3868円の間違いではないの？」私はうっかり、そう聞きそうになりました。

どうやら相手は勘違いしています。話を聞くとキチンとした帳簿をつけていないようです。どっちもどっち、ずいぶんいい加減な商人がいるものだとあきれました。

「２か月後に必ず払ってくれるなら、168万3868円でいいよ」私は恩着せがましくいいました。「ありがとうございます。まけてもらって。必ず持ってきます」

2か月後、その男は約束どおり168万3868円を現金で持って来ました。依頼者は全額回収できたといって大喜びです。

しかし、私はすっかり自己嫌悪に陥ってしまいました。まるで詐欺だ。俺ってなんて嫌な男だろう。この3人の中で一番のワルは俺ではないか……。私はそれ以来この方式を使っておりません。



## ⑧ 出した内容証明郵便は相手の証拠になる

私はヤクザ者から呼び出され、そのホテルへのこのこ出かけて行きました。それはある男が人妻と関係し、その夫からの慰謝料請求事件でした。不倫男は私に依頼し、女房を寝取られた夫はヤクザに依頼したのです。弁護士対ヤクザの代理戦争です。

すごみのあるヤクザで、何回かそのホテルで交渉しましたが、互いに平行線をたどるだけで、話合いは進みません。

何回目かの交渉のとき、そのヤクザは「先生、この間はテープにとらせてもらいましたからね」と切り出しました。「いいよ、今日もかまわんよ」私は平静をよそおったのですが、内心ドキリ。隠し録りに全く気がつかなかったのです。

前回何を喋ったろうかと必死に思い出そうとしました。ヤクザを押さえ込もうと、強い調子で相手をなじったような気もします。ヤクザに対する脅迫になるのだろうか。こちらのペースに乗せようとして、下手に出たこともあります。あれは、こちらの非を認めたことになりはしないだろうか。依頼者を批判するようなことを口にしたことも思い出されます。

録音テープが公開の法廷に持ち出されたときの影響を必死になって計算したものです。

ヤクザは、テープの存在をちらつかせるだけで、その存在を明らかにしようとはしません。結局、その事件はなにがしかのお金を支払い解決しましたが、最後までテープは登場しませんでした。私を脅かそうとしただけだったようです。

私にとって、この事件は教訓になりました。

それから1年ほどして、こんなことがありました。不動産売買にからむ事件で、やはり私の依頼者側にミスがあり、相手の不動産ブローカーに脅かされている事件でした。

相手は自分の会社でなければ会わないというので、私は出かけて行きました。応接室に通されましたが、相手はなかなか出てきません。20分近くたって社長室に案内され、そこではじめて相手と会ったのです。

しばらく話したあとで、私は突然「そろそろ録音テープは止めてもらいましょうか。早いとこ本論に入りましょうや」と荒っぽく言ったのです。相手の男はびっくりして、社長机のかげにあった録音テープを止めました。

こうなったら、こちらのものです。心理的にぐっと優位に立ち、私のペースで解決したことはいうまでもありません。

なぜ、あのとき隠し録りに気がついたのか自分でもわかりません。何となく、ひらめいたのです。時間を約束して行ったのに、別室で20分も待たされたことや、何か雰囲気が違っていたことなどのためでしょうか。

そんなことがあり、私は自分の発言にぐっと慎重になりました。危ないと思うときは、録音テープに録られているものと覚悟して話すことにしています。

すぐ消えてしまう言葉でさえも、相手側の有利な証拠となって、自分を攻撃する武器となることもあります。まして内容証明郵便を出すときは、もっと気をつけなければいけません。相手に文書で渡すものなのですから。

お金の支払いを求めるときなど、つい強い調子の内容証明郵便を出してしまうことがあります。たとえば「すみやかに支払わない場合には、詐欺罪で警察に告訴する……」とか、「もし応じなければ、マスコミに流し、貴殿を社会的に葬るつもりであるから覚悟されよ……」などの脅迫的文言。あるいは正直なあまり、自分に不利なことを認めているような内容証明郵便もあります。

トラブルを解決するために内容証明郵便を出したのに、新たなトラブルを発生させたり、あるいは自分に不利な証拠となってはね返ってくるようでは、何のために内容証明郵便を出したのか、わかりません。

**内容証明郵便を出すときは、書いたあとでもう一度読み返し、この手紙が相手に渡っても、自分にとって不利な証拠とならないかどうかを冷静に検討してください。**

専門家でもこんな失敗をしています。

Ａ弁護士は、美容院経営のＢ子さんから、肉体関係のあった貸家業Ｃ氏に対する慰謝料請求の依頼を受け、3000万円を支払うように交渉しましたが、Ｃ氏から無視され、一銭も支払ってもらえません。そこでＡ弁護士はＣ氏の肉親に、Ｃ氏がＢ子さんと肉体関係を結んでいたことを明らかにした上、慰謝料を支払うようＣ氏を説得してくれという内容証明郵便を出したのです。

こんな内容証明郵便を出されたＣ氏はたまりません。弁護士会にＡ弁護士を退会処分にしてくれと申し出ました。

弁護士会では、この手紙は恐喝的行為で、弁護士としての品位を失う非行であると判断し、Ａ弁護士を懲戒処分にしました。

このように内容証明郵便一本で、自分の社会的生命が断たれることがありますから、気をつけないといけません。

## ⑨ 証拠づくりにも役に立つ

民事のトラブルでは、解決のキーポイントは証拠書類があるかどうかです。いくら、そのことを知っている証人がいるからといっても、証言は証拠書類ほど信用されません。証人というのは、その人の立場や利害関係によって、どのようにでも喋るからです。

証拠書類がない場合に、内容証明郵便が証拠づくりに役立つことがあります。

製材所を営んでいる広瀬さんは、得意先である島村工務店の社長から500万円貸してほしいと頼まれました。島村社長は38歳、まだこれからの人ですが、お父さんは貸ビル業をしており、資産家というふれ込みです。

広瀬さんは、「お父さんに保証してもらえるのか」と尋ねると、「大丈夫ですよ」という返事なので、安心して貸してやることにしました。

３日後、島村社長は市販の借用証を持って来ました。見ると、借主欄には島村社長の住所氏名と捺印があり、連帯保証人欄には島村社長のお父さんの住所氏名と捺印がありました。いずれも実印ということです。広瀬さんは、500万円を渡しました。

２か月ほどして、島村社長からまた500万円貸してほしいと頼まれました。父親が保証人なら1000万円くらい問題ではないと思い、また連帯保証人として父親の署名捺印のある借用証と引換えに500万円を貸しました。

島村社長は時々利息を持って来ておりましたので、予定より返済が遅れていましたが、あまり気にはしませんでした。ところがある日、島村工務店は突然倒産し、島村社長は蒸発してしまったのです。

広瀬さんは島村社長の父親を訪れ、保証人になっているのだから1000万円を返してくれと頼みました。父親は「あなたに会うのは、今日が初めてで、あなたのことを今まで全く知らなかった。まして保証人になったことなどないですよ。その署名は私が書いたものではないですね。ハンは私の実印に間違いないけれど、押した覚えがないから、息子が勝手に持ち出して押したものでしょう。息子はあちこちから借金して逃げてしまい、私も迷惑しています」と、一銭も払ってくれそうにありません。

広瀬さんは私の事務所にやって来て、父親から何とか回収できないものかと言うのですが、なかなか困難です。

父親が保証したという証拠は何もありません。父親の実印が押されているだけでは、保証したかどうか決められません。本当は保証するつもりで父親がハンを押し、名前を息子に代筆させたことも考えられますし、また父親に何にも知らせず、父親のハンを勝手に使ったとも考えられます。息子が勝手にハンを押したのなら、父親は保証人の責任がありません。

一番良いのは、広瀬さんの眼の前で父親に保証人としてサインさせるか、あらかじめ父親に会って保証人になることの承諾を得ておくことだったのです。

そうはいっても、お金を貸すときに保証人を連れて来てもらうのは実務上困難です。強く要求すると来てもらえず、結局、保証人のなり手がなく、保証人なしで貸すことになってしまいます。

それは金を貸すことを商売にしている銀行や信販会社でも苦慮しているところです。保証人になってもらうのが精一杯で、銀行に借主と一緒に来てくれなどというと、保証人になることをことわられ、融資が不成立になってしまいます。金融機関では商売あがったりです。

そのためか、銀行にせよ、信販会社にせよ、お金を貸したり、ローンをつけたりする時に、保証人の立会いを求めていません。そこで、広瀬さんのケースのように、あとになって保証人になった覚えはないと言われないようにするため、どの銀行や信販会社も苦心しています。

銀行等は、金銭消費貸借契約書（借用証のこと）の連帯保証人の欄に、保証人の実印を押してもらい、それに印鑑証明書を添付してもらう方式をとっていますが、広瀬さんの例でわかるとおり万全ではありません。

平成29年の民法改正前の話ですが、ある信販会社では保証人に電話し、本当に保証したかどうか確かめ、その電話を録音テープにとっておく方式を採用しています。これなら万全です。この方式は商売でやっている信販会社だから簡単にできますが、録音のとり方、保証内容の確認の仕方、テープの管理等について、ある程度テクニックを要し、慣れていない人では失敗することがあります。

保証人に会って、眼の前で署名捺印してもらうのがもっともよい方法ですが、それができない場合には、私は、保証人に内容証明郵便を出す方法を勧めています。

お金を貸したあとで、貸主はすぐ、保証人に次のような内容証明郵便を出します。

「私は、令和○年○○月○○日、甲野一郎さんに金500万円を、返済期日令和○年○○月○○日、利息年３％の約束で貸しましたが、その際貴殿に連帯保証人になっていただき、ありがとうございました。万一、甲野一郎さんが返済できない場合には、貴殿の方でよろしくお願いいたします」

その人が保証人になる意思で署名捺印したのなら、その内容証明郵便を受け取っても単なるあいさつ状と思い、そのまま放っておくでしょう。しかし、その人が保証人になることを承諾しておらず、勝手に名前を使われてしまったものなら、その内容証明郵便を見てびっくりし、すぐ反応があるはずです。

したがって、保証人に内容証明郵便を出し、相手から何にも連絡がない場合には、本当に保証したものと推測してよいでしょう。あとで保証した覚えはないと言ったら、その内容証明郵便が有利な証拠になります。

保証人の意思確認のために出す内容証明郵便としては、**文例67**および**文例68**（205～206ページ）も参考にしてください。

これと同じ方式で証拠づくりをすることがあります。契約したけれど、契約書を作っていない場合です。契約の後でも契約書を作ればよいのですが、それができないときには、**契約内容を書いた内容証明郵便**を出します。内容証明郵便で契約書の代用をさせようという目的ですから、その内容証明郵便には契約の当事者、契約の期日、目的物件その他契約内容を詳しく書くことが大切です。たとえば500万円を貸したけれど、借用証をもらっていない場合には、次のような内容証明郵便を出します。

「私はあなたに、令和○年○○月○○日、金500万円を、返済日令和○年○○月○○日、利息年３％の約束で貸与しましたことは、よくご存知のことと思います。私は、その500万円をどうしても使わなければならない予定がありますので、必ず約束の返済期日にお返しくださいますよう、あらかじめご連絡申し上げます」

また、土地を資材置場用地として貸したのに契約書を作らなかった場合には、次のような内容証明郵便を出します。

「私は貴社に対して令和○年○○月○○日、東京都練馬区石神井町３丁目456番地宅地500平方メートルを使用目的資材置場、賃貸借期間４年間、建物を建築しないこと、賃料月額10万円、２か月分以上滞納したときは契約を解除できること、保証金は100万円で明渡しの際に２割償却できることの約束で貸しました。私は、４年後にはこの土地を使用する予定でおりますので、契約を更新することはできませんから、賃貸借契約の期間満了のときには必ず明け渡してくださいますよう、お願い申し上げます」

このような内容証明郵便を出しておきますと、もし契約内容が違っている場合には、相手から何か連絡があるはずです。何の連絡もなければ、それを暗黙のうちに認めた、あるいはその契約内容を争っていないと推定できるかもしれません。

後日、契約内容が問題になったとき、この内容証明郵便と、それが相手に配達されたのに何のクレームもなかったということによって、契約内容を証明しやすくなります。

このように内容証明郵便で証拠づくりをすることもあります。

## ⑩ 内容証明郵便の次の手を考えておく

先日､知人の紹介で､海産物の卸売りをしている人が私の事務所にやって来ました。荒っぽいが、どこかぬけたところがあり、何となく憎めない人です。

「先生、あいつは金を貸してやったのに、一銭も返さないから、内容証明郵便を出してください」

「いいですよ。内容証明郵便を出すだけでいいんですか」

「内容証明郵便を出せば、支払ってくれるでしょう」

「さあ、どうでしょう」

「ええ！」

どうやら内容証明郵便を出せば、相手はそれに応ずるものと思い込んでいるのです。

内容証明郵便だけで、いつも事件が解決するなら、苦労もいりません。内容証明郵便に対して何の返事も､何の反応もないことがよくあります。そこを考えないで、内容証明郵便を出すと失敗することがあります。

ある人が受け取った内容証明郵便を見せられました。「貴社に売り渡したカーテン地の代金（売値350万円）をお支払いください。不良品があったとのことですが、それにつきましては値引きいたしますので、お願いいたします」

これはあまりにも正直すぎます。この取引では、買主が買ったカーテン地について不良品だとクレームをつけて支払いを拒み、売主はこの程度のキズなら通常許容されるもので、値引きの対象にならないと争っていたのです。しばらく冷却期間があったあとの内容証明郵便がこれです。売主は、内容証明郵便で値引きに応ずると言えばすぐ支払ってもらえると思っていたようです。

この内容証明郵便を出したあと、買主が支払わないときにはどうするつもりなのでしょう。支払わなければ訴訟を起こさなければなりません。訴訟に持ち込んだとき、こんな内容証明郵便が相手の手にあると、不良品を認めたという証拠に使われ、はじめから相当減額されてしまいます。

**内容証明郵便は、次に打つ手を考えながら書かなければいけません。**

われわれ弁護士は、あらかじめ内容証明郵便を出してくれ、訴訟を起こしてくれ、調停を申し立ててくれなどと方針を定められて頼まれることは、ほとんどありません。

まずトラブルの経過を詳しく聞き、証拠となりうる書類を見た上で、この問題をどういう方向で解決するのがよいか考えます。話合いで解決できそうだ、あるいは話合いの方がよさそうだという場合は、内容証明郵便を出します。

内容証明郵便でなく、すぐ仮差押えをして財産を押さえておく方がよいケースもあります。証拠がちゃんとしているときは、訴訟をすぐに起こすケースもあります。話合いで解決するのがよい場合でも、第三者が中に入った方が解決しやすいときは、調停を申し立てます。

内容証明郵便を出す場合でも、もし内容証明郵便に応じてくれないときはどうするか考えておきます。ダメなら、訴訟を起こすとか、調停を起こすとか、出かけて行って直接交渉するというようにです。そして、内容証明郵便を書くときにも、次の手を打つのに障害にならないような書き方をします。次に打つ手を考えずに内容証明郵便を出すことは、私の場合、まずありません。

## ⑪ 内容証明郵便を出してはいけないとき

**内容証明郵便を利用するのは、将来トラブルが発生するのを防ぐためや、現に発生しているトラブルを解決するためです。**

債権をある人に譲渡したことを通知するのに内容証明郵便を使うのは、ほかにも債権を譲り受けたという人が登場したとき、先に譲り受けたのはこっちだと主張するため、つまり将来のトラブル発生を防ぐためです。

金銭の請求、建物の明渡し請求、契約の解除の通知等に内容証明郵便を使うのは、現に発生しているトラブルを解決するためです。

そして内容証明郵便は、後者、つまりすでに発生しているトラブルを解決する一つの手段として利用するケースが多いのです。

『内容証明郵便は宣戦布告の手紙である。内容証明郵便を発送することは、相手方と戦争状態に入ることを意味し、あと戻りのできない道を選択したことになる』といったのは、高橋保治弁護士です。これは、まさに内容証明郵便のもつトラブル解決の機能をとらえた言葉です。

しかし、すべてのトラブルに、内容証明郵便が有効に働くわけではありません。むしろ内容証明郵便を出してはいけないときがあります。それは、次の場合です。

### ❶ 相手に誠意がみられるとき

借りた金を一度に支払えないけれど、毎月５万円ずつ返済するから、それでお願いします、あるいは2か月後にまとめて支払いますからそれまで待ってくださいと言ってきているときに、あらためて内容証明郵便を出してはいけません。

相手がせっかくその気になって返済しようとしているときに内容証明郵便を出すと、水をさすことになります。感情を害し、素直に支払ってもらえません。裁判を余儀なくされるかもしれません。

相手が誠意を示しているときは、本来の約束より多少不利な解決案でも、内容証明郵便を出したりせず、相手の案にのり、解決する方が、裁判などしなくてすみ得策です。相手の案を承諾するときには、その案を相手に文書化させ、後々の証拠にします。

もっとも、この次、この次と解決を引き延ばす口先だけの人には、内容証明郵便や訴訟でガツンとやるべきです。

## ❷ トラブル解決後も親しくつきあいたいとき

交通事故の加害者と被害者との間は、損害賠償の問題があるだけです。それが解決すれば、その後に加害者と被害者がつきあうことはありません。内容証明郵便でどんなに激しくやりあっても、また訴訟で最高裁まで争っても、後くされはありません。

しかし肉親、隣り近所の人、職場の上司、同僚その他親しい関係の人とのトラブルになるとやっかいです。そのトラブルが解決したあとも、つきあわないわけにはいきませんから、上手に解決しないと大変です。

たとえば、貸した金を返さないので内容証明郵便で請求したとします。貸主は約束を守らないから当り前と思っても、相手の方では、今までこんなに親しくつきあってきたのに、戦争をしかけてくるのは非常識だといって、金を返したあとでも、従来のような親しい関係には戻りません。

また肉親、近隣の人、職場の人というのは、お互い迷惑をかけたり、かけられたりしますので、何か別の機会に大きな仕返しをされないとも限りません。

これからも今までどおりのつきあいをしていきたい、あるいはしなければならない人に対しては、内容証明郵便を出したり、訴訟を起こしたりせず、ねばり強く話合いで解決すべきです。

## ❸ こちらに弱味があるとき

相手が一方的に悪いと思っていたケースでも、トラブルの原因をよく調べると、こちらに大きな弱点のあることがあります。たとえば売掛金が未回収であるけれど、すでに時効が完成しているとか、不良品であるとかです。

こういう場合には、売掛金請求を内容証明郵便で出すのは控えるか、出すとしても注意を要します。うかつに内容証明郵便を出すと、相手は身構え、弁護士を頼んだり、こちらの弱点に気づかれたりで、ヤブヘビのことがあります。

内容証明郵便など出さないで、相手を警戒させず、平和裡に交渉を進め、ある程度譲歩してでも話をまとめます。そしてまとまったら、ただちに文書にして取りかわすことです。

## ❹ 相手が倒産しそうなとき

相手が倒産しそうな場合、売掛金を支払えとか、貸した金を返せと内容証明郵便で請求していたら、相手は急いで財産を隠したり、夜逃げしてしまいます。内容証明郵便など出さず、ただちに相手の財産に仮差押えをして、財産を隠したり、売却できないようにすべきです。

## ❺ 相手が不渡りのとき

手形を取立てにまわし、不渡りになって戻ってきたときは、内容証明郵便を出しても、ほとんど効果はありません。

振出人が手形を不渡りにするのは、契約不履行とか、詐取その他それなりの理由があると判断しているか、または金がなくて倒産を覚悟したときです。

したがって、内容証明郵便が来たくらいでは支払いをしません。もっと強い手段が必要です。

振出人が契約不履行等の資金不足以外で不渡りにした場合には、手形交換所に供託金をつんでいます（正確には振出人が支払銀行に金を預託し、支払銀行がそれを交換所に提供しています）。急いで、この金を仮差押えします。

交換所に供託していない場合には、ほかの財産を仮差押えします。

とにかく仮差押え、訴訟、強制執行、破産手続開始の申立て等の強硬手段をとらないと解決しません。しかも急ぎますから、手形不渡りのときは、早く弁護士に相談することをお勧めします。

## ⑫ 内容証明郵便が相手に届かないとき

契約を解除しようとするときは「契約を解除します」という意思表示をしなければなりません。賃料を値上げするときは「賃料を○月○日より金○○○円に値上げします」という意思表示をしなければなりません。

そして、意思表示は相手に届かなければ効果がありません（民法97条１項）。

普通郵便で契約解除の通知を出すと、郵便配達人はそれを相手の家の郵便受けにポンと入れておくだけですから、差出人はその通知が本当に相手に届いたかどうかわかりません。配達証明付き内容証明郵便で出した場合には、郵便配達人は、郵便受けに入れっ放しにせず、受取人に直接渡し、受取人から受取印をもらう方法で配達します。したがって、**差出人はその内容証明郵便がいつ配達されたかを、郵便局で証明してもらえます。**

そのため契約解除、賃料増額請求、債権譲渡の通知、相殺の通知、借家契約の更新拒絶の通知、時効の進行をストップさせるための請求、抵当権消滅請求の通知等、その意思表示が相手に届いたことを証明できないと困るような重要な通知は、なるべく配達証明付き内容証明郵便で出します。

ところが配達証明付き内容証明郵便で出しても、相手に届かないことがあるのです。

## ❶ 受取り拒絶

相手に届かない第一のケースは、相手が受取りを拒否した場合です。配達された郵便物の受取りをことわることができるのです。その場合には、差出人のもとに、名宛人が受取りを拒否しましたのでと書いた紙きれがついて、内容証明郵便が戻ってきてしまいます。

配達したのに正当な理由なく受取りを拒否された場合には、相手は手紙の中味を見ていないわけですが、法律的にはその通知は相手に到達したということになっています。意思表示は相手に到達したときから効力を生ずるといいましたが、その場合の「到達」というのは、相手方の支配圏内に入り、了知可能な状況に置かれること、つまり**相手が現実に通知した中味を見たときではなく、常識的にみて、相手がその通知を知りうる状態になればよいということになっています。**正当な理由のない受取り拒絶は、到達したのに、受取人は自分の意思でその郵便物の受取りをことわった場合ですから、まさにその通知を知ろうとすればできる状態になっていますから、到達したといえるのです。

名宛人本人が受け取らずに、妻や同居人が受け取った場合にも、やはりそのとき到達したことになります。ですから、正当な理由なく妻や同居人が受取りを拒絶しても、本人が拒絶したのと同じ扱いです。

したがって受取り拒絶で戻ってきても、契約解除、賃料増額、相殺等の効果はちゃんと生じますから、心配ありません。

## ❷ 留守で配達されない場合

相手が留守のため配達されないで戻って来ることがあります。

普通郵便ですと、相手が留守でも郵便受けに放り込んで終わりです。しかし、配達証明付きの内容証明郵便は相手に渡し、受領印をもらわなければいけませんから、留守ですと郵便配達人は配達できません。

その配達証明付きの内容証明郵便を郵便局に持ち帰りますが、そのとき留守宅に、あなた宛ての書留郵便を配達しましたが、留守なので、郵便局で保管していますから、７日以内に取りに来てくださいと書いた紙を置いていきます。その人が郵便局へ取りに行けば問題ありません。ところが、この紙を見たのに取りに行かないときが困るのです。

**郵便局では７日間待って取りに来ないと、**その内容証明郵便に「○月○日配達の際不在でした。不在のため郵便局に保管しましたが、保管期間を経過しましたので、お返しします」と書いた紙をはりつけて、**差出人に戻してしまいます**（内国郵便約款88条）。

**この場合には、その通知は相手に届いたことになりません。**受領拒絶は、受取人に配達したのに、受取人が受け取らない場合であり、留守の場合は受取人が不在でその郵便物を渡せなかったのですから、違います。郵便物を受取人の支配圏内に置くことができたかできなかったかの違いがあります。届かなければ、契約を解除したことにも、賃料を値上げしたことにもなりません。

世の中には、書留郵便でくるのは、どうせろくな手紙ではないと郵便局へ取りに行かないひねくれ者がいて、苦労することがあります。こういうときには、直接相手に会って口頭で伝えるか、あるいは文書に書いて直接手渡すしかありません。

相手に会うときは、将来、立ち会った人が裁判にでもなったら証人になれるよう、２人以上で行くことが望まれます。また、文書を渡すときには、文書の受領証をもらうようにします。

契約解除、賃料増額、債権譲渡、相殺等のように通知したことを証拠に残しておく必要があるときは、届かなければいけませんから、以上のようなやり方をします。

もっとも、内容証明郵便が不在で戻った場合でも、正当な理由なく通知の到達を妨げたといえるようなとき、つまり受取人が不在配達通知書から差出人や通知の内容を推測でき、かつ内容証明郵便を受領することができた場合には、到達したといえるケースもあります。

貸金請求や売掛金請求のように、相手に対し心理的圧力をかけ、トラブルを有利に解決するために内容証明郵便で出したのに、**受取り拒絶や留守のために届かないというときには、内容証明郵便のコピーを普通郵便で送ったらよいと思います。**

受取り拒絶や留守ということは、相手がそこに居住していることを意味します。これを普通郵便で出すと、確実に届いたという証拠は残りませんが、相手に届くことはまず間違いないでしょう。コピーでも、相手は差出人が「内容証明郵便」を出したことはわかります。こちらの宣戦布告の決意は伝わりますから、コピーでもそれなりの効果はあります。

## ❸ 居所不明のとき

相手が倒産した場合等には、こちらから出した内容証明郵便が転居先不明で戻ってくることがあります。蒸発した場合等です。

相手の居所がわからないから、契約解除できない、債権譲渡ができない、相殺できないとなったら大変です。

法律は抜け目がありません。そんなときの対応策を用意しております。**公《こう》示《じ》送達《そうたつ》**という方法です（民法98条、民事訴訟法110条以下）。

公示送達は次のように行います。

まず、こういう意思表示をしたいけれど相手の居所がわからないから、公示送達の手続きをしてほしいと、相手が最後に居住していた場所（住所地）の簡易裁判所に申し立てます。裁判所が、なるほど相手の居所がわからないのは本当だと判断すれば、公示送達を許可しようということになります。

次に裁判所は、送達すべき書類を保管しているから、いつでも渡しますということを裁判所の掲示場に掲示し、それを官報や新聞に少なくとも１回掲載します。ただし、裁判所が相当と認めるときは、官報や新聞に掲載するかわりに、市区町村役場等の掲示場に掲示すればよいことになっています。そこで、実際には、官報や新聞にのせるかわりに、市区町村役場の掲示場に掲示することが多いようです。

そして、最後に官報または新聞にのせた日、もし官報等にのせない場合は掲示を始めた日から２週間経過したときに、その意思表示は相手に到達したものとみなされます。相手がそれを見てようと見てまいと関係なく、その効果が生じます。

いくら捜し回っても相手の居所が不明なときには、やっかいでも公示送達の方法をとるしかありません。

# 第6章

# 内容証明郵便が来たときの対策

## ① 約束違反はないかを確かめる

内容証明郵便を受け取ったら、落ち着いてよく読むことです。こちら側に内容証明郵便の指摘する約束違反がないかどうかを考えます。もし約束違反の点があったら、その約束を実行し、相手の出かたを待ちます。

とくに注意しなければならないのは、借地人や借家人が**賃料を滞納している場合**です。

家主から広川氏宛てに、次のような内容証明郵便が届きました。

「貴殿に対し、世田谷区○○町３丁目２４番地店舗兼居宅１棟を賃貸していますが、貴殿は３か月分の賃料合計金３０万円を滞納していますから、本書面到達後５日間以内に支払ってください。前記期間内に滞納賃料全額のお支払いなきときは、あらためて契約解除の通知をなさず、前記期間の満了の日をもって、本件賃貸借契約を解除いたします」

広川氏は30万円のお金がなかったものですから、すぐ持って行けず、10日ほどして家主のところに30万円を持って行きました。けれども、家主はもう契約を解除したから受け取れないという返事です。

広川氏はやっとの思いで作った金なのに、受け取れないとは何事だと怒ってしまい、家賃を支払わず放っておきました。

すると間もなく、家主から建物を明け渡せという裁判が起こされたのです。

広川氏はあわてて弁護士を頼みましたが、あとの祭りです。

借地人や借家人は法律上ずいぶん厚く保護されていて、賃貸期間が満了しても引き続き借りることができますし、貸主が勝手に賃料を値上げできないようになっています。

ところが借主が賃料の支払いを怠るとか、無断で他人に使わせた場合には救済されず、契約を解除されてしまいます。借主はこの２つさえ気をつけていれば、あとはだいたい大目に見てもらえます。

ですから、広川氏は何としてでも期限内に延滞賃料を支払い、賃借人としての最も基本的な義務を果たすべきだったのです。

よく聞くと、広川氏は取引先が倒産してから経営が苦しくなり、少しずつ賃料の支払いが遅れ、とうとう３か月も延滞していたということです。その上、経営が苦しくなり、あちこちで借金するようになってから、時々内容証明郵便で貸金を返せという通知をもらい、内容証明郵便にも慣れっこになっていました。

そんなとき、この内容証明郵便が来たものですから、いつものように金ができたら持って行こうと思い、つい期間が過ぎたようです。

そして実は20万円なら手もとにあったけれど、30万円の請求なので、それを用意しているうちに５日間遅れてしまったということです。

家主に甘えていたとしか言いようがありません。20万円だけでも持って行くか、あるいは５日間遅れたために受領を拒否されたというのなら、30万円を供託すべきです。それなら、まだ救いようがあります。

敷地15坪にぎりぎりいっぱい建っている建物です。土地の時価は坪当たり200万円として合計3000万円。借地権の価格は、都内の住宅地の場合、更地価格の７割というのが相場ですから、もし広川氏が借地人で契約違反がなければ、明渡料2100万円がもらえるケースです。広川氏は借家人ですから、それでも借地権の３割に当たる600万円から700万円は請求できたケースです。

それが内容証明郵便で５日間の猶予期間を定めて請求されたのにもかかわらず、30万円を支払わなかったばっかりに、契約違反で解除され、大損をしたのです。

いや、まだ敗訴したわけではありません。その弁護士は、広川氏がペナルティーとしてある程度のお金を支払って借家契約を継続させてもらうか、家主さんにまとまった明渡料を支払ってもらおうと一生懸命やっています。しかし、内容証明郵便に対する対応のミスで危機に陥っていることは間違いありません。

## ② 内容証明郵便に対して返事は必要か

手紙をもらったら､返事を出すのが礼儀です。子供の頃､手紙をもらってもなかなか返事を出さず、母からずいぶん叱られたものです。「手紙をもらったら、すぐ返事を書きなさい。時間がたつとおっくうになるから」。そう母から教えられた記憶があります。

内容証明郵便を受け取った場合にも、すぐ返事を出す方がよいのでしょうか。

内容証明郵便はトラブルを前提にした手紙です。友好関係にある場合の手紙とはちょっと違います。

内容証明郵便が来たからといって、いちいち返事を出さなければならないものではありません。また返事を出さないからといっても、一般的には不利になるということもありません。もっとも85ページおよび103～105ページで述べたようなときは別です。

何か言い返さねば腹の虫がおさまらないのか、黙っていると相手の言い分を認めたことになると思い込んでいるのか、あわてて長い反論の手紙を出す人がいます。これはまずいやり方です。

金銭の請求や、物の引渡しの請求等の内容証明郵便に対しては、返事を出さなくても、相手の言い分を認めたことにはなりません。それに差出人側は、相手方が何を考えているのか、どんな証拠をもっているのかわからないとき、さぐりを入れるために内容証明郵便を出すケースもあります。

そんな場合に、受取人が長々と返事を書いて出したら、差出人側の思うツボです。

トラブルというのは、お互いに有利な材料と不利な材料の両方を持ちあっているものです。法律のしろうとが、言い返さなければ気がすまないとばかり長々と書いて、かえって自分のマイナス材料を敵方に知らしめることがあります。

返事は不要といいましたが、金銭の請求や物の引渡しを請求する内容証明郵便の末尾に、次のような文句が書かれていることがあります。

「本書面到達後５日間以内に貴殿からの回答がない場合には、当方の言い分を承認したものとみなしますから、ご了承ください」

こんな内容証明郵便が来ると、返事を出さなければという衝動にかられます。しかし、そんなことを書いても、何の意味もありません。

この**内容証明郵便の受取人が返事を出さなかったとしても、別に差出人の言い分を認めたことにはならない**のです。

したがって、われわれ弁護士は、内容証明郵便にそのようなことを書き添えることはほとんどありません。もっとも相手に返事を出させるための作戦として、わざと書き添えることはあるかもしれません。

内容証明郵便を受け取っても返事を出さないというのは、一つの有効な作戦です。

私は、売掛金や貸金の回収その他のトラブルの解決を頼まれた場合、まず内容証明郵便で請求するというのが、通常のやり方です。

そんなとき困るのは、内容証明郵便に対して何の返事もない場合です。

返事があれば、その返事を手がかりに、会って交渉したり、訴訟を起こしたりします。何の返事もないと、訴訟を起こすしか方法がありません。

相手の手の内がわかって訴訟をするのと、何にもわからず訴訟をするのとでは、起こす側にかかるプレッシャーにも大きな違いがあります。

返事がないうえに、相手が遠く離れたところにいるとか、事件の規模が小さかったりすると、訴訟に要する手間と費用を考え、お手上げのこともあります。

東京は上野の靴問屋から、売掛金45万円の回収を頼まれました。相手の靴屋は秋田県です。内容証明郵便を何度も出しましたが、返事がありません。返事があれば、多少値引きしてでも支払ってもらおうと思いますが、返事がないので話合いのしようがありません。

裁判を起こすとすれば、秋田か東京の裁判所です。東京の裁判所で勝訴判決をもらっても、相手が支払ってくれなければ、強制執行しなければなりません。そのためには、どうしても秋田まで出かけて行かざるをえないのです。

その手数と費用を考えて、裁判を起こすかそれとも回収をあきらめるか、目下検討中です。

内容証明郵便に対して返事を出さないのも一つの戦術だといいましたが、その作戦をとった場合、注意することが二つあります。

一つは、**返事を出さないことと、何もしないで放っておくこととは違う**ということです。

内容証明郵便が来たら、返事を出すか否かにかかわらず、**自分の方に内容証明郵便の指摘する約束違反がないかどうか確かめ**、約束違反があれば、約束を実行しておくことが必要です。これは前のページでお話したとおりです。

もう一つは、返事を出さないでいると、差出人は最終的には裁判手続きをとるか、あきらめてしまうかのどちらかになるということです。

弁護士が代理人になって内容証明郵便を出した場合には、返事を出さないでいると、たいてい訴訟に持ち込まれる、そのことを覚悟してください。

差出人側に弁護士がついている場合には、受取人側も弁護士に相談しながら、どのように解決すべきかの対策をたてるのがよいと思います。プロにはプロをもって対抗するのが得策です。

# ③ 必ず返事を出さなければならない場合

内容証明郵便に対して返事を出さなくても、一般的には差出人の言い分を認めたことにはならない、法律上不利な扱いにはならないといいましたが、実は例外があります。

非常にまれなケースですが、**一定期間内に回答しない場合には、法律上一定の効果が生ずることがあるのです。**

それは次の場合です。もし法律で定めた効果が生ずるのを防ぎたい場合には、それなりの返事を出さなければいけません。

## ❶ 離れた土地の商人から契約の申込みがあったとき

たとえば大阪の会社から、東京の会社に、おたくの会社が売りに出している土地を買いたいという申込みがあったにもかかわらず、相当期間返事をしないで放っておくと、買いたいという申込みはなかったことになります（商法508条）。

## ❷ 通常の商取引の申込みがあったとき

商人が日常販売している商品について、買いたいという申込みを受けたときは、ただちに売るとか、売らないとかいう返事をしませんと、売ることを承知したものとみなされます（商法509条）。

## ❸ 制限能力者が能力回復後、相手から請求を受けたとき

未成年者や成年被後見人等の制限能力者が行った行為（たとえば不動産の売買契約）は取り消すことができます。

それらの者が成年に達したり、後見の審判等が取り消されて能力者になった後には、相手方は制限能力者時代にやった行為を追認するかどう

か、１か月以上の期間を定めて、その期間に返事をくれと請求できます。もしその期間内に返事をしないと、その行為を追認したことになり、その後は取り消すことができなくなります（民法20条１項）。

### ❹ 無権代理人の相手から請求を受けたとき

代理権を持っていない者が、勝手に本人の代理人と称して、たとえば本人の不動産を売る契約をしても、本人がそれを追認しなければ、その売買契約は無効です。

この場合、相手方は本人に対して、相当の期間を定めて、無権代理人がやった行為を追認するかどうか返事をくれと請求できます。もし本人がその期間内に返事をしませんと、本人は追認を拒絶したものとみなされます（民法114条）。

### ❺ 抵当権消滅請求を受けたとき

抵当権のついた不動産を買って所有権を取得した者（第三取得者）は、抵当権者が抵当権を実行して競売による差押えの効力が生ずるまでは、自分が相当と思う金額を抵当権者に提供して抵当権の消滅を請求することができます（民法379条）。これを抵当権消滅請求といいます。

抵当権消滅請求の通知を受けたまま放置しておきますと、第三取得者が提供した金額の弁済で抵当権が消滅します。

抵当権消滅請求に承諾できないときは、抵当権者は、通知を受けた後、２か月以内に、抵当権を実行して競売の申立てをしなければなりませんし、競売申立ての通知を債務者および第三取得者にしなければなりません（民法384条、385条）。

### ❻ 選択債権の選択を請求されたとき

たとえば自動車かカメラをもらえる約束（これを選択債権という）になっているのに、持ち主がどちらをくれるのか決めずにいる場合には、もらう側から、相当期間を定めて、その期間内にどちらかに決めてくれと請求できます。

持ち主がその期間内にどちらとも決めないときは、どちらかに決める選択権がもらう側に移ります。つまりもらう側で自動車にしてくれと決められます（民法408条）。



### ❼ 解除するかどうかの請求を受けたとき

契約を解除できるのに解除しないでいる場合、相手方は相当の期間を定めて、解除するかどうか決めてくれと請求することができます。

もし、その期間内に返事をしないときは、解除権は消滅し、以後契約の解除はできなくなります（民法547条）。

### ❽ 遺言に従うかどうかの請求を受けたとき

遺言で財産をもらうことになった者は、その遺言を受け入れることも、それを放棄することも自由です。もらうだけでなく、負担付きのことがあるからです。

関係者から相当の期間を定めて、どちらにするのか請求を受けた場合、その期間内に返事をしないでいると、その遺言を承諾したものとみなされます（民法987条）。

## ④ 返事を書く場合の要領は

内容証明郵便に対して、返事が義務付けられていないこと、また返事を出さなくても差出人の言い分を認めたことにはならないとわかっていても、何か返事を出したいと思うのが人情でしょう。

言われたままでいるのは腹が立つし、差出人の言い分を認めたのではないかと思われるのは、なおさらしゃくです。返事を出さなければ、内容証明郵便の次の手段として、裁判手続きをとってくるかもしれません。

もちろん、返事を出しても、必ず裁判を回避できるというわけではありませんが……。

そこで内容証明郵便に書かれていることが気に食わない、このまま黙っていると、相手の言い分を認めたと思われそうな場合には、返事を出して、こちらの考えを明確に述べておきます。

ただし話合いで解決しようと思う場合には、わざわざ手紙で返事を出さず、会うか電話かで、自分の考えを伝えたらよいのです。そして、それをきっかけにして話合いに持ち込みます。

返事を出す場合には、いくつか注意すべきことがあります。

### ❶ 返事は相手の証拠になる

返事が相手に渡れば、相手は自由にそれを証拠として使えます。

書いてしまったことは後から取り消せませんから、本当のことだけを、しかも自分の不利益にならないことだけを書きます。

### ❷ 返事は要領よく簡潔に

私は内容証明郵便を出して、相手から返事が来るとほっとします。そして、その返事が長文であればあるほどうれしくなります。長ければ長いほど相手の考えがわかり、その後の攻め方のヒントがつかめるからです。

中には自分に不利なことまで書いてあるものもあり、相手の返事をこちらの証拠に使って、裁判を有利に進めたこともあります。

返事は結論のみを簡潔に書くのがコツです。だらだら書いて敵にサービスする必要はありません。たとえば、こんなふうに書きます。

「貴殿からの令和○年○○月○○日付内容証明郵便の請求には応じかねます」「貴社の令和○年○○月○○日付内容証明郵便の主張は事実に反

しますので、異議があります」

こんな内容で十分です。この返事をもらっても、相手はこちらを攻める手がかりをつかめません。



## ❸ 返事は内容証明郵便で

どんな返事をいつ出したか、そしていつ相手に届いたかがわかるように、内容証明郵便に対する返事を出すときは、こちらも配達証明付きの内容証明郵便にします。

## ❹ 返事のタイトルは回答書がよい

返事を書くとき、タイトルを気にする必要はありません。タイトルを書かず、いきなり「前略」でもかまいません。

タイトルをつけるとすれば、普通の内容証明郵便と同じく「通知書」とすることもありますが、多くの場合「回答書」と書いています。これが一番無難です。

## ❺ 代理人からの通知に対する返事は誰に出すか

差出人が代理人弁護士何某となっている内容証明郵便を受け取ることがあります。

本人からではなく、代理人からの内容証明郵便をもらった場合、返事は誰に出したらよいか、ちょっと迷ってしまいます。

本人に出すのが正しいのか、それとも代理人に出すべきなのかと……。

正確には、**どちら宛てに返事を出しても有効です。**代理人と面識がなく、出しにくかったら、本人宛てに出したらよいのです。

もし代理人が弁護士でなかったら、本人宛てに出すのが無難です。その代理人に内容証明郵便を出す権限しかなかったり、あるいは第三者が本人の承諾なく勝手に代理人と称して出した場合では困りますから。

いずれにせよ、本人宛てに出せば間違いありません。

# 第7章

# 借家契約に関する内容証明

## ① 借家契約と内容証明郵便

物を借りて、借り賃を支払うことを賃貸借《ちんたいしゃく》契約といいます。建物の賃貸借契約や土地の賃貸借契約が代表例ですが、賃貸借契約はそれ以外のいろいろな物についても結べます。たとえば自動車、機械、道具類、家具、本、その他です。

賃貸借契約には民法の規定が適用されます。しかし賃貸借契約の中でも、建物の賃貸借契約については、借地借家法が民法より優先して適用されます。

わが国では、狭い土地に多勢の人間が住んでいますから、建物の需要と供給の関係はアンバランスになっています。このような場合に、契約はそれを結ぶ者どうしが自由に決めてよいのだという契約自由の原則を基本にしている民法を適用しますと、弱い立場の借り手側に、不利な賃貸借契約ができてしまいます。

そこで、かつては借地法や借家法という法律で、借地人や借家人を保護する規定を設けていました。借り手側の住居の安定をはかるためです。平成３年になり、社会・経済情勢の変化に対応するため、借地法や借家法を廃止し、借地借家を一本化した借地借家法が制定されました。

借地借家法が適用される結果、普通の契約と大きく異なるのが、契約はいつ終わるのかという問題です。

普通は契約期間が満了すれば、その契約は終わります。借りた金は期限が来たら、返さなければいけません。プロ野球の監督は球団との契約期限が到来したら、それで終わりです。

ところが建物の賃貸借契約（これを簡単に借家契約ともいいます）は、借地借家法が適用されるため（もっとも旧借家法もそうでしたが）、契約期間が満了しても、特別なことがない限り、自動的に契約は更新します（平成11年の改正により新設された定期借家契約の場合には、契約は更新されません）。期限が来ても原則として終わりません。借家人が簡単に借家から追い出されないようにしているのです。

借家人保護の規定は、このほかにもいくつかあります。

借地借家法が適用されるのは、居住用の建物の賃貸借に限られません。店舗、事務所、工場、倉庫、ビル等の営業用建物の賃貸借にも適用されます。

借地借家法では、家賃の値上げをしたければ、値上げの通知を出しなさいとか、契約の更新をしたくなければ、あらかじめ更新しないという通知を出しなさいと定めています。

通知を出したからといって、それが100パーセント実現されるわけではありません。しかし通知を出さなければ、何も実現されません。

**通知は口頭でもよいのです。しかし、通知したことの証拠がなければ、通知をしなかったのと同じことになることがあります。**家主と借家人とは利害が対立しますので、大事な通知は内容証明郵便で出す必要があります。

## ② 家賃の値上げ請求と回答

家賃は貸主が値上げの請求をしなければ、いつまでたっても値上がりしません。

たいていの建物賃貸借契約書には、「賃料が物価の高騰、租税、公課、地代等の増減、その他経済上の変動によりまたは近隣の建物の賃料に比較して不相当となったときは賃貸人は将来に向かってその増減を請求することができる」といった条項が入っています。

かりにそのような条項がなくても、あるいは契約書を取りかわしていない場合でも、借地借家法32条１項に「建物の借賃が土地もしくは建物に対する租税その他の負担の増減により、土地もしくは建物の価格の上昇もしくは低下その他の経済事情の変動により、または近傍同種の建物の借賃に比較して不相当となったときは、契約の条件に拘らず、当事者は将来に向かって建物の借賃の増減を請求することができる」と定められていますから、家賃の値上げを請求することができます。

**文例１**が家賃値上げの請求書です。

**文例1**
家賃値上げの請求書

令和○年６月１０日

東京都新宿区四谷３丁目２番１号

広　島　　清　殿

東京都世田谷区代田１丁目２番３号

吉　田　　広　(吉)

家賃増額請求書

私は貴殿に対して令和○年４月１日より後記建物を家賃１か月金１０万円で賃貸しております。賃貸を始めてからすでに２年余り経過し、その間物価は上昇し、固定資産税等の税金も増額されております。

つきましては、家賃を令和○年７月分から、１か月金１１万円に値上げさせていただきますので、よろしくお願いいたします。

記

東京都新宿区四谷３丁目５番地
家屋番号５番
木造瓦葺平屋建
床面積５０平方メートル

←借主に納得してもらいやすいように、値上げの理由をくわしく書くとよいでしょう。

←18行

貸してすぐ、あるいは値上げしてすぐ値上げというのは適当ではありません。少なくとも２年ないし３年間は据え置く必要があると思います。地価上昇期の場合には２年ないし３年毎に、賃貸の期間が２年とか３年であれば、その契約の更新にあわせて値上げをします。

借主が、貸主の請求した額について承諾すれば、賃料増額はそれで決まります。しかし借主が、この値上げの請求は高すぎると考え承諾しないときは、貸主と借主とで話合いをして、いくらに値上げをするかを決めます。話合いで決まらなければ、貸主は賃料増額請求の調停を起こし、裁判所で決めてもらうことになります。

結局、借主が納得しなければ、スムーズに値上げをすることはできません。ですから、値上げ請求の通知書は、借主が納得できるように値上げの根拠を具体的に書けば、なおよいと思います。たとえば「賃貸借契



◉複数の借家人に一斉に値上げの通知を出す場合の書き方

私は貴殿に対し後記建物を賃貸しておりますが、その間物価は上昇し、固定資産税等の税金も増額しております。つきましては、家賃を後記のとおり値上げさせていただきますので、よろしくお願いいたします。

記

１　賃貸物件
東京都新宿区四谷３丁目５番地
家屋番号５番
木造瓦葺平屋建
床面積５０平方メートル
２　従来の家賃　１か月金１０万円
３　新家賃　令和○年７月分から１か月金１１万円

約当時（あるいは前回の値上げ当時）固定資産税は金○○円でしたが、現在は金△△円になっており……」などというふうに書きます。

多人数の借家人に対し一斉に値上げの通知を出す場合には、値上げの根拠を具体的に示さず、前ページのように書くと便利です。

借主は貸主の家賃値上げの請求に納得できないときには、自分が適正と思う額を通知します。貸主がその金額で承諾してくれれば、それに決まります。

しかし、貸主が承諾せず、その金額では受け取らないという場合には、借主は自分で適正と判断した額を供託しなければなりません。自分が適正だと思う金額を供託しておけば、家賃を支払ったことになり、家賃不払いで契約を解除されることはありません。

**文例２**が、借主からの回答書です。

**文例2**
家賃値上げ請求に対する回答書

令和○年６月２１日

東京都世田谷区代田１丁目２番３号

吉　田　　広　殿

東京都新宿区四谷３丁目２番１号

広　島　　清　広島

回答書

貴殿からの令和○年６月１０日付の家賃増額請求書に対して、次のとおりご回答いたします。

現在１か月金１０万円の家賃を令和○年７月分から１か月金１１万円に増額することについては承諾できません。増額するとすれば、１か月金１０万５０００円が適当な額と思いますので、同金額を新家賃としてお支払いいたします。もし受取りを拒否される場合には、前記金額を供託することになりますので、よろしくお願いいたします。

←この文例は家主の示した値上げの額を適当でないと主張するものですが、値上げ自体を拒絶する場合も内容証明郵便で通知するとよいでしょう。

←14行

## ③ 家賃の請求をする場合

建物をいったん貸してしまいますと、簡単に明け渡してもらえません。家主は家賃をもらうだけの立場になってしまいます。借家人は借地借家法でいろいろ保護されていますが、家賃の支払いを怠ると、保護されなくなります。

借家人が家賃を支払わない場合には、家主は未払いの家賃について、相当の猶予期間を定めて支払いの請求をし、それでもなおかつ支払わない場合には、賃貸借契約を解除できることになっています（民法541条）。

**家賃の請求を内容証明郵便でする場合、借家人が支払いに応じないときには、契約を解除できる書き方にしておくことが大切です。**

そのためには、ただ「支払ってください」というのではいけません。「いついつまでに」と期限をきります。その期限内に支払わなければ、契約を解除できるのです。

ではどのくらいの猶予期間をおけばよいのでしょうか。法律は「相当の猶予期間」というだけで、何日という日数を決めておりません。

家賃の請求の場合には５日ないし７日でよいと思います。私は、家賃不払いで契約解除したあと、借家人から猶予期間が短すぎたといちゃもんをつけられないように、**７日間**の猶予をおくことにしています。

猶予期間のおきかたですが、「１月17日までにお支払いください」というような書き方はよくありません。１月９日に投函すれば１月10日に到着するだろうから、７日間の猶予期間として１月17日に決めたというのかもしれません。しかし郵便が遅れたらどうなるでしょう。猶予期間が２日とか３日、あるいは支払期限を過ぎてしまう危険もあります。

**文例３**や**文例４**のように「本書面到達後７日以内に」と書くのが正しいのです。この書き方ですと、差出人はいつ到着したのか、また支払期限がいつなのか、わからなくて困ると思うかもしれません。しかし内容証明郵便を出すときに、配達証明を付けてもらいますと、後日郵便局からいつ配達したかを通知してくれますので、心配ありません。

**文例３**
**家賃支払い請求書**

令和○年○○月○○日

東京都新宿区四谷３丁目２番２号

上　田　　勝　殿

東京都世田谷区代田１丁目２番３号

吉　田　　広

家賃請求書

私は貴殿に対し後記の建物を後記の家賃で賃貸しておりますが、貴殿は令和○年○○月分から令和○年○○月分までの家賃合計金○○○○○円の支払いを怠っております。つきましては、本書面到達後７日間以内に滞納額全額をお支払いくださいますよう、ご請求申し上げます。

記

１　賃貸物件

東京都新宿区四谷３丁目２番地

家屋番号２番

木造瓦葺２階建居宅兼店舗

床面積　１階　５０平方メートル

２階　４０平方メートル

２　家賃

１か月金○○○○円

←1枚目20行

３　家賃支払期日

毎月末日限り翌月分を支払う

←2枚目2行

←家賃が支払われていない期間と金額を書きます。

家賃を請求する場合、相手に心理的圧力を加えるため、最後に「お支払いがないときには、貴殿との建物賃貸借契約を解除することになりますので、念のため申し添えます」などと書き添えることがあります。

このような請求書を出しても借家人が家賃を支払わないときは、文例5の契約解除の通知書を出します。

### 文例４
管理人からの家賃支払い請求書

令和○年○○月○○日

東京都新宿区新宿３丁目４番６号

吉田マンション７０１号

株式会社太陽建築設計事務所

代表取締役　山根太郎　殿

東京都新宿区高田馬場１丁目３番９号

黒　田　太　郎

家賃請求書

私は、世田谷区代田１丁目２番３号吉田広のマンション管理人としてご通知申し上げます。

←文例３と同様の内容ですが、管理人が家賃の支払いを催促する場合の通知書です。

吉田は貴社に対し後記の建物を後記のとおり賃貸しておりますが、貴社は令和○年○○月分から令和○年○○月分までの家賃合計金○○○○○円を滞納しております。

家賃が支払われていない期間と金額を書きます。

つきましては本書面到達後７日間以内に滞納額全額を吉田広または私あてにお支払いくださいますよう、ご請求申し上げます。

このような請求書を出しても借家人が家賃を支払わないときは、文例5の契約解除の通知書を出します。

記

１　賃貸物件

東京都新宿区新宿３丁目４番地

鉄筋コンクリート造地上８階地下１階の建物（吉田マン

←1枚目20行

ションのうち7階７０１号室５０平方メートル）

２　家賃

１か月金○○○○○円（共益費金○○○○円を含む）

３　家賃の支払期日

毎月末日限り

←2枚目5行

## ④ 家賃滞納を理由に契約解除する場合

借家人が家賃を支払わない場合には、貸主は賃貸借契約を解除して、貸していた建物を明け渡してもらうことができます。

契約を解除すると、家賃を請求できなくなるのではないかと心配している人がいました。そんなことはありません。明渡しの日までの家賃分を請求できます。

正確にいうと、**契約解除までは家賃の請求ですが、契約解除後は家賃と同額の損害金の請求となります。**

ただ前項の家賃の請求のところで述べましたが、家賃の支払いを怠ったから、すぐ契約を解除できるというわけではありません。まず**相当の猶予期間を定めて支払いを請求**し、それでも支払わないときに、契約を解除できるのです。

具体的にいいますと、まず**文例３**の家賃請求書を出します。それでも借家人が支払わない場合に、**文例５**の契約解除の通知書を出すことになります。請求と解除、**文例３**と**文例５**とはペアになっています。

家賃の請求と契約の解除を一度に行うこともできます。「滞納している家賃を支払ってください。もし支払わないときは契約を解除します」という方法です。これが**文例６**です。

この１通の通知で、家賃の請求と条件付きの契約解除の通知を兼ねています。これを出しておきますと、借家人が通知した猶予期間（**文例６**では、内容証明郵便到達後７日間）内に滞納家賃全額の支払いをしないときには、貸主があらためて**文例５**のような契約解除の通知を出さなくとも、当然に契約解除となります。貸主は、ただちに賃貸していた建物の明渡しと滞納家賃の支払いを求める裁判を起こすことができます。

われわれ弁護士が家賃の請求を頼まれた場合には、請求と解除を別々に行うまわりくどい「**文例３**と**文例５**」方式をとりません。契約解除を兼ねた**文例６**の方式です。家賃を支払わなければ契約を解除するぞ！という強硬姿勢を示します。

家賃の請求としては、もっとも強力な請求書といえます。

建物の賃貸借契約書に「賃借人が○か月分以上賃料の支払いを怠ったとき、賃貸人はなんらの通知催告を要せず直ちに本契約を解除することができる」という条項が入っていることがあります。

そういう特約がある場合、滞納している家賃の請求をしないで、ただちに契約を解除することができます。**文例７**は、そういう場合の契約解除の通知書です。

時々「１か月でも賃料の支払いを怠ったときは、何らの通知催告を要せず契約を解除できる」という条項の入った契約書を見かけます。その場合、はたして１回の不払いを理由に、**文例７**の方式で契約解除できるでしょうか。少々疑問です。

１回の不払いで契約の解除というのは、借家人に酷です。借家人がそんな契約解除は無効だと裁判に持ち込んだら、裁判所は、その契約解除を有効とは判定しないでしょう。

「１か月でも」の特約がある場合でも、滞納している家賃の請求をしないで、ただちに契約を解除するには、つまり**文例７**の方式をとるには、家賃の滞納が３か月分以上になってからするのが安全です。

「１か月でも」という特約があるのだから、とてもそんなに待てないというのでしたら、滞納後ただちに**文例６**の家賃請求と契約解除を兼ねる通知を出したらよいのです。

## 文例5
## 家賃滞納による契約解除の通知

令和○年○○月○○日

東京都新宿区四谷３丁目２番２号

上　田　　勝　殿

東京都世田谷区代田１丁目２番３号

吉　田　　広　(吉)

通知書

私は貴殿に対し、後記の建物を後記のとおりの約束で賃貸しておりますが、貴殿は令和○年○○月分以降現在までの家賃の支払いを怠っております。私は令和○年○○月○○日付内容証明郵便により、滞納家賃全額を前記内容証明郵便到達後７日間以内にお支払いくださるように請求いたしましたが、前記期間内に貴殿からの支払いがございません。そこで前記建物賃貸借契約を本日付で解除いたします。つきましては、本書面到達後ただちに建物を原状に復して明け渡し、かつ明渡時までの延滞家賃全額をお支払いくださいますよう、ここにご請求申し上げます。

←文例3の家賃請求書を出しても借家人が家賃を支払わない場合に出す契約解除の通知書です。

家賃の滞納が2～3か月以上あり、相当の猶予期間を定めて請求し、それでも支払いがなかったこと、契約を解除する旨を書きます。

記

１　賃貸物件

東京都新宿区四谷３丁目２番地

家屋番号２番

←1枚目20行

木造瓦葺２階建居宅兼店舗

床面積　１階５０平方メートル

２階４０平方メートル

２　家賃　　１か月金○○○○円

３　家賃支払期日　　毎月末日限り翌月分を支払う

←2枚目5行

**文例6**

**家賃の請求と条件付き契約解除の通知**

令和○年○○月○○日

東京都新宿区四谷３丁目２番２号

上　田　　勝　殿

東京都世田谷区代田１丁目２番３号

吉　田　　広　(吉)

通知書

私は貴殿に対して、後記の建物を後記のとおりの約束で賃貸しておりますが、貴殿は令和○年○○月分から令和○年○○月分までの家賃合計金○○○○○円の支払いを現在まで怠っております。

つきましては、本書面到達後７日間以内に滞納額全額をお支払いくださいますよう、ご請求申し上げます。

同期間内に滞納額全額のお支払いなきときは、あらためて契約解除の通知をなすことなく、前記期間の経過をもって、貴殿との間の本件建物賃貸借契約を解除いたします。

記

１　賃貸物件

東京都新宿区四谷３丁目２番地

家屋番号２番

木造瓦葺２階建居宅兼店舗

←1枚目20行

床面積　１階５０平方メートル

２階４０平方メートル

２　家賃　　１か月金○○○○円

３　家賃支払期日　　毎月末日限り翌月分を支払う

←2枚目4行

←契約解除の通知をすることで、家賃の支払いを促す効果が高いと期待できます。

即時解約の特約がある場合でも、このような通知書で行い、いきなり契約解除するのは家賃の滞納が３か月以上になってからのほうが安全です。

**文例７**
家賃の請求をせず、いきなり契約解除する通知

令和〇年〇〇月〇〇日

東京都練馬区練馬１丁目５番７号

平和荘１階１号室　山田一郎殿

東京都世田谷区代田１丁目２番３号

吉　田　　広 

通知書

私は貴殿に対し後記の建物を後記のとおりの約束で賃貸しておりますが、貴殿は令和〇年〇〇月分から令和〇年〇〇月分までの家賃合計金〇〇〇〇〇円の支払いを怠っております。そこで私は、特約に従いまして、貴殿との間の建物賃貸借契約を本日付で解除いたします。

←「1回の不払いで契約が解除できる」という特約がある場合でも、このような通知書でいきなり契約解除するのは家賃の滞納が3か月以上になってからのほうが安全です。

つきましては、本書面到達後ただちに建物を原状に戻して明け渡してください。なおその際、明渡時までの延滞家賃全額をお支払いくださいますよう、お願いいたします。

記

１　賃貸物件

東京都練馬区練馬１丁目５番７号

平和荘１階１号室（１５平方メートル）

２　家賃　　１か月金〇〇〇〇〇円（ただし、そのうち金〇〇〇〇円は共益費）

←1枚目20行

３　家賃支払期日　　毎月末日限り翌月分を支払う

４　特約　　借家人が家賃の支払いを２か月分以上滞納したときは、なんらの通知催告を要せず本建物賃貸借契約を解除することができる。

←2枚目4行

# ⑤ 貸主から解約申入れをする場合

建物賃貸借契約において、賃貸期間が決まっている場合には、その期間中は、相手が契約違反でもしない限り、どちらかが一方的に契約を終了させることはできません。

しかし、なかには賃貸期間が決まっていないこともあります。期間を決めないで貸した場合や、契約を更新したときに決めなかった場合です。

**文例8**

貸主からの解約申入書（契約期間の定めがない場合）

令和○年２月１日

東京都練馬区練馬１丁目５番１１号

秋　田　一　郎　殿

東京都世田谷区代田１丁目２番３号

吉　田　　広　(吉)

通知書

私は貴殿に対し、東京都練馬区練馬１丁目２３番地、家屋番号２３番、木造瓦葺平屋建居宅（床面積５１．５０平方メートル）を、賃貸期間を定めずに賃貸しております。ところで、近々私の息子が結婚することになりましたが、私の家に息子夫婦と一緒に居住するには手狭になっております。そこで貴殿に賃貸している前記建物を私共で使用する必要が生じてきました。

したがいまして、貴殿との前記建物賃貸借契約を解約いたします。本書面到達から６か月を経過しますと、契約は終了いたしますから、その時点で、前記建物を明け渡してください。

←自分や身内の者がどうしても使用しなくてはならない、建物が老朽化しているため取り壊して建て替えをする、貸家を売却しなければならないなど、明渡しを求めるのがもっともだと思われる理由（これを「正当事由」といいます）を書きます。

正当事由があり、解約の申入れをしてから6か月の猶予期間が過ぎれば契約は終了します。

←17行

また１年未満の賃貸期間ですと、法律上は期間を決めていないものとみなされます（借地借家法29条）。

賃貸期間が決まっていないと、賃貸借契約はいつまでも続くことになります。家主は契約を終了させたいと思えば、解約申入れをしなければなりません。

解約の申入れは家主がいつでも自由にできるわけではありません。家主側に、賃貸している建物をみずから使用する必要があるとか、その他正当な事由がなければいけません（借地借家法28条）。

家主に正当な事由があれば、いつでも解約の申入れができますが、解約の申入れには６か月の猶予期間をおかなければいけません（借地借家

**文例９**

借主からの回答書（文例８に対する回答）

令和○年２月１０日

東京都世田谷区代田１丁目２番３号

吉　田　　広　殿

東京都練馬区練馬１丁目５番１１号

秋　田　一　郎　秋田

回答書

貴殿からの令和○年２月１日付内容証明郵便に対し、次のとおりご回答申し上げます。

前記書面によりますと、貴殿の息子さんが結婚されるので、私が賃借中の建物を使いたいとのことでございますが、貴殿はこの建物のほかにも建物やマンションを持っておられるようですのに、なぜ私の賃借している建物を使いたいのか、よくわかりません。

私達は家族４人で、ここに１０年間も居住していますので、簡単に転居することはできません。したがいまして、貴殿からのご要求には応じられません。

←明渡しに応じられない理由は必ずしも書かなければならないものではありませんが、文例では家主の理解をうながすために入れてあります。

裁判になった場合、家主の正当事由の有無は様々な事情を考慮して判断されます。

←16行

法27条１項)。解約の申入れをしてから、６か月間を経過したときに、建物賃貸借契約は終了するということです。

**文例８**は、賃貸期間の定めがない場合の家主の解約申入通知書です。自分が使う必要があることや、明け渡してもらいたい理由等を必ず書きます。家主から**文例８**の通知が来たときの借家人の回答書が**文例９**です。借家人は回答を義務付けられているわけではありません。

借家人が６か月の猶予期間に明け渡そうと思う場合には、口頭でその旨を伝えればよいのであって、わざわざ内容証明郵便で回答する必要は



**文例10**
建物使用継続に対する異議申述書

令和○年８月２０日

東京都練馬区練馬１丁目５番１１号

秋　田　一　郎　殿

東京都世田谷区代田１丁目２番３号

吉　田　　広　（吉）

通知書

私は貴殿に対し、東京都練馬区練馬１丁目２３番地、家屋番号２３番、木造瓦葺平屋建居宅（床面積５１．５０平方メートル）を賃貸していましたが、令和○年２月１日付内容証明郵便をもって前記建物賃貸借契約を解約する旨通知し、同郵便は同年２月３日貴殿に到達しております。

したがって、前記到達から６か月を経過した同年８月３日をもって、前記建物賃貸借契約は終了いたしました。

しかるに貴殿は、賃貸借契約終了後もそのまま前記建物の使用を継続しております。前記建物は当方において使用する必要がありますので、前記建物の使用を中止して、ただちに明け渡してください。

貴殿の建物使用に対して異議を述べます。

←異議の通知を出さないと、従来どおりの契約内容で賃貸したとみなされてしまいます。

以前に出していた通知（文例8）で明渡しを求める正当事由を書いているので、ここでは書く必要はありません。

←18行

ありません。逆に、**明渡しに応じられないという場合には、内容証明郵便で返事を出した方がよいでしょう。**返事を出さずにいると、家主の要求を承諾したものと誤解されるからです。

**文例９**は、明渡しに応じられない理由を書いておりますが、必ず書かなければいけないものではありません。簡単に、「貴殿からの令和○年２月１日付内容証明郵便を受け取りましたが、貴殿のご要求には応じられません」と書くだけでもかまいません。

家主が解約の申入れの通知（**文例８**）を出して６か月を経過した後、借家人がいぜんとして建物を使用している場合には、家主は遅滞なく使用継続について異議を述べなければいけません（借地借家法26条２項、27条２項）。**文例10**がこの異議通知です。

異議の通知を出しませんと、従来どおりの契約内容で賃貸したものとみなされてしまいます。異議の通知を出しても借家人が明け渡さないときには、ねばり強く交渉するか、明渡しの裁判を起こすしかありません。

家主から文例10の通知が来たときの借家人の回答書が**文例11**です。

令和○年９月１日

東京都世田谷区代田１丁目２番３号

吉　田　　広　殿

東京都練馬区練馬１丁目５番１１号

秋　田　一　郎　(秋田)

回答書

貴殿からの令和○年８月２０日付内容証明郵便に対し、次のとおりご回答いたします。

私はこの建物に１０年前より家族と共に居住しており、簡単に転居することはできません。したがって貴殿からの要求には応じられません。

**文例１１**

借家人からの回答書（文例10に対する回答）

←借主が明渡しに応じない場合、立退料の支払いを申し出たり、代替する建物の提供を申し出たりするのも、明渡しを促す方法と言えます。

どうしても明け渡してもらえない場合は、明渡しの裁判を起こすしかありません。

←11行

## ⑥ 借家人から解約申入れをする場合

賃貸借期間の定めのない建物賃貸借契約において、家主が解約の申入れをするには、家主側に正当事由があり、かつ6か月の猶予期間をおかなければなりません（借地借家法27条、28条）。

しかし借家人が解約する場合は別です。「正当事由」とか、「6か月」というのは、借家人を保護するためのものです。借家人は、期間の定めのない建物賃貸借契約の場合、いつでも自由に解約の申入れをすることができます。解約申入れ後、3か月経過すると、建物賃貸借契約は終了

**文例12**
借家人からの解約申入書（契約期間の定めがない場合）

令和〇〇年3月20日

東京都世田谷区代田1丁目2番3号

吉　田　　広殿

東京都練馬区練馬1丁目2番3号

秋　田　一　郎　㊞（秋田）

通知書

私は貴殿から、東京都練馬区練馬1丁目23番地、家屋番号23番、木造瓦葺平屋建居宅（床面積51．50平方メートル）を、賃借期間を定めずに賃借しております。

この度、私は千葉県松戸市へ転居することになりましたので、貴殿との前記建物賃貸借契約を解約いたします。本書面到達から3か月を経過しますと、契約は終了いたしますので、その時点で、前記建物を明渡しいたします。前記建物の明渡しと引換えに、貴殿に預けております敷金60万円をご返還ください。

←解約を申し入れる旨をはっきりと書きます。ここでは転居することを理由として書いていますが、家主からの解約申入れの通知と違って、解約する理由を書く必要はありません。

←15行

## 文例13

**借家人からの解約申入書（特約による場合）**

令和○年８月１日

東京都中央区日本橋１丁目２番３号

日本橋ビル３階　株式会社山本

代表取締役　山本花子　殿

東京都中央区銀座８丁目４番１号

銀座ビル８０１号　太陽商事株式会社

代表取締役　島田次郎　(島田)

通知書

当社は貴社より、後記建物を後記のとおりの約束で賃借しております。

この度、当社は都合により、特約に基づき貴社との前記建物賃貸借契約を解約いたします。本書面到達から４か月を経過しますと契約は終了いたしますので、その時点で前記建物を明渡しいたします。前記建物の明渡しと引換えに、貴社に預けております保証金２７００万円をご返還ください。

記

１　賃借物件　　東京都中央区銀座８丁目４番１号　銀座ビル（地上１５階、地下３階）のうち地上８階８０１号室（１００平方メートル）

←1枚目20行

２　賃貸借期間　　平成○○年３月１日から令和○年２月末日まで

３　保証金　　金３０００万円。ただし明渡しの際、１０パーセントを償却して返還する。

４　特約　　賃借人は賃貸借期間内に本契約を解約しようとする時には４か月前に相手方に予告することを要す。

←2枚目6行

←賃貸借期間を定め、その期間は絶対に解約できないとするのは借家人に酷ですから、特約により契約解除できる方法を定めていることがあります。この特約どおりに通知することが大切です。

保証金については額も大きいので、トラブルを防ぐために、この通知で返還をうながすよう書いておくとよいでしょう。

します（民法617条１項）。**文例12**は、この場合の借家人からの解約申入通知書です。

賃貸借期間が決まっている場合には、その期間中は自分の都合で一方的に解約することはできません。契約を終了できるのは、相手に契約違反がある場合だけです。これは、家主であれ借家人であれ同じです。借家人は契約期間中に契約を終わりにして他に移転したいという事態が生ずることがあります。新しい家を買ったとか、もっと便利な新しいビルが見つかったとか、いろいろです。

そこを考えて、建物賃貸借契約の中に、「賃借人が、この契約を期間内に解約しようとするときは、○か月前までに賃貸人に対し予告しなければならない。前項にかかわらず、賃借人は予告にかえて○か月分の賃料相当額を賃貸人に支払い即時解約することができる」という条項を入れておくことがあります。

この特約がある場合には、借家人はいつでも解約の申入れをすることができます。**文例13**がその場合の解約申入通知書です。この通知をするのに、解約の理由を書く必要はありません。

## ⑦ 契約の更新を拒絶する場合

**建物賃貸借契約の場合、契約期間が満了したからといって、それで当然に契約が終了するわけではありません。**借地借家法は、借家人を保護していますから、借家人が引き続き賃借していたいと希望するときには、家主側に次にあげる要件がそなわっていないかぎり、自動的に契約は更新してしまいます（例外として、平成12年から新設された定期借家契約の場合には、契約は更新されず、契約期間満了によって、契約は終了します）。

**文例14**
建物賃貸借契約の更新拒絶の通知書

令和○年６月１日

東京都練馬区練馬１丁目５番１１号

秋　田　一　郎　殿

東京都世田谷区代田１丁目２番３号

吉　田　　広

通知書

私は貴殿に対し、東京都練馬区練馬１丁目２３番地、家屋番号２３番、木造瓦葺平屋建居宅（床面積５１．５０平方メートル）を賃貸しておりますが、賃貸期間は、令和○年１２月３１日までとなっております。前記建物は当方において今後使用する必要がありますので、前記建物賃貸借契約の更新は拒絶いたします。

つきましては、賃貸期間満了次第、前記建物を明け渡してくださいますようお願いいたします。

←自分や身内の者がどうしても使用しなくてはならない、建物が老朽化しているため取り壊して建て替えをする、借家を売却しなければならないなど、明渡しを求めるのがもっともだと思われる理由（正当事由）を書きます。

←14行

**文例15**
借家人からの回答書（文例14に対する回答）

令和○年７月１日

東京都世田谷区代田１丁目２番３号

吉　田　　広　殿

東京都練馬区練馬１丁目５番１１号

秋　田　一　郎

回答書

貴殿からの令和○年６月１日付内容証明郵便に対し、次のとおりご回答申し上げます。

私はこの建物に１０年前より家族と共に居住しており、簡単に転居することはできません。したがって貴殿からの要求には応じられません。よろしくお願いいたします。

←文例14の通知書を受け取った借主は、必ずしも回答を義務づけられているわけではありませんが、明渡しに応じられないという場合には、やはりその旨を内容証明郵便で通知しておいたほうがよいでしょう。

←11行

① 賃貸期間が満了した際、契約を終了して、建物を明け渡してもらうには、家主は**期間満了の日の１年前から６か月前までの間**に、建物賃貸借契約の更新を拒絶することを通知しなければなりません。

② しかも、更新を拒絶するには、家主はその建物をどうしても自分で使用する必要があるなどの正当事由がなければいけません。

家主が、期間満了の１年前から６か月前までに更新拒絶の通知を行わなかったり、また通知をしても家主に自己使用等の正当事由がないと、建物賃貸借契約は自動的に更新し、賃貸借期間は定めがないものになり

**文例16**
建物使用継続に対する異議申述書

令和○年１月１０日

東京都練馬区練馬１丁目５番１１号

秋　田　一　郎　殿

東京都世田谷区代田１丁目２番３号

吉　田　　広

通知書

私は貴殿に対し、東京都練馬区練馬１丁目２３番地、家屋番号２３番、木造瓦葺平屋建居宅（床面積５１．５０平方メートル）を賃貸しておりましたが、賃貸期間は、令和○年１２月３１日をもって満了いたしました。私は、令和○年６月１日付内容証明郵便をもって、前記建物賃貸借契約の更新を拒絶する旨通知し、同郵便は同年６月３日貴殿に到達しております。

しかるに貴殿は、賃貸期間満了後もそのまま前記建物の使用を継続しております。前記建物は当方において使用する必要がありますので、前記建物の使用を中止して、ただちに明け渡してください。貴殿の建物使用に対して異議を述べます。

←18行

←文例14の通知を出したのに、契約期間が終了してもまだ借家人が明け渡さないという場合、すみやかに異議を通知しなければなりません。異議の通知をしないと、前の契約と同じ条件で契約を更新したものとみなされてしまいます。

ますが、それ以外の条件は前の契約と同一の条件で引き続き契約したものとみなされます（借地借家法26条１項）。これを法定更新といいます。**更新拒絶の通知は、定められた期間内に到達したかどうかによって、更新したり、しなかったりしますので、配達証明付きの内容証明で出す必要があります。**通知書は、**文例14**のように自分で使用する必要のあることを書いておくことが大切です。

更新拒絶の通知を出したのに、借家人が賃貸借期間満了後も、いぜんとして建物を使用している場合は、家主がただちに異議を述べなければ、期間満了の際、前の契約と同一の条件で契約の更新をしたとみなされます（借地借家法26条２項）。この異議の通知書が**文例16**です。

**文例15**と**文例17**は借家人からの回答書ですが、借家人は回答を義務付けられているわけではありません（125ページ参照）。

**文例17**

借家人からの回答書（文例16に対する回答）

令和○年１月２０日

東京都世田谷区代田１丁目２番３号

吉　田　　広　殿

東京都練馬区練馬１丁目５番１１号

秋　田　一　郎　（秋田）

回答書

貴殿からの令和○年１月１０付内容証明郵便に対し、次のとおりご回答申し上げます。

私はこの建物に１０年前より家族と共に居住しており、簡単に転居することはできません。したがって貴殿からの要求には応じられません。

←明渡しに借主が応じない場合、立退料の支払いを申し出るのも、明渡しを促す方法です。どうしても明け渡してもらえない場合は、明渡しの裁判を起こすしかありません。

←11行

# ⑧ 無断譲渡・転貸で契約解除する場合

借家人は家主の承諾を得なければ、賃借権（借家権）を譲渡したり、賃借建物を転貸したりできません（民法612条）。もし、借家人が家主の承諾を得ないで、第三者に賃借権を譲渡したり、賃借建物を転貸したりしたとき、家主は賃貸借契約を解除できます。

**無断譲渡転貸の禁止は、たいていの契約書に記載されていますが、たとえ契約の条項に入っていなくても、**民法612条に定められた**賃借人の義務ですから、義務違反で解除できます。**なお借家人が、賃借している

**文例18**
無断で譲渡・転貸したときの契約解除の通知書

令和○年○○月○○日

東京都板橋区前野町１丁目５番６号

島　崎　太　郎　殿

東京都世田谷区代田１丁目２番３号

吉　田　　広　(吉)

通知書

私は貴殿に対し、東京都新宿区新宿３丁目４番地吉田マンション５階５０１号室（６０平方メートル）を賃貸しております。

ところが貴殿は、私の承諾を得ないで、前記建物を第三者である大島四郎に使用させています。

これは、賃借権の無断譲渡ないしは賃借物の無断転貸であり、賃借人としての義務に反するものであります。

よって、前記建物の賃貸借契約を解除いたします。

すみやかに前記建物を明け渡してください。

←譲渡か転貸かわからない場合の契約解除の通知書です。

転貸であることがわかっているときは、「貴殿は私の承諾を得ないで、前記建物を第三者である大島四郎に転貸している」と書きます。

←15行

建物の一部を無断で譲渡転貸したときも同じです。

賃貸している建物を、借家人以外の第三者が使っていることを貸主が確かめることは容易にできます。しかし第三者が賃借権を借家人から譲り受けて使っているのか、それとも借家人から転借して使っているのかは、借家人とその第三者との間の内部事情なので、家主としては簡単にはわかりません。その場合には、転貸したとか、賃借権を譲渡したとか断定しないで、**文例18**のように書くとよいでしょう。

## ⑨ 無断増改築で契約解除する場合

建物の賃貸借契約というのは、借家人が建物を借りて使うことです。**建物の内部を改造したり、建物の一部をこわして新しく建物を作ったりすることは、家主の承諾を得ない限り許されません。**

建物の賃貸借契約書に、無断増改築を禁止する条項が入っていることがあります。しかし、この条項が入っていなくても、借家人が無断で増改築をすれば、義務違反となり、家主は建物の賃貸借契約を解除することができます。もっとも無断増改築なら、どんなわずかな増改築でも、契約を解除できるというわけではありません。家主と借家人との間の信頼関係を破るような無断増改築に限られます。

無断増改築を知ったら家主は黙っていてはいけません。時がたつと、暗黙のうちに承諾したものと扱われることがあります。発見したら、**文例19**のように、猶予期間を与えて元に戻させ、応じないときは契約解除するのがよいでしょう。増改築の程度がひどければ、猶予期間をおかず「よって本建物賃貸借契約を解除いたします。原状に戻した上で、前記建物を明け渡してください」とやってかまいません。

増改築の工事中に気がついた場合は「貴殿は私に無断で前記建物の北

側部分の増改築工事を行っております。私はこれを承諾することができません。ただちに増改築工事を中止して、建物を原状に戻してください。もし貴殿がこの要求に応じないときには、本契約を解除することになります」と通知します。



**文例19**
**無断で増改築したときの契約解除の通知書**

令和○年３月１５日

東京都新宿区四谷３丁目２番２号

上　田　　勝　殿

東京都世田谷区代田１丁目２番３号

吉　田　　広　㊞

通知書

私は貴殿に対し後記建物を、家賃１か月金○万円で賃貸していますが、貴殿は私に無断で、前記建物の北側部分を約７平方メートル増築いたしました。私はこれを承諾できません。本書面到達後１０日間以内に、増改築部分を撤去し、原状に戻すようにお願いいたします。

←無断増改築を発見したら、なるべく早くこのように異議を通知し原状回復を求めておきましょう。だまっていて時間が経つと、増改築を暗黙のうちに承諾したと扱われてしまうことがあります。

もし前記期間内に原状に戻されないときは、あらためて契約解除の通知をなさず、前記期間満了の日をもって本賃貸借契約を解除いたします。

記

１　賃貸物件

東京都新宿区四谷３丁目２番地

家屋番号２番

木造瓦葺２階建居宅兼店舗

床面積　１階５０平方メートル　←1枚目20行

２階４０平方メートル　←2枚目1行

# ⑩ 定期借家契約を終了させる場合

定期借家契約は、契約期間が１年以上ある場合には、家主は、期間満了の１年前から６か月前までの間（通知期間）に、借家人に対し、期間満了により借家契約が終了する旨の通知をしなければ、契約の終了を借家人に主張できません。

通知は、期間満了の１年前から６か月前までの通知期間内に行わなければなりません。通知期間を過ぎてから通知した場合、たとえば期間満了の２か月前に通知した場合、通知の日から６か月を経過した時点で、借家人に明渡しを求めることができます。

６か月間は、借家人は建物を引き続き使用することができますが、明

**文例20**

定期借家契約終了の通知書（再契約の意向がない場合）

令和○年○○月○○日

東京都練馬区練馬１丁目５番２号

秋　田　一　郎　殿

東京都世田谷区代田１丁目２番３号

吉　田　　広

通知書

私は貴殿に対し、東京都練馬区練馬１丁目２３番地、家屋番号２２番、木造瓦葺平家建居宅（床面積５１．５０平方メートル）を定期借家契約にて賃貸しておりますが、賃貸期間は、令和○年１２月３１日をもって満了し、定期借家契約は終了いたします。契約は更新されません。

つきましては、賃貸期間満了のときに、前記建物を明け渡してくださいますよう、お願いいたします

←契約期間が終了すること、再契約の意向がないことを書いておきます。普通の借家契約と違い、家主が明渡しを求める正当事由を書く必要はありません。

←13行

渡しまでの間、賃料を支払う義務があります。契約期間満了後に通知した場合も同様で、通知の日から６か月を経過した日に明渡しを求めることができます。

契約期間満了時に、再び定期借家契約を締結すれば、借家人は引き続きその建物を使用することができます。

契約期間満了の時に、再契約するか、しないかは、当事者双方の自由です。**文例20**は、定期借家の期間満了時に契約を終了させ、明渡しを求める場合の通知書です。**文例21**は、家主に再契約の意向がある場合の通知書です。

契約期間が１年未満の場合には、家主からの通知は不要です。期間満了時に定期借家契約は終了し、借家人は明渡しをしなければなりません。

契約期間の定めがある賃貸借契約をする場合、中途解約をすることが

**文例21**

定期借家契約終了の通知書（再契約の意向がある場合）

令和○年○○月○○日

東京都練馬区練馬１丁目５番２号

秋　田　一　郎　殿

東京都世田谷区代田１丁目２番３号

吉　田　　広

通知書

私は貴殿に対し、東京都練馬区練馬１丁目２３番地、家屋番号２２番、木造瓦葺平家建居宅（床面積５１．５０平方メートル）を定期借家契約にて賃貸しておりますが、賃貸期間は、令和○年１２月３１日をもって満了し、定期借家契約は終了いたします。

なお、本件建物については、賃貸期間満了の日の翌日を始期とする新たな定期借家契約を締結する意向があることを申し添えます。

←契約期間が終了すること、再契約の意向があることを書いておきます。

←14行

できる旨の特約をしない限り、期間満了前に一方的に契約を解約できないのが原則です。しかし、定期借家契約は契約の期間が長い場合もあり、この原則を貫くと借家人に酷な場合も生じます。そこで、居住の用に供する建物で、その床面積が200平方メートル未満の場合において、転勤、療養、親族の介護その他のやむを得ない事情により、借家人が建物を自己の生活の本拠として使用することが困難となったときは、借家人は、中途解約の申入れをすることができます。この場合、定期借家契約は、解約申入れの日から１か月を経過することによって終了します。

店舗併用住宅であっても、生活の本拠としているものであれば、居住の用に供している建物であり、中途解約できます。

**文例22**
借家人からの中途解約申入書

令和○年○○月○○日

東京都世田谷区代田１丁目２番３号

吉　田　　広　殿

東京都練馬区練馬１丁目５番２号

秋　田　一　郎　秋田

通知書

私は貴殿から、東京都練馬区練馬１丁目２３番地、家屋番号２２番、木造瓦葺平家建居宅（床面積５１．５０平方メートル）を定期借家契約により、賃借期間令和○年１２月３１日までの約定で賃借しております。

この度私は転勤により大阪市へ転居することになり、前記建物を自己の生活の本拠として使用することが困難になりましたので、貴殿との前記建物の定期借家契約を解約いたします。本書面到達から１か月を経過しますと契約は終了いたしますので、その時点で前記建物の明渡しと引換えに貴殿に預けております敷金６０万円をご返還ください。

←借主から定期借家契約の中途解除を申し出るときは、転勤、療養、親族の介護など、やむをえない事情によりその家に住み続けられなくなった理由を書きます。なお、中途解約できるのは、床面積が200平方メートル未満の住宅の場合です。

←16行

# ⑪ 借家人が供託した家賃を受け取るときの通知

家主と借家人との間でトラブルが生じた場合、借家人はよく家賃の供託をします。

賃貸期間が満了したのに、あるいは契約を解除したのに、借家人が建物を明け渡さないということはよくあります。

こんなとき、借家人が家主のところに家賃を持って行っても、家主は受け取りません。

家主が家賃を受け取らないなら、支払わなくてよい、ということにはなりません。借家人が家賃の支払いをしないでいると、家賃不払いにより契約を解除されてしまいます。

**借家人は、家賃の受取りを拒絶されたら、家賃を法務局に供託しなければなりません。供託すれば、家賃を支払ったことになります。**

家主にすれば、建物を明け渡してもらえない、家賃は供託されて入ってこない、ではたまりません。

そうかといって、無条件に供託金をおろすと、家賃として受け取ったといわれかねません。家賃として受け取るということは、賃貸借契約が続いていることが前提です。明渡しの要求を撤回したことになってしまいます。

これを防ぐために、**法務局で供託金をおろす前に、借家人に対して、賃貸借契約を終了したけれどお前さんが建物の明渡しをしないので、明渡しを受けるまで、家賃相当額の損害をこうむっているから、供託金をその損害金に充当しますよ、と通知しておけば安心です。**これが**文例23**です。

**文例23**のように、最後の文言を加えて一度通知しておきますと、その後供託された供託金も、黙っておろせます。

## 文例23
### 契約終了後、借家人が供託した家賃を受け取るときの通知書

令和○年８月１日

東京都中央区銀座８丁目４番１号

銀座ビル８０１号　太陽商事株式会社

代表取締役　島田次郎　殿

東京都中央区日本橋１丁目２番３号

日本橋ビル３階　株式会社山本

代表取締役　山本花子

通知書

当社は貴社に対し、後記の建物を家賃１か月金３０万円で賃貸しておりましたが、令和○年○○月○○日をもって賃貸期間満了により本建物賃貸借契約は終了いたしました。しかしながら貴社から現在にいたるも前記建物の明渡しを受けておりません。

ところで貴社は、令和○年○○月○○日東京法務局へ令和○年○○月分の家賃として金３０万円を供託されました。当社は前記供託金を令和○年○○月分の家賃相当の損害金に充当いたしますので、ご承知おきください。

今後、もし貴社が供託した場合には、当社は前記建物明渡しに至るまで、貴社の供託金を家賃相当の損害金に充当いたしますので、あらかじめおことわりしておきます。

←1枚目20行

記

１　賃貸物件

東京都中央区銀座８丁目４番１号

銀座ビル（地上１５階、地下３階）のうち地上８階８０１号室（１００平方メートル）

←2枚目5行

←無断譲渡や無断転貸による契約解除のときは、契約終了理由を「令和○年○○月○○日無断譲渡転貸を理由に本建物賃貸借契約を解除いたしました」と書きます。

このように通知しておけば、今後供託されたときにも、いちいち断らずに家賃相当の損害金として受け取ることができます。

この状態を長引かせたくないときは、早めに建物明渡しの訴訟を起こすことをお勧めします。

**文例24**

**家賃値上げの請求後、借家人が供託した家賃を受け取る通知書**

令和○年8月1日

東京都中央区銀座8丁目4番1号

銀座ビル801号　太陽商事株式会社

代表取締役　島田次郎　殿

東京都中央区日本橋1丁目2番3号

日本橋ビル3階　株式会社山本

代表取締役　山本花子　株式会社山本代表取締役之印

通知書

当社は、貴社に対し、後記建物を家賃1か月金30万円で賃貸しておりましたが、令和○年○○月○○日前記家賃を1か月金35万円に値上げする通知をいたしました。

貴社は、家賃の値上げに応じないばかりか、令和○年○○月○○日東京法務局へ、令和○年○○月分の家賃として金30万円を供託されました。

そこで当社は、前記供託金を、令和○年○○月分の新家賃の一部に充当いたしますので、ご承知おきください。

今後もし貴社が供託した場合には、当社は貴社の供託金を新家賃の一部に充当いたしますので、あらかじめおことわりしておきます。

←1枚目19行

記

1　賃貸物件

東京都中央区銀座8丁目4番1号

銀座ビル（地上15階、地下3階）のうち地上8階801号室（100平方メートル）

←2枚目5行

←文例2（114ページ）の状況後、家主が供託金をおろすときの通知書の例です。

通知せずに供託金をおろすと、値上げ不承認の主張を承認したとみなされかねません。この通知をしておけば、今後も、いちいち断らずに家賃相当の損害金として供託金を受け取ることができます。

この状態を長引かせたくないときは、早めに民事調停の申立てをすることをお勧めします。

家賃の値上げをめぐるトラブルの際にも、借家人は家賃を供託します。

家主は従来30万円の家賃を35万円に値上げするという通知を出したところ、借家人は高すぎるといって30万円を持って来たとします。家主は、新賃料35万円の内金としてなら受け取るというでしょうが、借家人は内金として支払ったら、値上げを認めたことになり、内金では支払えません。

そこで借家人は家賃を供託します。この場合も、家主は無条件で供託金をおろして「１か月分の家賃」として受け取ったと思われては困ります。あなたの供託した金は、新家賃の内金として受け取りますよと、ことわってから供託金をおろします。これが**文例24**です。

法務局で供託金をおろすのには、借家人から送られてきた供託書と印鑑証明書と実印とが必要です。

書類がそろえば、いつでもおろせます。いつまでにおろさなければならないという期限はありません。おろすまで若干の利息がつきます（供託法３条・供託規則33条）。

## ⑫ 造作の買取請求をする場合

借家人が家主の同意を得て、畳・建具等の造作《ぞうさく》を借家に取りつけた場合には、賃貸借契約が終了したときに、借家人は家主に対し、その造作を時価で買い取ってくれと請求できます（借地借家法33条）。これを**造《ぞう》作買取請求権《さくかいとりせいきゅうけん》**といいます。

造作の買取りの請求を受けた家主は、その造作を時価で買い取らなければいけません。造作というのは、物干場、つくりつけの戸だな、たな、間仕切、雨戸、障子、ふすま、ガス設備、電気設備、水道設備等です。これらは建物に取りつけたもので、それがあると建物を使うのに便利です。取りはずすと価値が下がってしまいます。そのために買取請求権が認められているのです。

しかし家具や道具類等は造作ではありません。家具や道具類は、建物から簡単に取りはずすことができますし、取りはずしても価値は減りません。借家人は、引越しのときに持って行けばよいので、買取請求はできません。

**借家人が買い取ってくれと請求できるのは、家主の同意を得てつけたものに限られます。**無断で取りつけたものを買い取ってくれとはいえません。また、判例によると、借家人が家賃の不払いその他契約違反により賃貸借契約が解除されたときは、借家人は造作買取請求権を行使できません。

**文例25**が造作買取請求の通知です。

**文例25**
造作買取請求の通知書

令和〇年〇〇月〇〇日

東京都世田谷区代田１丁目２番３号

吉　田　　広　殿

東京都練馬区練馬１丁目５番２号

秋　田　一　郎　㊞

通知書

私は貴殿より、東京都練馬区練馬１丁目２３番地、家屋番号２３番、木造瓦葺平家建居宅（床面積５１．５０平方メートル）を賃借しておりましたが、令和〇年〇〇月〇〇日賃貸期間の満了により、本賃貸借契約は終了いたしました。

前記建物には、貴殿の承諾を得てつけた物干場、水道設備等の造作がありますので、これを時価でお買い取りください。前記の時価は金〇〇〇〇〇〇円が相当と思います。

←特約で家主が造作を買い取らないと規定している場合があります。その場合はこのような通知をしても、造作を買い取ってもらえません。契約書に前記の内容がないことを確認した上で通知しましょう。

造作の買取額は時価となりますので、取り付けたときの金額より少なくなります。

←14行

借家人が屋根を修繕したとか、くみ取り式の便所を水洗式の便所に改造したような場合には、建物の一部になっており、造作ではありません。しかし借家人は賃貸借契約終了の際、こういう費用も家主に請求できます（民法608条）。

**修繕費のように、賃借した建物の維持に必要な費用（これを必要費といいます）を出したときは、直ちに支出した金額の返還を請求できます。**

また、くみ取り便所を水洗便所に改造した場合、トタン屋根をカワラ屋根にかえた場合等のように**賃借建物の時価を増加させるために使われた費用（これを有益費《ゆうえきひ》といいます）も、賃貸借契約終了の際、支払ってもらえます。有益費については、借家人が支出した金額か建物の価値の上がった分のいずれかを家主が負担します。**

**文例26**は、必要費や有益費の償還《しょうかん》を請求する場合の通知書です。

**文例26**
有益費用償還請求通知書

令和○年○○月○○日

東京都世田谷区代田１丁目２番３号

吉　田　　広　殿

東京都練馬区練馬１丁目５番２号

秋　田　一　郎　㊞

通知書

私は貴殿より、東京都練馬区練馬１丁目２３番地、家屋番号２３番、木造瓦葺平家建居宅（床面積５１．５０平方メートル）を賃借しておりましたが、令和○年○○月○○日賃貸借期間の満了により、本賃貸借契約は終了いたしました。

私は前記建物の屋根の雨漏り修理代金○○○○○円と、汲取式便所を水洗便所に改造した費用金○○○○○円を負担しておりますので、前記費用の償還を請求いたします。

←特約で家主が費用を支払わないと規定している場合があります。その場合はこのような通知をしても、費用を支払ってもらえません。契約書に前記の内容がないことを確認した上で通知しましょう。

←14行

契約でとくに定めれば家主は費用償還義務を負わないとすることもできます。市販の契約書には、家主に費用償還請求をしないという条項が入っていることがあります。通知を出す前に契約書をよくご覧ください。

## ⑬ 家主が死亡したときの通知



家主が死亡すると、その建物を相続した人が貸主になります。契約内容は従来のままで変わりません。

相続人が１人だったら問題ないのですが、相続人が複数のとき、借家人は誰に家賃を支払ってよいかわからないことがあります。

そこで賃貸している建物を相続することになったら、なるべく早く借家人に自分が相続したことを伝えるべきです。

相続人が数人おり、そのうち誰が相続するか決まっていないときは、暫定的にその中の誰かを家賃の集金や建物の管理をする人に決めて、借家人に通知するとよいでしょう。**文例27**がその通知書の例です。これは相続人全員の名前で出します。

借家人の方は、このような通知がないと困ってしまいます。誰が相続したかわからない、あるいは相続人のうち何人かはわかっているけれど、ほかに相続人がいるかどうかわからないことがあります。

わからなくても、家賃を支払わなくてよいということにはなりません。

相続人がわからない、あるいは相続人が大勢いて、どの相続人に支払ってよいかわからないときには、家賃を供託します。

**文例28**はそのようなときに借家人が出す通知です。

家賃を供託するのに、通知を義務付けられているわけではありません。ただ、わかっている相続人に家賃を供託したことや、なるべく早く家賃の集金や建物を管理する人を決めるように催促するのがよいでしょう。

令和○年○○月○○日

東京都新宿区四谷３丁目２番２号

上　田　　勝　殿

東京都世田谷区代田１丁目２番３号

吉　田　花　子

電話（○○○○）○○○○

東京都世田谷区代田１丁目２番５号

吉　田　一　郎

電話（○○○○）○○○○

東京都新宿区西新宿４丁目３番２号

吉　田　二　郎

電話（○○○○）○○○○

通知書

吉田広は貴殿に対し、後記の建物を後記の約束で賃貸しておりましたが、同人は令和○年○○月○○日死亡し、私達３人が後記建物を相続し、賃貸人の地位を承継することになりました。吉田花子は吉田広の妻、吉田一郎は長男、吉田二郎は二男です。

貴殿との建物賃貸借契約の家賃の受領や建物の管理の担当を、当分の間吉田一郎に決めました。今後の家賃は同人あてに持参または送金してお支払いください。

記

1　賃貸物件

東京都新宿区四谷３丁目２番地

家屋番号２番

## 文例27

### 家主の相続人からの通知書

←家主が死亡したときに出す通知書です。

賃貸している建物を相続することになった相続人が決まったら、その相続人から出すのが普通です。

相続人が数人おり、誰が賃貸している建物を相続するか決まってない場合は、暫定的に家賃の集金や建物の管理することになった人を決め、そのことを文例のように通知します。これは相続人全員の名前で出します。

家賃を振込送金してもらう場合には、振込先も書いておきます。

←1枚目20行

木造瓦葺２階建居宅兼店舗

床面積　１階５０平方メートル

２階４０平方メートル

２　家賃　　１か月金○○○○○円

３　家賃支払期日　　毎月末日限り翌月分を支払う

４　賃貸期間　　令和○年○○月○○日まで

←2枚目11行

## 文例28
### 借家人から家主の相続人への通知書

令和○年○○月○○日

東京都世田谷区代田１丁目２番３号

吉　田　花　子　殿

東京都新宿区四谷３丁目２番２号

上　田　　勝　上田

通知書

私は吉田広殿から、後記建物を後記の約束で賃借しておりましたが、吉田広殿は先般ご逝去されました。後記建物はどなたが相続されますのか、私にはわかりません。

そこで家賃の支払いにつきましては、今月分から相続人が決まるまでの間、供託したいと思います。

とりあえず吉田広殿の奥様である貴殿に、ご通知申し上げます。ほかにどなたが相続人かわかりませんので、他の相続人にもその旨お伝えください。

なお後記建物を相続する人が決まりましたら、至急ご連絡ください。その方に家賃をお支払いいたします。

記

１　賃借物件

東京都新宿区四谷３丁目２番地

←家主が死亡し文例27のような通知がない場合に、借家人が出す通知です。

遺族の気持ちを傷つけないような文面にしつつも、伝えるべきことはしっかり伝える内容にしなければなりません。

文例は、借主から知っている相続人に対して通知するもので、家賃を法務局に供託したこと、家賃の支払先や建物を管理する人を早く決めてもらうよう促す内容としています。

家屋番号２番　←1枚目20行

木造瓦葺２階建居宅兼店舗

床面積　１階５０平方メートル

２階４０平方メートル

２　家賃　　１か月金○○○○○円

３　家賃支払期日　　毎月末日限り翌月分を支払う

４　賃借期間　　令和○年○○月○○日まで　←2枚目6行

# 第8章

# 借地契約に関する内容証明

# ① 借地契約と内容証明郵便

お金を支払って物を借りるのは賃貸借《ちんたいしゃく》契約で、ただで借りるのは使用《しよう》貸借《たいしゃく》契約です。いずれも民法が適用されます。

土地の賃貸借の中でも、建物所有のための土地の賃貸借については、とくに借地借家法が民法より優先して適用されます。かつては、借地については借地法でしたが、平成３年に借地借家を一本化して借地借家法が制定されました。

わが国は人口の割に土地が狭く土地不足の現状で、貸主（地主）と借主（借地人）とが話し合って自由に契約内容を定めてよいということにすると、どうしても借地人に不利な契約内容になってしまいます。そこで借地人の住居の安定をはかるため旧借地法や借地借家法ができたのです。

借地借家法では、建物の所有を目的とする借地のときは賃貸期間を30年以上にしなければならないとか、あるいは賃貸期間が到来しても特別なこと（正当事由）がなければ、自動的に契約は更新するなどと定め、簡単に借地人を追い出せないようになっています。

この借地借家法は、地主に不利な法律なので、地主の中には、この法律を目の敵にしている人もいるくらいです。

ただし、土地の賃貸借すべてに借地借家法が適用されるわけではありません。建物所有を目的とする土地の賃貸借契約（通常これを借地契約といいます）に限られます。

農地や山林の賃貸借、駐車場の賃貸借、それから土地をただで借りた場合（使用貸借契約）には、借地借家法は適用されません。また、建築資材の置場等、臨時の使用のために一時的に土地を賃借した場合（一時使用契約）には、契約を長期化させる賃貸期間や更新等についての借地借家法の規定は適用されません。

借地契約は長くなります。長い間に地代の値上げ、地代の請求、建物増改築、契約の更新等、いろいろな問題が生じ、そのたびに通知が必要になります。

借地権は都会地では更地《さらち》価格の７割などといわれております。坪100万円の土地ですと、借地人の権利が70万円、地主の権利が30万円ということです。もし、50坪の借地契約なら、その借地権は3500万円です。大変な財産権です。たった１枚の通知の巧拙《こうせつ》で、3500万円を獲得することもあれば、3500万円を失うこともあります。

このような重要な財産に変動を与える問題ですから、通知は必ず配達証明付きの内容証明郵便で行い、いつ、どんな通知を出し、それがいつ到達したか、ちゃんと証拠を残しておくべきです。



## ② 地代の値上げをする場合

地代は貸主（地主）が値上げの請求をしなければ、いつまでたっても値上がりしません。

たいていの土地賃貸借契約書には、「賃料が物価の高騰、租税・公課の増減、その他経済上の変動により、または近隣の賃料に比較して不相当になったときは賃貸人は将来に向かってその増減を請求することができる」といった条項が入っています。

かりにそのような条項がなくても、あるいは契約書をとりかわしていない場合でも、借地借家法11条１項により「地代または土地の借賃が、土地に対する租税その他の公課の増減により、土地の価格の上昇もしくは低下その他の経済事情の変動により、または近傍類似の土地の地代に比較して不相当となったときは、契約の条件にかかわらず、当事者は、将来に向かって地代等の額の増減を請求することができる」と定められていますから、地代の値上げを請求することができます。

貸してすぐ、あるいは値上げしてすぐ値上げというのは適当ではありません。少なくとも２～３年間は据え置く必要があると思います。地下上昇期の場合には２年ないし３年ごとに、あるいは固定資産税等が増額されたときに、値上げしているケースが多いようです。

借地人が、地主の請求した額について承諾すれば、賃料増額はそれで決まります。

しかし借地人が、この値上げの請求は高すぎると承諾しないときは、地主と借地人とで話合いをして、いくらに値上げするかを決めます。話合いで決まらなければ、地主は賃料増額請求の調停を起こし、そこで決まらないときは、訴訟を起こし、裁判所で決めてもらうことになります。

◉複数の借地人に一斉に値上げの通知を出す場合の書き方

私は貴殿に対し後記土地を賃貸しておりますが、物価の上昇、固定資産税等の税金の増額等の理由により、現在の地代は安くなっております。つきましては、地代を後記のとおり値上げさせていただきますので、よろしくお願いいたします。

記

1　賃貸物件

東京都新宿区四谷３丁目５番地

宅地〇〇〇〇平方メートル

2　従来の地代

１か月金〇〇〇〇円

3　新地代

令和〇年７月分から１か月金〇〇〇〇円

結局、借地人が納得しなければ、スムーズに値上げをすることができません。借地人が納得できるように、値上げの根拠を具体的に書けば、なおよいと思います。「賃貸借契約当時（あるいは前回の値上げ当時）、固定資産税は金○○円でしたが、現在は金○○円になっており…」というようにです。

多人数の借地人に対し一斉に値上げの通知を出す場合には、個別に具体的な根拠を記載せず、前ページのように書くと便利です。

借地人は地主の地代値上げの請求に納得できないときには、自分が適当と思う額を通知します。地主がその金額で承諾してくれれば、それに決まります。

**文例29**
地代値上げの請求書

令和○年6月10日

東京都新宿区四谷3丁目2番1号

池　田　栄　作　殿

東京都豊島区池袋1丁目2番3号

佐　藤　　茂　佐藤

地代増額請求書

私は貴殿に対し後記土地を地代1か月金10万円で賃貸しております。

前回の値上げからすでに2年を経過し、その間物価は上昇し、固定資産税等の税金も増額されております。

つきましては、地代を令和○年7月分から1か月金11万円に値上げさせていただきますので、よろしくお願いいたします。

記

東京都新宿区四谷3丁目5番地

宅地500平方メートル

←値上げの理由は、借主が納得しやすいようにくわしく書いておいたほうがよいでしょう。

←16行

しかし、地主が承諾せず、その金額では受け取らないという場合には、借地人は自分で適正と判断した額を供託しなければなりません。供託すれば、地代を支払ったことになり、地代不払いで契約を解除されることはありません。

**文例30**
**地代値上げ請求に対する回答書**

令和○年6月21日

東京都豊島区池袋1丁目2番3号

佐　藤　　茂　殿

東京都新宿区四谷3丁目2番1号

池　田　栄　作

回答書

貴殿からの令和○年6月10日付の地代増額請求書に対し、次のとおりご回答いたします。

現在1か月金10万円の地代を、令和○年7月分から1か月金11万円に増額することについては承諾できません。増額するとすれば、1か月金10万5000円が適正な額と思いますので、同金額を新地代としてお支払いいたします。

もし、受取りを拒否される場合には、同金額を供託することになりますので、よろしくお願いいたします。

←この文例は地主の示した値上げの額を適当でないと主張するものですが、値上げ自体を拒絶する場合も内容証明郵便で通知するとよいでしょう。

←15行

## ③ 滞納地代を請求する場合

土地をいったん貸してしまいますと、簡単に明け渡してもらえません。地主は地代をもらうだけの立場になってしまいます。借地人はいろいろ保護されていますが、地代の支払いを怠ると、保護されなくなります。

地代を支払わない場合には、地主は未払いの地代について、相当の猶予期間を定めて支払いの請求をし、それでも支払わない場合には、賃貸借契約を解除できます（民法541条）。

**地代の請求を内容証明郵便でする場合、借地人が支払いに応じないときには、契約を解除できる書き方にしておくことが大切です。**

そのためには、ただ「支払ってください」というのではいけません。「いついつまでに」と期限をきります。その期限内に支払わなければ、契約を解除できるのです。

では、どのくらいの猶予期間をおけばよいのでしょうか。

法律は「相当の猶予期間」というだけで、とくに日数を決めておりません。地代の請求の場合には、５日ないし７日でよいと思います。私は、地代不払いで契約解除したあと、借地人から猶予期間が短すぎたと、文句をつけられないように、７日間の猶予をおくことにしています。

猶予期間のおきかたですが、「１月17日までにお支払いください」という日にちを決めた書き方はよくありません。１月９日に投函すれば、１月10日に到着するだろうから、７日間の猶予期間として１月17日に決めたというかもしれません。

しかし郵便が遅れたらどうなるでしょう。猶予期間が２日とか３日、あるいは猶予期間を過ぎてしまう危険もあります。

**文例31**や**文例32**のように「本書面到達後７日間以内に」と書くのが正しい書き方です。この書き方ですと、差出人はいつ到達したのかわからないから支払期限がわからなくて困ると思うかもしれません。しかし、内容証明郵便を出すときに配達証明を付けてもらいますと、後日、郵便局からいつ配達したかを通知してくれますので、その心配はありません。

地代を請求する場合、相手に心理的圧力を加えるため、最後に「お支払いがないときは、貴殿との土地賃貸借契約を解除することになりますので、念のため申し添えます」などと書き添えることがあります。

**文例31**
地代の請求書

令和○年２月２０日

東京都新宿区四谷３丁目２番１号

池　田　栄　作　殿

東京都豊島区池袋１丁目２番３号

佐　藤　　茂　㊞

地代請求書

私は貴殿に対し、後記の土地を後記のとおりの地代で賃貸しておりますが、貴殿は令和○年○○月分から令和○年○○月分までの地代合計金○○○○○円の支払いを怠っております。

←地代が支払われていない期間と金額を具体的に記載します。
この通知書を出しても借地人が地代を支払わないときに次にとる手段は、文例33の契約解除の通知書を出すことです。

つきましては、本書面到達後７日間以内に滞納額全額をお支払いくださいますよう、ご請求申し上げます。

記

１　賃貸物件

東京都新宿区四谷３丁目５番地

宅地５００平方メートル

２　地代

１か月金○○○○円

３　地代支払期日

毎月末日限り翌月分を支払う

←20行

**文例32**
管理人からの地代請求書

令和○年２月２８日

東京都新宿区新宿３丁目４番６号

株式会社太陽建築設計事務所

代表取締役　山根太郎　殿

東京都新宿区高田馬場１丁目３番９号

幸　田　太　郎

地代請求書

私は、豊島区池袋１丁目２番３号佐藤茂の土地管理人としてご通知申し上げます。

佐藤は貴社に対し、後記の土地を後記のとおり賃貸しておりますが、貴社は令和○年○○月分から令和○年○○月分までの地代合計金○○○○○円を滞納しております。

つきましては本書面到達後７日間以内に滞納額全額を佐藤茂または私あてにお支払いくださいますよう、ご請求申し上げます。

記

１　賃貸物件

東京都新宿区新宿３丁目４番地

宅地７５６平方メートル

２　地代

←1枚目20行

１か月金○○○○○円

３　地代の支払期日

毎月末日限り

←2枚目3行

←文例31と同様の内容ですが、管理人が地代の支払いを催促する場合の通知書です。

家賃が支払われていない期間と金額を具体的に記載します。

## ④ 地代滞納を理由に契約解除する場合

借地人が地代を支払わない場合には、地主は賃貸借契約を解除して、貸していた土地を明け渡してもらうことができます。

契約を解除すると、地代を請求できなくなるのではないかと心配する人がいますが、そんなことはありません。明渡しの日までの地代分を請求できます。正確にいうと、**契約解除までは地代の請求ですが、契約解除後は地代と同額の損害金の請求となります。**

ただ前項の地代の請求のところで述べましたが、地代の支払いを怠ったから、すぐ契約を解除できるというわけではありません。まず**相当の猶予期間を定めて支払いを請求し**、それでも支払わないときに、契約を解除できるのです。

具体的にいいますと、まず**文例31**の地代請求書を出します。それでも借地人が支払わない場合に、**文例33**の契約解除の通知書を出します。請求と解除、**文例31**と**文例33**とはペアになっています。

地代の請求と契約の解除を一度に行うこともできます。

「滞納している地代を支払ってください、もし支払わないときは契約を解除します」という方法です。これが**文例34**です。

この１通の通知で、地代の請求と条件付きの契約解除の通知を兼ねています。これを出しておきますと、通知した猶予期間（**文例34**では、内容証明郵便到達後７日間）内に借地人が滞納地代全額の支払いをしないときには、地主があらためて**文例33**のような契約解除の通知を出さなくても、当然に契約解除の効力が発生します。

ですから地主は、ただちに賃貸していた土地の明渡しと滞納地代の支払いを求める裁判を起こすことができます。

われわれ弁護士が地代の請求を頼まれた場合には、請求と解除を別々に行うまわりくどい「**文例31**と**文例33**」方式をとりません。契約解除を兼ねた**文例34**の方式です。

地代を支払わなければ契約を解除するぞ！　いわば合法的に脅して金を取るようなものです。

地代の請求としては、もっとも強力な請求書といえます。

土地の賃貸借契約書に「賃借人が○か月分以上賃料の支払いを怠ったとき、賃貸人はなんらの通知催告を要せず直ちに本契約を解除することができる」という条項が入っていることがあります。

そういう特約がある場合、滞納している地代の請求をしないで、ただちに契約を解除することができます。

**文例35**は、そういう場合の契約解除の通知書です。

時々「１か月でも賃料の支払いを怠ったときは、何らの通知催告を要せず契約を解除できる」という条項の入った契約書を見かけます。

その場合、はたして１回だけの地代不払いを理由に**文例35**方式で借地契約を解除できるか、少々疑問です。

１回の不払いで契約の解除というのは、借地人にあまりにも酷です。借地人がそんな契約解除は無効だと裁判に持ち込んだら、裁判所は、その契約解除を有効とは判定しないでしょう。

「１か月でも賃料の支払いを怠ったときは…」という特約がある場合にも、滞納している地代の請求をせず、ただちに契約を解除するには、つまり**文例35**方式をとるには、地代の滞納が３か月以上になってからするのが安全です。

「１か月でも…」という特約があるのだから、とてもそんなに待てないというのでしたら、滞納後ただちに**文例34**の地代請求と契約解除を兼ねる通知を出したらよいでしょう。

## 文例33

### 地代滞納による契約解除の通知

令和○年10月1日

東京都新宿区四谷3丁目2番1号

池　田　栄　作　殿

東京都豊島区池袋1丁目2番3号

佐　藤　　茂

通知書

私は貴殿に対し、後記の土地を後記のとおりの約束で賃貸しておりますが、貴殿は令和○年○○月分以降現在までの地代の支払いを怠っております。

私は令和○年○○月○○日付内容証明郵便により、滞納地代全額を前記内容証明郵便到達後7日間以内にお支払いくださるように請求いたしましたが、前記期間内に貴殿からの支払いがございません。

そこで前記土地賃貸借契約を本日付で解除いたします。つきましては、本書面到達後ただちに建物を収去して土地を明け渡し、かつ、明渡時までの延滞地代全額をお支払いくださいますよう、ここにご請求申し上げます。

記

1　賃貸物件

東京都新宿区四谷3丁目5番地

←1枚目20行

宅地500平方メートル

2　地代

1か月金○○○○円

3　地代支払期日

毎月末日限り翌月分を支払う

←2枚目5行

←文例31の請求書を出しても地代を支払ってもらえないときに、このような契約解除の通知書を出します。

地代の支払いが2〜3か月以上なく、相当の猶予期間を定めて請求し、それでも支払いがなかったこと、契約を解除する旨をはっきりと書きます。

**文例34**
地代の請求と条件付き契約解除の通知

令和○年10月1日

東京都新宿区四谷3丁目2番1号

池　田　栄　作　殿

東京都豊島区池袋1丁目2番3号

佐　藤　　茂　㊞

通知書

私は貴殿に対し、後記の土地を後記のとおりの約束で賃貸しておりますが、貴殿は令和○年○○月分から令和○年○○月分までの地代合計金○○○○○円の支払いを怠っております。つきましては、本書面到達後7日間以内に滞納額全額をお支払いくださいますよう、ご請求申し上げます。

もし前記期間内に滞納額全額のお支払いなきときは、あらためて契約解除の通知をなさず、前記期間の経過をもって、貴殿との間の土地賃貸借契約を解除いたします。

記

1　賃貸物件

東京都新宿区四谷3丁目5番地

宅地500平方メートル

2　地代

←1枚目20行

1か月金○○○○円

3　地代支払期日

毎月末日限り翌月分を支払う

←2枚目3行

←契約解除の通知をすることで、地代の支払いを促す効果が高いと期待できます。即時解除の特約がある場合でも、このような通知書で請求し、いきなり契約解除するのは家賃の滞納が3か月以上になってからのほうが安全です。

**文例35**
地代の請求をせず、いきなり契約解除する通知

令和○年10月1日

東京都練馬区練馬1丁目5番7号

山　田　一　郎　殿

東京都豊島区池袋1丁目2番3号

佐　藤　　茂　㊞

通知書

私は貴殿に対し後記の土地を後記のとおりの約束で賃貸しておりますが、貴殿は令和○年○○月分から令和○年○○月分までの地代合計金○○○○○円の支払いを怠っております。そこで私は、特約に従いまして、貴殿との間の土地賃貸借契約を本日付で解除いたします。つきましては、本書面到達後直ちに建物を収去し、土地を原状に戻し明け渡してください。なおその際、明渡時までの延滞地代全額をお支払いくださいますよう、お願いいたします。

←「1回の不払いで契約が解除できる」という特約がある場合でも、このような通知書でいきなり契約解除するのは地代の滞納が3か月以上になってからのほうが安全です。

記

1　賃貸物件

東京都練馬区練馬1丁目5番地

宅地96.33平方メートル

2　地代

1か月金○○○○○円

←1枚目20行

3　地代支払期日

毎月末日限り翌月分を支払う

4　特約　賃借人が地代の支払いを2か月分以上滞納したときは、なんらの通知催告を要せず本土地賃貸借契約を解除することができる。

←2枚目5行

## ⑤ 借地人から契約更新を請求する場合

借地期間が満了しても、借地人が望むならば、借地契約を更新できます。すなわち借地期間が満了し、借地権が消滅しても、借地上に建物がある場合には、借地人に契約の更新請求権があり、借地人が更新を請求すれば当然に借地契約は更新されます（借地借家法５条１項）。

ただし、地主が自ら土地を使用する必要があるとか、その他正当の事由に基づいて、ただちに更新を拒絶した場合に限って、例外として更新されません。

借地人からの更新請求の通知が**文例36**です。この通知はいつまでに出さなければならないとは決まっておりません。常識的にいって、借地期間が満了する数か月前に出しておくのがよいでしょう。

地主が契約の更新をしたくない場合には、借地人から更新請求の通知

**文例36**
借地人からの契約更新請求通知書

令和○年６月１５日

東京都豊島区池袋１丁目２番３号

佐藤　茂殿

東京都新宿区四谷３丁目５番１号

池田栄作　池田

借地契約更新請求書

私と貴殿との間で締結した東京都新宿区四谷３丁目５番地の宅地５００平方メートルについての借地契約の借地期間は、令和○年○○月○○日に満了いたしますが、前記宅地には建物が存在しておりますので、前契約と同一の条件で借地契約を更新していただきたくご請求いたします。

←借地上に建物がある場合、このような通知をしておけば、地主が正当事由により更新を拒絶しないかぎり、当然に契約が更新されます。

←11行

をもらったら、ただちに更新拒絶の通知を出さなければいけません。出さずにいると、また、だいぶ時間がたってから出すと、契約更新されてしまいます。

地主の更新拒絶の回答書が**文例37**です。

**地主がただちに更新拒絶の回答書を出しても、必ず更新を拒絶できるわけではありません。自己使用等の正当事由がなければいけません。**裁判になった場合、この正当事由というのがなかなか認めてもらえず、ほとんど契約更新になってしまいます。

更新されると、それまでの契約と同じ内容の借地契約が存続することになります。ただし、**借地期間は、最初の更新のときには20年、その後の更新のときには10年となります（ただし、旧借地法の適用される借地契約のときには、木造建物を建てることを目的とした場合が20年、堅固な建物の場合が30年となっています）。**

**文例37**
地主の契約更新拒絶の回答書

令和○年６月１８日

東京都新宿区四谷３丁目５番１号

池　田　栄　作　殿

東京都豊島区池袋１丁目２番３号

佐　藤　　茂　佐藤

回答書

私が貴殿に賃貸している東京都新宿区四谷３丁目５番地の宅地５００平方メートルの賃貸期間は、令和○年○○月○○日に終了いたします。

貴殿から令和○年６月１５日付の内容証明郵便にて、前記土地の借地契約を更新したい旨の請求がありましたが、今後私は前記土地を自分で使う必要がありますので、貴殿からの契約更新の請求に応ずることができません。

←自分や身内の者がどうしても使用しなくてはならなくなった、貸地を売却しなければならなくなったなど、土地の明渡しを求めるのがもっともだと思われる理由（正当事由）を書きます。

←13行

借地人が契約の更新を望む場合は、必ず**文例36**のような更新請求をしなければならないわけではありません。放っておいても、自動的に契約が更新します。そのことは次の項目で述べます。したがって、借地人の方からわざわざ更新請求の通知を出して、地主を刺激する必要はないともいえます。



## ⑥ 地主が契約更新を拒絶する場合

**借地契約の場合、契約で定めた期間が満了したからといって、それで当然には契約が終了するわけではありません。**たとえ借地人からの契約更新請求がなくとも、借地期間が満了したのちに借地人が引き続き土地

令和○年６月２０日

東京都新宿区四谷３丁目２番１号

池　田　栄　作　殿

東京都豊島区池袋１丁目２番３号

佐　藤　　茂　㊞

借地契約更新拒絶通知書

私は貴殿に対し、東京都新宿区四谷３丁目２番地の宅地５００平方メートルを賃貸しておりますが、賃貸期間は令和○年○○月○○日までとなっております。

前記土地は当方において今後使用する必要がありますので、前記借地契約の更新を拒絶いたします。つきましては、賃貸期間満了次第、前記土地を明け渡してくださいますようお願い申し上げます。

**文例38**
地主の借地契約更新拒絶の通知書

←契約期間が終了したら土地を明け渡してほしい場合、期間が終了する数か月前に通知をします。通知をしても借地人が明渡しを承諾してくれない場合は、立退料の支払いや代替地の提供なども検討してみてはいかがでしょうか。

←13行

を使用している場合、地主がただちに異議を述べなければ、期間満了の際、従来の借地契約と同一の内容で契約の更新をしたものとみなされます（借地借家法５条２項)。これを**法定更新**とよんでいます。

この更新後の借地期間は、最初の更新のときには20年、その後の更新のときには10年となります（ただし旧借地法が適用される借地契約のときには、鉄筋コンクリート造り等の堅固な建物の場合は30年、木造建物の場合は20年です)。

したがって、**地主が契約の更新を拒むには、期間満了後も、借地を使用している借地人に対し、ただちに文例40のような土地使用継続に対する異議申述書を出さなければいけません。**この異議の通知をするには、地主側に自らその土地を使用する必要にせまられているなどの正当事由がなければなりません。

なお、法律上は要求されておりませんが、もし契約の更新をしたくない場合には、地主は借地人に対し、借地期間の満了前にあらかじめ契約

**文例39**

借地人からの回答書（文例38に対する回答）

令和○年○○月○○日

東京都豊島区池袋１丁目２番３号

佐　藤　　茂　殿

東京都新宿区四谷３丁目２番１号

池　田　栄　作

回答書

貴殿からの令和○年６月２０日付の内容証明郵便に対し、次のとおりご回答申し上げます。

私は２０年前よりこの土地に建物を建てて、家族とともに居住しており、簡単に転居することはできません。したがって、貴殿からのご要求には応じられません。よろしくお願いいたします。

←借地上に建物を建てて使用している場合、借地人としては土地の使用を続けることを希望するのが一般的です。地主の更新拒絶の申出を承諾する場合には、建物買取請求権を行使できます（176～177ページ、文例49）。

←12行

令和○年９月５日

東京都新宿区四谷３丁目２番１号

池　田　栄　作　殿

東京都豊島区池袋１丁目２番３号

佐　藤　　茂

通知書

私は貴殿に対し、東京都新宿区四谷３丁目２番地の宅地５００平方メートルを賃貸しておりましたが、賃貸期間は令和○年○○月○○日をもって満了いたしました。

しかるに貴殿は、賃貸期間満了後もそのまま前記土地を継続使用しております。前記土地は当方において使用する必要がありますので、前記土地の使用を中止して、ただちに明け渡してください。

貴殿の土地使用に対して異議を述べます。

**文例40**

土地使用継続に対する異議申述書

←地主に土地を明け渡してほしい正当な理由があり、文例38のような通知をしたのに契約期間終了後も借地人が土地を継続して使用しているとき、地主は遅滞なく異議を通知しないと、それまでと同じ条件で契約を更新したものとみなされてしまいます。

←14行

令和○年○○月○○日

東京都豊島区池袋１丁目２番３号

佐　藤　　茂　殿

東京都新宿区四谷３丁目２番１号

池　田　栄　作

回答書

貴殿からの令和○年９月５日付の内容証明郵便に対して、次のとおりご回答申し上げます。

私は２０年前よりこの土地に建物を建てて、家族とともに居住しており、簡単に転居することはできません。したがって貴殿からのご要求には応じられません。

**文例41**

借地人からの回答書（文例40に対する回答）

←契約の更新を請求したいときは、文例のような通知書を出します。借地人が借地上に建物を建てて住んでいる場合、裁判になっても借地人の主張が認められやすい傾向にあります。

←11行

の更新をしない旨の通知をしておくのがよく、**文例38**がそれです。そして、借地期間満了後はただちに**文例40**の土地使用継続異議申述書を出します。

これに対し、借地人は契約更新を望むならば、**文例39**や**文例41**の回答書を出し、引き続き賃借することを通知しておくことです。

## ⑦ 無断で譲渡・転貸したときに契約解除する場合

借地人は地主の承諾を得なければ、賃借権（借地権）を譲渡したり、賃借土地を転貸したりできません（民法612条）。

もし借地人が地主の承諾を得ないで、第三者に借地権を譲渡したり、賃借土地を転貸したりしたとき、地主は借地契約を解除できます。このような場合の契約解除の通知が、**文例42**です。

**無断譲渡・転貸の禁止は、**たいていの契約書に記載されていますが、たとえ**契約の条項に入っていなくとも、**民法612条に定められた借地人の義務ですから、**義務違反で解除できます。**なお借地人が、賃借している土地の一部分を無断で譲渡・転貸したときも同じです。

**建物には敷地利用権がともないます。借地上の建物を譲渡した場合、借地権の譲渡か、借地の転貸が行われたものとされます。**

したがって、借地人が借地上の建物を地主に無断で第三者に譲渡したとき、地主はその土地の借地契約を解除できます。それが**文例43**です。

なお、**借地上の建物を借地人が第三者に貸すことは、地主に無断で自由にできます。**これは借地を貸したのではなく、自分所有の建物を貸したのですから、借地権の譲渡にも、借地の転貸にもあたらないのです。したがって、借地上の建物を第三者が使用しているからといって、地主はうかつに解除の通知を出すことはできません。

令和○年３月１０日

東京都新宿区早稲田南町１丁目２番５号

大　島　一　夫　殿

東京都目黒区上目黒１丁目２番４号

金　子　栄　蔵

通知書

私は貴殿に対し、東京都新宿区高田馬場３丁目８番地の宅地２００平方メートルを賃貸しています。ところが貴殿は私の承諾を得ないで前記土地の借地権を第三者である山本四郎氏に譲渡しています。これは借地人としての義務に反するものであります。よって前記土地の借地契約を解除いたします。すみやかに前記土地を明け渡してください。

**文例42**

**無断で譲渡・転貸したときの契約解除の通知書（1）**

←無断譲渡か、転貸か、借地上の建物を貸しているのかわからない場合は、事実関係を確認します。無断譲渡や転貸の事実が確認できたら、文例のような通知で契約解除を申し出ます。

←12行

令和○年３月２０日

東京都新宿区早稲田南町１丁目２番５号

大　島　一　夫　殿

東京都目黒区上目黒１丁目２番４号

金　子　栄　蔵

通知書

私は貴殿に対し後記の土地を賃貸しておりますが、前記土地上にある建物が、貴殿以外の人の名義になっていることを知りました。これは借地権の無断譲渡ないし無断転貸にほかなりません。このような行為は借地人としての義務に反する行為ですから本件借地契約を解除いたします。

記

東京都新宿区高田馬場３丁目８番地

宅地２００平方メートル

**文例43**

**無断で譲渡・転貸したときの契約解除の通知書（2）**

←借地上の建物の名義は、登記事項証明書で確認できます。

←14行

## ⑧ 借地人が増改築したときの通知

土地の賃貸借契約には「賃借人は、賃貸人の承諾を得なければ、借地上の建物につき、増改築または大修繕をすることはできない」という条項が入っていることがよくあります。これを増改築禁止の特約といいます。

この特約がない場合には、借地人は、借地上に建てた建物を自由に増改築することができます。しかし、この特約がある場合に、借地人が地主の承諾を得ないで建物の増改築をしますと、地主は賃貸借契約を解除することができます。**文例44**は、こういう場合の契約解除の通知です。

借地人が増改築工事に取りかかったことを知って、工事を中止させるのが、**文例45**の通知です。地主はまず借地人に工事を中止させ、その後で増改築をしたいなら、承諾料を支払いなさいと交渉していきます。この通知を出しても、工事を中止しないなら、契約解除です。

増改築禁止の特約がない場合には、工事の中止や契約の解除はもちろんのこと、承諾料の請求もできません。

借地人が建物を取り壊し、残りの借地期間より寿命の長い建物を新築する場合について、借地借家法では、①最初の契約期間中か、②契約更新後の期間中かで扱いが違います。

①最初の契約期間中の場合、地主が建物の再築を承諾するか、借地人が再築の通知を地主にしてから２か月以内に地主の異議がなければ、期間は20年間延長されます（借地借家法７条）。地主が再築の通知から２か月以内に異議を述べると、借地期間の延長はされず、従来の借地期間のままとなります。**文例46**は、そういう場合の異議通知です。

②契約更新後の期間中の場合は、地主の承諾を得ないで残りの期間より寿命の長い建物を再築すると、地主は借地契約の解約の申入れをすることができます（借地借家法８条２項）。この場合は、地主が解約につ

**文例44**
無断増改築に基づく土地賃貸借契約解除の通知書

令和○年５月６日

東京都渋谷区渋谷１丁目２０番１号

島　田　三　郎　殿

東京都目黒区上目黒１丁目２番３号

山　本　一　郎

通知書

私は貴殿に対して令和○年１月１日後記の土地を、期間を３０年と定め賃貸しましたが、その際、貴殿は、前記借地上の建物について増改築または大修繕するときは賃貸人の承諾を得ること、もし前記約定に違反したときには、賃貸人はなんらの催告を要しないで前記賃貸借契約を解除することができる旨の約束をしました。

ところが貴殿は前記約束に違反し、私の承諾を得ないで前記借地上の建物について増改築を行いました。よって前記特約に基づき賃貸借契約を解除いたします。つきましてはただちに前記建物を撤去し後記土地を明け渡してくださるよう請求いたします。

記

東京都渋谷区渋谷１丁目２０番地

宅地３００平方メートル

←増改築禁止の特約があること、特約に違反したので契約を解除することを書きます。

←20行

**文例45**
建物の増改築工事中止を求める通知書

令和○年３月５日

東京都渋谷区渋谷１丁目２０番１号

島　田　三　郎　殿

東京都目黒区上目黒１丁目２番３号

山　本　一　郎

通知書

私は貴殿に対し、渋谷区渋谷１丁目２０番地所在の宅地３００平方メートルを、賃借人が前記宅地上の建物を増改築するときには賃貸人の承諾を得なければならない旨の特約にて賃貸いたしました。

ところが貴殿は前記宅地上の建物を私の承諾を得ることなく改築中でありますが、これは前記特約に違反するものであります。ただちに前記建築工事を中止してください。

なお、至急前記工事につきご相談したいことがありますので、ご連絡ください。工事を中止されない場合には、契約を解除することになりますので、念のため。

←後で承諾料の交渉をするつもりの場合に出す通知です。工事の中止を求めていますが、工事部分の撤去や、即刻の契約解除まで求めているものではありません。

←16行

## 文例46 借地期間を超える建物建築に対する異議の通知書

令和○年８月１０日

東京都新宿区四谷３丁目２番１号

池　田　栄　作　殿

東京都豊島区池袋１丁目２番３号

佐　藤　　茂　佐藤

通知書

私は貴殿に対し、東京都新宿区四谷３丁目２番地所在の宅地５００平方メートルを、借地期間令和○年○○月○○日までの約束で賃貸いたしました。

ところで貴殿が前記宅地上に所有しておられた建物はすでに滅失しており、貴殿は現在前記宅地上の前記借地期間を超えて存続する建物を建築するとの通知を令和○年６月３０日にいただきましたが、前記建物の建築に対して異議を述べます。借地期間が満了したときには、前記宅地を明け渡してください。

←借地契約の最初の期間中に借地人から建物を取り壊して契約期間を超えて存続する建物を建てるという通知が来た場合、この文例のような通知書で２か月以内に異議を通知しておきます。

←15行

いての正当事由を主張する必要がなく、申入れから３か月後に借地権が消滅します（借地借家法８条３項）。

## ⑨ 借地人が供託した地代を受け取るときの通知



地主と借地人との間でトラブルが生じた場合、借地人はよく地代の供託をします。

賃貸期間が満了したのに、あるいは契約を解除したのに、借地人が借地を明け渡さないということはよくあります。こんなとき、借地人が地代を持って行っても、地主は受け取りません。

地主が地代を受け取らないからといって、支払わなくてよいということにはなりません。借地人が地代の支払いをしないでいると、地代不払いにより契約を解除されてしまいます。

**借地人は、地代の受取りを拒絶されたら、地代を法務局に供託しなければなりません。供託すれば、地代を支払ったことになります。**

地主にすれば、土地は明け渡してもらえない、地代は供託されて入って来ないではたまりません。そうかといって、無条件に供託金をおろすと、地代として受け取ったといわれかねません。地代として受け取るということは、賃貸借契約が続いていることが前提です。明渡しの要求を撤回したことになってしまいます。

これを防ぐために、**法務局で供託金をおろす前に、借地人に対し、賃貸借契約は終了したけれどお前さんが借地の明渡しをしないので、明渡しを受けるまで、地代相当額の損害をこうむっているから、供託金をその損害金に充当しますよと通知しておけば安心です。**

これが**文例47**です。**文例47**のように最後の文言を加えて一度通知しておきますと、その後供託されても、黙っておろせます。

地代の値上げをめぐるトラブルの際にも、借地人は地代を供託します。

地主は従来30万円の地代を35万円に値上げするという通知を出したところ、借地人は高すぎるといって30万円を持って来たとします。

地主は、新地代35万円の内金としてなら受け取るというでしょうが、

**文例47**

**契約終了後、借地人が供託した地代を受け取るときの通知書**

令和○年８月１日

東京都中央区日本橋１丁目２番３号

日本橋ビル３階　株式会社山本

代表取締役　山本花子　殿

東京都中央区銀座４丁目４番４号

銀座ビル８０１号　太陽商事株式会社

代表取締役　島田次郎　太陽商事株式会社代表取締役之印

通知書

当社は貴社に対し、東京都中央区日本橋１丁目３番地の宅地３００平方メートルを地代１か月金３０万円で賃貸しておりましたが、令和○年○○月○○日をもって賃貸期間満了により本土地賃貸借契約は終了いたしました。

しかしながら貴社から現在にいたるも前記土地の明渡しを受けておりません。

ところで貴社は、令和○年○○月○○日東京法務局へ令和○年○○月分の地代として金３０万円を供託されました。そこで当社は、前記供託金を令和○年○○月分の地代相当の損害金に充当いたしますので、ご承知おきください。

今後もし貴社が供託した場合は、当社は前記土地明渡しに至るまで、貴社の供託金を地代相当の損害金に充当いた ←1枚目20行

しますので、あらかじめおことわりしておきます。 ←2枚目1行

←無断譲渡転貸を理由として契約を解除した場合は「平成○○年○○月○○日、無断譲渡転貸を理由に本土地賃貸借契約を解除しました。」と書きます。

供託金を受け取るのは、地代としてではなく、地代相当の損害金に充当することを書いておきます。

最後の文言を加えておくと、今後も供託された際、いちいち断らなくても「地代相当の損害金」として受け取ることができます。

借地人は内金として支払ったら、値上げを認めたことになり、内金では支払えません。

そこで借地人は地代を供託します。この場合も、地主は無条件で供託金をおろして「１か月分の地代」として受け取ったと思われては困ります。あなたの供託した金は、地代の内金として受け取りますと、ことわってから供託金をおろします。これが**文例48**です。法務局で供託金をおろ

**文例48**
**地代値上げの請求後、借地人が供託した地代を受け取る通知書**

令和○年８月１日

東京都中央区日本橋１丁目２番３号
日本橋ビル３階　株式会社山本
代表取締役　山本花子　殿

東京都中央区銀座４丁目４番４号
銀座ビル８０１号　太陽商事株式会社
代表取締役　島田次郎　（太陽商事株式会社代表取締役之印）

通知書

当社は貴社に対し、東京都中央区日本橋１丁目３番地の宅地３００平方メートルを地代１か月金３０万円で賃貸しておりましたが、令和○年○○月○○日前記地代を１か月金３５万円に値上げする通知をいたしました。貴社は地代の前記値上げに応じないばかりか、令和○年○○月○○日東京法務局へ令和○年○○月分の地代として金３０万円を供託されました。

そこで当社は、前記供託金を令和○年○○月分の新地代の一部に充当いたしますので、ご承知おきください。

今後もし貴社が供託した場合には、当社は貴社の供託金を新地代の一部に充当いたしますので、あらかじめおことわりしておきます。

←供託金を受け取るのは、借地人の値上げの不承諾を認めたのではなく、新地代の一部に充当することを書いておきます。

最後の文言を加えておくと、今後も供託された際、いちいち断らなくても値上げした地代の一部に充当するものとして受け取ることができます。

←20行

すときには、借地人から送られてきた供託書のほかに印鑑証明書と実印とが必要です。

## ⑩ 建物の買取請求をする場合

借地契約が更新されない場合には、借地人は、地主に対し、自分が借地上につくった建物その他の物を時価で買い取るように請求することができます（借地借家法13条）。これを建物買取請求権《たてものかいとりせいきゅうけん》といいます。

借地契約が終わったときに、使える建物を取り壊さなければならないのは、借地人にとっても社会的にもマイナスですし、地主に買い取らせれば、借地人は建築資金の回収になります。

**建物買取請求権が認められるのは、借地期間終了の場合であって、借地人の地代不払いその他契約違反で解除された場合には認められません。**

借地人がこの買取請求をしたときには、地主がいやであろうと何であろうと関係なく、時価でその建物を買うという売買契約が成立したことになります。

時価というのは、建物が現存する状態での価格をいい、借地権の価格は含みません。買取価格について、話合いがつかなければ、裁判所で決めることになります。

借地人は、代金をもらうまで建物を引き渡さなくてもよいのです。しかし引き渡す時までは、土地を使っていることになりますから、地代を支払わなければなりません。

**文例49**がこういう場合の建物買取請求の通知です。

建物買取請求権が認められる場合がもう一つあります。借地人から、建物と借地権を買い取った場合です。借地権の譲渡について、あらかじめ地主の承諾を得ておけば、何も問題ありません。地主の承諾を得ないで、借地権を譲渡しますと、地主は借地人に対し、契約違反を理由に借地契約を解除できます。そうなると、借地上の建物を買い取った人は、建物を取り壊して土地を明け渡さなければならなくなります。

それでは借地上の建物の買受人は気の毒です。そこで、地主が借地権の譲渡を承諾しない場合、建物の買取人は地主に対し、借地上の建物の



**文例49**
建物買取請求書（1）

令和○年3月20日

東京都豊島区池袋1丁目2番3号

佐　藤　　茂　殿

東京都新宿区四谷3丁目2番1号

池　田　栄　作

建物買取請求書

私は貴殿より、東京都新宿区四谷3丁目2番地の宅地500平方メートルを賃借しておりましたが、借地期間が到来し、借地契約は終了いたしました。つきましては、私が前記土地上に所有しております後記建物と植木を、時価でお買い取りください。時価は金○○○○万円と思います。

記

1　東京都新宿区四谷3丁目2番地
家屋番号5番
木造瓦葺2階建店舗兼居宅
床面積　1階99．65平方メートル
　　　　2階60．35平方メートル

2　同所同番地
木造スレート葺平屋建倉庫兼車庫
床面積150平方メートル

←20行

←借地期間が終了したときに、借地人から地主に、借地上の建物を買い取ってもらうよう請求する通知書です。

買取請求権が認められています（借地借家法14条）。

**文例50**は、こういう場合に、借地上の建物を譲り受けた人が地主に出す建物買取請求書です。

**文例50**
建物買取請求書（2）

令和○年○○月○○日

東京都豊島区池袋１丁目２番３号

佐　藤　　茂　殿

東京都港区高輪３丁目２番１号

秋　山　五　郎　秋山

建物買取請求書

貴殿は池田栄作氏に対し、東京都新宿区四谷３丁目５番地の宅地５００平方メートルを賃貸し、池田氏は前記借地上に後記の建物を所有しておりました。

私は令和○年○○月○○日池田氏より、前記建物と借地権を買い受けましたが、貴殿は前記借地権の譲渡を承諾してくれません。

つきましては、前記借地上にある後記建物を時価でお買い取りください。時価は金○○○○万円と思います。

記

１　東京都新宿区四谷３丁目５番地

家屋番号５番

木造瓦葺２階建店舗兼居宅

床面積　１階９９．６５平方メートル

２階６０．３５平方メートル

←1枚目20行

２　同所同番地

木造スレート葺平屋建倉庫兼車庫

床面積　１５０平方メートル

←2枚目3行

←借地権の譲渡を地主に承諾してもらえなかった場合に、新たに借地人となった者から建物の買取を請求する通知書です。借地権を譲渡する前であれば、裁判所に地主の承諾に代わる許可を申し立てることができます。

# ⑪ 地主が死亡したときの通知

地主が死亡すると、その土地を相続した人が貸主になります。契約内容は従来のままで変わりません。

相続人が１人でしたら問題ないのですが、相続人が複数のとき、借地人は誰に地代を支払ってよいかわからないことがあります。そこで、賃貸している土地を相続することになったら、なるべく早く借地人に自分が相続したことを伝えるべきです。

相続人が数人おり、そのうち誰が相続するか決まっていないときは、暫定的にその中の誰かを地代の集金や土地の管理をする人に決めて、借地人に通知するのがベターです。**文例51**がその通知の例です。これは相続人全員の名前で出します。

**文例51**
地主の相続人からの通知書

令和○年３月３０日

東京都新宿区四谷３丁目２番２号

上　田　　勝　殿

東京都世田谷区代田１丁目２番３号

吉　田　花　子

電話（○○○○）○○○○

東京都世田谷区代田１丁目２番５号

吉　田　一　郎

電話（○○○○）○○○○

東京都新宿区西新宿４丁目３番２号

吉　田　二　郎

電話（○○○○）○○○○

←相続人全員の名前で出します。借地人が問い合わせしやすいように、宛名のところに電話番号も書いておくとよいでしょう。地代を振込みで送金してもらいたい場合には、振込先を記載しておきます。

通知書

吉田広は貴殿に対して、後記の土地を後記の約束で賃貸しておりましたが、同人は令和○年○○月○○日死亡し、私達３人が後記土地を相続し、賃貸人の地位を承継することになりました。吉田花子は吉田広の妻、吉田一郎は長男、吉田二郎は二男です。

貴殿との土地賃貸借契約の地代の受領や土地の管理は、当分の間吉田一郎が行います。今後の地代は同人あてに持 ←1枚目20行

参または送金してお支払いください。

記

1　賃貸物件

東京都新宿区四谷３丁目２番地

宅地２５８平方メートル

2　地代

１か月金○○○○○円

3　地代支払期日

毎月末日限り翌月分を支払う

4　賃貸期間

令和○○年○○月○○日まで ←2枚目11行

借地人にとって、**文例51**のような通知がないときには困ります。誰が相続したかわからない、あるいは相続人のうち何人かはわかっているけれど、ほかに相続人がいるかどうかわからないということがあります。

わからないから、地代を支払わなくてよいということにはなりません。相続人がわからない、あるいは相続人が大勢いて、どの相続人に支払ってよいかわからないときには、地代を供託します。

**文例52**がそのときに借地人が出す通知です。地代を供託するのに、通知を義務付けられているわけではありません。ただ、わかっている相続人に地代を供託したことや、なるべく早く地代の集金や土地を管理する人を決めるように催促するのがよいのです。

**文例52**
借地人から地主の相続人への通知書

令和○年３月３０日

東京都世田谷区代田１丁目２番３号

吉　田　花　子　殿

東京都新宿区四谷３丁目２番２号

上　田　　勝

通知書

私は吉田広殿から、後記土地を後記の約束で賃借しておりましたが、吉田広殿は先般ご逝去されました。後記土地はどなたが相続されますのか、私にはわかりません。

そこで地代の支払いにつきましては、今月分から相続人が決まるまでの間、供託したいと思います。

とりあえず吉田広殿の奥様である貴殿に、ご通知申し上げます。ほかにどなたが相続人かわかりませんので、他の相続人にもその旨お伝えください。

なお、後記土地を相続する人が決まりましたら、至急ご連絡ください。その方に地代をお支払いいたします。

記

１　賃借物件

東京都新宿区四谷３丁目２番地

宅地２５８平方メートル

←地主が死亡したのに文例51のような通知がない場合に、借地人が出す通知です。

←1枚目20行

２　地代

１か月金○○○○○円

３　地代支払期日

毎月末日限り翌月分を支払う

4　賃借期間

令和〇〇年〇〇月〇〇日まで

←2枚目6行

# 第9章

# 不動産売買に関する内容証明

## ① 手付を放棄し契約解除する場合

土地や建物の売買契約の成立と同時に、買主から売主に一定の金銭が渡されることがあります。これを手付金《てつけきん》といいます。

手付の趣旨を解約手付だとか違約手付だとかに決めているときはよいのですが、実際に行われているほとんどの売買契約では、何のために手

**文例53**
**手付放棄による売買契約解除の通知書**

令和○年○○月○○日

東京都目黒区上目黒８丁目８番８号

斉　藤　二　郎　殿

東京都渋谷区代官山１丁目２番３号

山　田　太　郎 

通知書

私は、令和○年５月１５日、貴殿より後記の土地建物を金５０００万円で買い受ける契約をなし、その際、手付金として金５００万円を交付いたしました。現在、履行着手前でありますので、都合により、先に交付した手付金５００万円を放棄して前記売買契約を解除いたします。

←契約を解除する理由を具体的に書く必要はありません。手付金放棄による契約解除は履行着手前でなければできませんので、履行着手前であることを書いておきます。

記

１　東京都練馬区練馬１丁目２番地

宅地３００平方メートル

２　東京都練馬区練馬１丁目２番地

家屋番号　２番

木造瓦葺平屋建居宅

床面積　１５０平方メートル

←18行

付を交付したのか決めておりません。そういう場合は、解約手付とされています（民法557条）。

解約手付というのは、契約した後、買主は交付した手付金を放棄して、また売主は手付金を倍額にして返すことによって、自由に契約を解除することができるという趣旨のものです。ですから手付を授受しているときは、契約の相手方が、契約の履行に着手するまでは、買主は手付を放棄し、売主は手付を倍返しにして、契約を解除することができます。



**文例54**
手付倍返しによる売買契約解除の通知書

令和○年○○月○○日

東京都渋谷区代官山１丁目２番３号

山　田　太　郎　殿

東京都目黒区上目黒８丁目８番８号

斉　藤　二　郎　（斉藤）

通知書

私は、令和○年５月１５日、貴殿に対し後記の土地建物を金５０００万円で売り渡す契約をなし、その際手付金として金５００万円を受領いたしました。現在、履行着手前でありますので、都合により、先に受領した手付金５００万円の倍額金１０００万円を返還して前記売買契約を解除いたします。

記

１　東京都練馬区練馬１丁目２番地

宅地３００平方メートル

２　東京都練馬区練馬１丁目２番地

家屋番号　２番

木造瓦葺平屋建居宅

床面積　１５０平方メートル

←契約を解除する理由を具体的に書く必要はありません。手付倍返しによる契約解除は履行着手前でなければできませんので、履行着手前であることを書いておきます。この通知を出すと同時に、手付金の倍額を返還します。

←19行

しかし相手方が契約の履行に着手したときは、もはや契約を解除することはできません。たとえば、土地の買主が、代金残額の支払いのため現金を用意して持参したときは、売主は手付の倍額を返しても契約を解除できません。また売主が移転登記手続きや引渡しを始めたときは、もはや買主は手付を放棄して契約を解除することはできません。

**買主が解除する場合には、文例53の手付放棄による売買契約解除の通知書を出します。この通知書を出すだけで、解除できます。**

**売主が解除する場合には、文例54の手付倍返しによる売買契約解除の通知書を出すとともに、手付金の倍額を同時に返還します。**

買主が解除を不満として、前記金額を受領しないときは法務局に供託すればよいのです。

## ② 登記請求と契約解除

土地・建物の売買をした場合、所有権移転登記手続きは、登記権利者である買主と、登記義務者である売主とが一緒に登記所（法務局）に行って登記手続きをすることになっています。売主と買主とが協力しなければ、移転登記をすることはできません。

売主が契約で定められた期日に所有権移転登記手続きに協力してくれなかった場合には、買主は、あらためて期日を指定して移転登記手続きに協力するように請求しなければなりません。それが**文例55**の登記請求通知です。

売主は所有権移転登記をする義務がありますから、この義務に違反するときは、売買契約解除の理由になります。

買主が**文例55**の通知書を出したけれど、売主は指定された期日に登記所に出頭せず、登記に応じない場合、買主は**文例56**の売買契約解除通知書を出して、売買契約を解除できます。

**文例55**
登記請求の通知書

令和〇年６月１６日

東京都目黒区上目黒８丁目８番８号

斉　藤　二　郎　殿

東京都渋谷区代官山１丁目２番３号

山　田　太　郎 

通知書

私は、令和〇年５月１５日、貴殿より後記の土地建物を金５０００万円で買い受け、その際金５００万円を手付金として貴殿に交付し、所有権移転登記手続きは令和〇年６月１５日と定め、残金４５００万円は前記登記手続きと同時に支払う約束になっておりました。

ところが、貴殿は前記約束に違反して、前記の期日に、所有権移転登記手続きに協力してくれません。

そこであらためて、令和〇年６月２５日午前１１時に、前記登記手続きをしたいと思いますので、同日時に必ず登記所に出頭し、前記登記手続きにご協力くださいますようお願い申し上げます。

記

１　東京都練馬区練馬１丁目２番地

宅地３００平方メートル

←1枚目20行

２　東京都練馬区練馬１丁目２番地

家屋番号　２番

木造瓦葺平屋建居宅

床面積　１５０平方メートル

←2枚目4行

←不動産の売買契約をしたのに売主が所有権移転登記の手続きに協力してくれない場合に、買主が登記手続きの請求をする通知書です。

**文例56**
**登記に応じない場合の契約解除の通知**

令和〇年〇〇月〇〇日

東京都目黒区上目黒８丁目８番８号

斉　藤　二　郎　殿

東京都渋谷区代官山１丁目２番３号

山　田　太　郎　㊞

通知書

私は、令和〇年５月１５日、貴殿より後記の土地建物を金５０００万円で買い受け、その際金５００万円を手付金として貴殿に交付し、所有権移転登記手続きは令和〇年６月１５日と定め、残金４５００万円は前記登記手続きと同時に支払う約束になっておりました。

ところが貴殿は前記約束に違反して、前記期日に所有権移転登記手続きに協力してくれませんので、令和〇年６月１６日付の内容証明郵便にて、令和〇年６月２５日午前１１時に前記登記手続きに応ずるよう請求いたしましたが、やはり貴殿は前記登記手続きに応じてくれません。そこで私は本売買契約を解除いたします。

←文例55の登記請求の通知書を出したのに、やはり登記手続きに応じてもらえなかった場合に出す契約解除の通知書です。

記

１　東京都練馬区練馬１丁目２番地

宅地３００平方メートル

←1枚目20行

２　東京都練馬区練馬１丁目２番地

家屋番号　２番

木造瓦葺平屋建居宅

床面積　１５０平方メートル

←2枚目4行

## 文例57
## 登記の請求と条件付き契約解除の通知

令和○年○○月○○日

東京都目黒区上目黒８丁目８番８号

斉　藤　二　郎　殿

東京都渋谷区代官山１丁目２番３号

山　田　太　郎　山田

通知書

私は、令和○年５月１５日、貴殿より後記の土地建物を金５０００万円で買い受け、その際金５００万円を手付金として貴殿に交付し、所有権移転登記は令和○年６月１５日と定め、残金４５００万円は前記登記手続きと同時に支払う約束になっておりました。ところが貴殿は前記約束に違反して、前記期日に所有権移転登記手続きに協力してくれません。

そこで、あらためて令和○年６月２５日午前１１時に登記手続きをしたいと思いますので、この日時に必ず登記所に出頭して、登記手続きに協力くださいますようお願い申し上げます。もし貴殿が前記日時に登記手続きに応じないときは、あらためて契約解除の通知をなさず、期日の経過をもって本売買契約を解除いたします。

←1枚目19行

記

１　東京都練馬区練馬１丁目２番地

宅地３００平方メートル

２　東京都練馬区練馬１丁目２番地

家屋番号　２番

木造瓦葺平屋建居宅

床面積　１５０平方メートル

←2枚目7行

←文例55の登記請求と文例56の契約解除の通知を1通ですませる場合の内容です。登記手続きの期日を指定し、その日に登記手続きに来なければ契約を解除することを書いておきます。

買主は売買契約を解除すると、代金の支払いをまぬがれ、すでに一部分にせよ代金を支払っているときは、その返還を請求できます。また損害があれば、損害賠償を請求できます。

売主が移転登記に応じない場合、まず**文例55**の通知書を出し、それでも応じないとき、あらためて**文例56**の解除通知をするというのが、一般の方法です。

しかし、買主は売主が売買契約で定めた日に登記に協力しない場合、あらためて登記の日を売主に指定して、登記手続きを請求すると同時に、それでも登記に応じないときは契約を解除するということを、１通の通知で行うこともできます。これが**文例57**の通知です。この通知をすると、売主が指定された日に登記に応じないときは、自動的に契約は解除となります。**文例55**と**文例56**を１通にまとめたものといえます。

## ③ 売買代金の請求と契約解除

買主が売買代金を支払わないとき、売主は代金の請求をするわけですが、その際、必ず**文例58**のように相当の猶予期間を定めて請求します。

猶予期間を定めて請求したにもかかわらず、買主がそれでも支払わないとき、売主は契約解除できます。代金の請求書は、やがて契約を解除する前提となるものです。

売主は**文例58**の代金請求書を出したのに、買主がそれに応じない場合の解除通知が**文例59**です。

**文例58**と**文例59**を１通の通知にまとめたものが、**文例60**です。これは代金の請求をすると同時に、もし支払わないときは契約解除をすることを前もって通知したものです。この通知にもかかわらず、買主が代金の支払いをしないときは、自動的に契約は解除となります。

**文例58**
売買代金の請求通知

令和○年○○月○○日

東京都渋谷区代官山１丁目２番３号

山　田　太　郎　殿

東京都目黒区上目黒８丁目８番８号

斉　藤　二　郎　斉藤

通知書

私は、令和○年５月１５日貴殿に対し、後記の土地建物を金５０００万円で売り渡す契約をなし、その際金５００万円を手付金として受領し、残金４５００万円は令和○年６月１５日所有権移転登記手続きおよび土地建物の引渡しと引きかえに支払うとの約束になっておりました。私は前記期日に登記手続きと引渡しを準備しておりましたが、貴殿は約束に違反し、残代金の支払いをなさいません。

そこであらためて、令和○年６月２５日午前１１時、登記所において、所有権移転登記手続き、引渡し、残代金の決済を行いたいと思いますので、同日時に必ず登記所に出頭して、登記手続きおよび引渡しと引きかえに残代金４５００万円をお支払いください。

記

１　東京都練馬区練馬１丁目２番地

←1枚目20行

宅地３００平方メートル

２　東京都練馬区練馬１丁目２番地

家屋番号　２番

木造瓦葺平屋建居宅

床面積　１５０平方メートル

←2枚目5行

←買主が代金を支払ってくれない場合に、売主が代金支払いを催促する通知書です。不動産の売渡し金額、手付金（または内金）の額、残金額を書きます。また、売主が義務（登記手続きと引渡し）を履行する準備がしてあることを書いておきます。

## 文例59
代金を支払わない場合の契約解除の通知

令和○年○○月○○日

東京都渋谷区代官山１丁目２番３号

山　田　太　郎　殿

東京都目黒区上目黒８丁目８番８号

斉　藤　二　郎　(斉藤)

通知書

私は令和○年５月１５日貴殿に対し、後記の土地建物を金５０００万円で売り渡す契約をなし、その際金５００万円を手付金として受領し、残金４５００万円は令和○年６月１５日所有権移転登記手続きおよび土地建物の引渡しと引きかえに支払うとの約束になっておりました。私は前記期日に登記手続きと引渡しを準備しておりましたが、貴殿は約束に違反し残代金の支払いをなさいません。

そこで、私は令和○年○○月○○日付の内容証明郵便にて、令和○年６月２５日午前１１時、登記所において、所有権移転登記手続きおよび引渡しと引きかえに残代金を支払ってほしい旨の請求をいたしましたが、やはり貴殿は前記日時に残代金の支払いをなさいません。そこで本書面をもって、前記売買契約を解除いたします。

←文例58で残金を支払うよう通知したのに支払われなかった場合の契約解除の通知です。

←1枚目19行

記

１　東京都練馬区練馬１丁目２番地

宅地３００平方メートル

２　東京都練馬区練馬１丁目２番地

家屋番号　２番

木造瓦葺平屋建居宅

床面積　１５０平方メートル

←2枚目7行

**文例60**
**売買代金の請求および条件付き契約解除の通知**

令和〇年〇〇月〇〇日

東京都渋谷区代官山１丁目２番３号

山　田　太　郎　殿

東京都目黒区上目黒８丁目８番８号

斉　藤　二　郎　斉藤

通知書

私は令和〇年５月１５日貴殿に対し、後記の土地建物を金５０００万円で売り渡す契約をなし、その際金５００万円を手付金として受領し、残金４５００万円は令和〇年６月１５日所有権移転登記手続きおよび土地建物の引渡しと引きかえに支払うとの約束になっておりました。

私は前記期日に登記手続きと引渡しを準備しておりましたが、貴殿は約束に違反し、残代金の支払いをなさいませんでした。

そこであらためて、令和〇年6月２５日午前１１時に登記所において、所有権移転登記手続き・引渡し・残代金の決済を行いたいと思いますので、同日時場所において登記手続きおよび引渡しと引きかえに残代金４５００万円をお支払いください。

もし貴殿が同日時に残代金全額のお支払いをなされないときには、あらためて契約解除の通知をなさず、期日の経過をもって本売買契約を解除いたします。

←1枚目20行

記

１　東京都練馬区練馬１丁目２番地

宅地３００平方メートル

２　東京都練馬区練馬１丁目２番地

←文例58の代金支払請求と文例59の契約解除の通知を1通ですませる場合の内容です。残金支払いの期日を指定し、その日に支払われなければ契約を解除することを書いておきます。

家屋番号　２番

木造瓦葺平屋建居宅

床面積　１５０平方メートル

←2枚目9行

## ④ 面積不足の場合の代金減額と契約解除

土地の売買契約書には、必ず土地の面積が記載されております。しかも、登記事項証明書（登記簿）に記載されたとおりの面積です。

ところが、買ったあとで測量してみると、実測面積が登記事項証明書の面積と違っていることがあります。

面積をとくに指定し、その面積を基準に代金を定めて売買したにもかかわらず、実際の面積が少なかった場合、買主は不足部分の割合に応じて代金の減額を請求することができます。これが**文例61**です。全額支払ってしまった場合には、その部分を返してもらえます。

登記事項証明書の面積と一致していることが売買の条件で、実際の面積が登記事項証明書の面積より少ないことがわかっていたら買わなかったであろうという事情がある場合には、売買契約を解除することができます。これが**文例62**です。

面積をとくに指示しない売買の場合には、実際の面積が少なくとも、代金を減額してもらえません。

普通、売買契約書には、売買の対象となる土地を記載するにあたり、登記事項証明書に書いてある所在地、地番、地目、面積をそのまま用い、「東京都練馬区練馬１丁目１番地所在、宅地３００平方メートル」と書きます。

このような場合、実際の面積が契約書に記載の面積より少ないからといって、ただちに代金の減額を請求することはできません。

この場合、いちおう面積が記載されていますが、面積をとくに指定した売買とはいえないのです。というのは、登記事項証明書の面積と、実際の面積とは食い違っているものだということが、ほぼ常識になっていること、また、売買の契約をするにあたって、買主は現地を検分して境界を確認し、この広さのこの土地を買おうということで契約をします。それをあとになってから、実際の面積が少なかったからといって、文句をつけられません。

では、契約書には、何のために面積が書いてあるかということです。土地の売買にあたって何よりもまず、どの土地を買うのか、はっきりさ

**文例61**
面積不足による
代金減額請求書

令和○年○○月○○日

東京都新宿区新宿１丁目５番７号

日本土地興産株式会社

代表取締役　山崎一郎　殿

東京都港区高輪１丁目３番５号

白　木　六　助　白木

通知書

私は、令和○年○○月○○日、貴社より東京都板橋区蓮根１丁目５番地の宅地３３０平方メートルを代金１億円で買い受けました。この契約は３．３平方メートルあたり金１００万円で売買代金を決めたものです。

この度、実測したところ、総面積は２９７平方メートルしかないことがわかりました。契約より３３平方メートル不足しております。

そこで不足分の割合に応じて、代金１０００万円を減額していただきたく請求いたします。

←面積をとくに指定し、その面積を基準に代金を決めて売買契約をしたのに、実際の面積が少なかった場合には、代金を減額してもらうよう請求することができます。

←16行

せなければなりません。そのために、所在地、地番、地目、面積を書きます。面積というのは、所在地、地番、地目等とともに、売買する土地はどの土地であるかを、はっきりさせる材料にすぎないのです。

それでは、面積をとくに指示した売買というのはどんな場合でしょうか。一定の面積のあることを条件とした売買がそれにあたります。そのほか一定の面積のあることが売買の基礎となっている場合、たとえば、１坪100万円の売買で、100坪あるので代金を１億円と定めたような場合も、面積をとくに指示した売買になります。

**文例62**
面積不足による契約解除の通知

令和○年○○月○○日

東京都新宿区１丁目５番７号

日本土地興産株式会社

代表取締役　山崎一郎　殿

東京都中央区銀座６丁目９番３号

太陽産業株式会社

代表取締役　黒川幸雄　太陽産業株式会社代表取締役之印

通知書

弊社は、令和○年○○月○○日、貴社より東京都葛飾区小岩３丁目２７番地の宅地３００平方メートルを代金２億円で買い受けました。この契約は３．３平方メートルあたり金２００万円で売買代金を決めたものです。

この度、実測したところ、総面積は２６４平方メートルしかないことがわかりました。契約より３６平方メートルも不足しております。これでは、当社が計画していた工場の建築ができませんので、本売買契約を解除いたします。

←登記事項証明書の面積と一致していることが売買の条件で、実際の面積が少なければ買わなかったという事情がある場合には、文例62のように契約を解除することもできます。この場合、必要であった面積と、実測した面積がそれに足りなかったことを書いておきます。

←16行

# ⑤ 不動産業者との仲介契約の解除

土地・建物の売買の仲介《ちゅうかい》（媒介《ばいかい》）を不動産業者に依頼するときは、不動産業者との間で、書面による「媒介契約」を結ばなければなりません。かつて口頭での約束で、トラブルが多発したため、契約の書面化が義務付けられたのです。

媒介契約には、依頼者が他の不動産業者に重ねて媒介の依頼をすることができない「専任媒介契約」と、複数の業者に媒介を依頼することができる「一般媒介契約」とがあります。専任媒介契約は、一定期間（最長３か月）はその業者以外に依頼しない代わり、業者は流通機構を通して情報を広く市場に流すなどの努力をするほか、２週間に１回以上、依頼者に状況報告をする義務を負うというものです。特に依頼者がその不動産業者のみつけた者以外と売買することができない特約をしたものを「専属専任媒介契約」といい、週１回以上、依頼者に状況報告をする義務があります。一般媒介契約の場合も、約款で３か月以内となっているため、契約期間は３か月が多くなっています。

契約というのは、契約期間中は、相手が契約違反でもしない限り契約を解除することができないのが原則です。しかし、仲介のような委任契約は、いつでも契約を解除できることになっています（民法651条）。もっとも、解除が相手の不利なときにされ、相手に損害を与えた場合には、損害賠償をしなければなりません。ただし客観的にみて解除がやむを得ない場合には、賠償責任がありません。

法律上は、契約の書面化が義務付けられていますが、口頭のままのこともありますし、契約の更新後あらためて契約書を作成していないこともあり、契約が続いているのかどうか不明なことがよくあります。そこで不動産業者に対する仲介の委任を打ち切るときは**文例63**のような通知を出します。解約する理由を書かなくてもかまいません。

令和○年○○月○○日

東京都豊島区池袋１丁目１番１号

池袋不動産株式会社

代表取締役　池袋　広　殿

東京都目黒区上目黒８丁目８番８号

斉　藤　二　郎　斉藤

契約解除通知書

私は、貴社に対し、東京都練馬区練馬１丁目２番地の宅地３００平方メートルの売却の仲介を委任しておりました。

しかし、今般私は前記仲介の委任を解約いたしますので、本書面でもってご通知申し上げます。

**文例63**

不動産業者に対する仲介契約の解除

←仲介のような委任契約はいつでも契約を解除できることになっています。もっとも相手の不利なときに解除をし、相手に損害を与えた場合には損害賠償をしなければなりませんから、タイミングには注意が必要です。

←12行

# 第10章

# 債権回収のための内容証明

## ① 貸金債権を請求する場合

お金を貸した場合、弁済期《べんさいき》が来れば、借主は当然返さなければいけません。こういうときの貸金請求書が**文例64**です。請求書には、貸した金額だけでなく、利息や弁済期も書いておきます。

貸金を請求するときは、弁済期を過ぎておりますから、遅延損害金《ちえんそんがいきん》を請求できます。遅延損害金というのは、借主が弁済期に返済しないときに支払わなければならない、弁済期後の金利です。貸した日から弁済期までが利息で、それ以後が遅延損害金です。遅延損害金は、無利息の約束で貸した場合にも請求できます。

遅延損害金の利率は、あらかじめ約束で決まっていれば、それになります。金融機関等、金を貸すことを商売にやっているところは、きちんと決めています。たとえば利息年３パーセント、遅延損害金年14パーセントというようにです。利息は決めたけれど、遅延損害金を決めていないときには、利息と同じ利率となります。利息を支払ってもらうことは決めたけれど、その利率を決めていないときや、無利息の約束で遅延損害額についても決めていないときは､法律で決められた利率となります。

法律で決められた利率は、平成29年に民法が改正され、商人であるかどうか関係なく、年３パーセントになりました。そして、３年毎に見直されます。

**文例64**には、最後に「もし、前記期間内にお支払いなき場合には、訴訟、強制執行その他の法的手段を……」と書いておりますが、借主に対する一種の脅しであり、予告です。弁護士が代理人になった場合等に好んで用いる表現です。相手に応じて、そういう表現を入れるか入れないか、臨機応変に対処すべきです。

なるべく裁判等をしないで相手に支払いをさせるように「前記期間内

に全額を一括で支払えない場合には、いつ、いくら支払うかについて、貴殿のお考えをお知らせください。若干の支払期限の猶予については考慮いたします。もし、前記期間を経過するも、お支払いなき場合、あるいは貴殿からの誠意ある解決案の提示がない場合には、訴訟、強制執行その他の法的手段を………」と書くこともあります。

金を貸す場合、弁済期を定めておくのが普通ですが、親戚間や友人間での場合、弁済期を決めていないことがあります。

そういう場合には、貸主はいつでも返済を請求できることになっています。しかしそれでは借主はいつでも返せる準備をしておかなければな



**文例64**
貸金請求書（弁済期が決まっている場合）

令和○年９月２８日

埼玉県志木市中宗岡３丁目３３番３８号

遠　藤　太　郎　殿

東京都中央区銀座８丁目４番２３号

久保田　五郎

貸金請求書

私は貴殿に対して令和○年１２月１０日金２００万円を
、利息年３%、弁済期を令和○年５月３１日と定めてお貸
ししましたが、現在にいたるも全然返済されておりません
。

つきましては、本書面到達後７日間以内に金２００万円
およびこれに対する令和○年１２月１０日から完済まで年
３%による利息をつけてお支払いくださるようご請求いた
します。

もし前記期間内にお支払いなき場合には、訴訟、強制執
行その他の法的手段をとらざるを得なくなりますので、ご
了承ください。

←なるべく裁判等をしないで相手に支払いをさせるように「前記期間内に全額を一括で支払えない場合には、いつ、いくら支払うかについて、貴殿のお考えをお知らせください。若干の支払期限の猶予については考慮いたします。前記期間を経過するもお支払いなき場合、あるいは貴殿からの誠意ある解決案の提示がない場合には法的手段を…」と書くこともあります。

←17行

らず、金を借りた意味がなくなってしまいます。

そこで弁済期を定めずに金を貸した場合、貸主はいつでも返済の請求をすることができますが、返済の請求には相当の猶予期間を定めなければなりません（民法591条）。猶予期間には決まりはありませんが、10日間くらいと考えればよいでしょう。**文例65**は、こういう場合の貸金請求書です。

このような請求書が出されると、はじめて弁済期が決まります。**文例65**では、書面到達後10日目です。逆にいえば、弁済期を定めずに金を借りたときは、貸主から請求があるまで、返さなくてもよいのです。

**文例65**

貸金請求書（弁済期が決まっていない場合）

令和○年５月７日

東京都新宿区早稲田町１丁目２番３号

斉　藤　二　郎　殿

東京都練馬区練馬４丁目１番１号

山　田　太　郎　(山田)

通知書

私は令和○年４月１０日貴殿に対し金３００万円を利息年３％の約束で、弁済期限を定めずにお貸しいたしました。すでに１年余を経過いたしましたし、また私においてもその金が必要となりましたので、本書面到達後１０日間以内に、元利全額をお支払いくださいますよう、ご請求いたします。

←弁済期が決まっていない場合には、相当の猶予期間を定めて請求をします。猶予期間は文例のように10日くらいおけばよいでしょう。

←12行

## ② 売掛金債権を請求する場合

商品を売ったのに、約束の日が来ても支払わない。集金に行ったけれど駄目、普通の請求書を何度か送ったけれど駄目。そうなると、いよいよ内容証明郵便の出番です。

**文例66**が、売掛金請求書の一例です。**何の代金かがわかるように、はっきり書きます。**いろいろな商品を売った場合には、「令和○年○○月○○日から令和○年○○月○○日までの間に、当社が貴社に対して販売した○○商品の代金○○○○円」とします。一部分が支払われており、残金を請求するときには「当社が貴社に対して、令和○年○○月○○日売り渡した○○○○商品の残代金○○○○円」とすればよいのです。



**文例66**
売掛金請求書

令和○年○○月○○日

東京都豊島区池袋１丁目２番３号

株式会社ヤマモト

代表取締役　山本二郎　殿

東京都中央区銀座８丁目６番４号

株式会社幸商事

代表取締役　幸田太郎　株式会社幸商事代表取締役之印

通知書

貴社益々ご清栄のこととお慶び申し上げます。

さて、弊社が貴社に対し、令和○年○○月○○日から令和○年○○月○○日までの間に販売いたしましたパネル・鏡等の代金２００万円を、令和○年○○月○○日現在まで、支払っていただいておりません。

つきましては、本書面到達後７日間以内に前記金２００万円をお支払いくださいますよう、通知いたします。

万が一、前記期間内にお支払いなき場合、遺憾ながら訴訟、強制執行その他の法的手続きをとらざるを得ませんので、ご了承ください。

←何の代金かがわかるようにはっきり書きます。いろいろな商品を売った場合には「令和○年○○月○○日から令和○年○○月○○日までの間に、当社が貴社に対して販売した○○商品の代金○○○○円」とします。

一部分が支払われており、残金を請求するときには「当社が貴社に対して、令和○年○○月○○日売り渡した○○○○商品の残代金○○○○円」とすればよいでしょう。

←18行

支払期限から遅れた分について、遅延損害金を請求できることは貸金請求のときと同じです。

## ③ 保証人の保証意思を確認する場合

お金を貸した際、保証人がついたので安心していたけれど、借主が倒産し、保証人に請求したところ、保証人から保証した覚えはないと支払いを拒否されたということが、時たまあります（82ページ以下参照）。

保証するという契約は、お金の貸主と保証人との契約です。貸主が保証人と会って、保証の意思を確かめた上で、保証人に署名と捺印をしてもらうのが正しいやり方です。しかし実際は、借主が保証人の署名捺印のある借用証や保証書を持参するだけで、貸主が保証人に会っていないことがほとんどです。保証人が本当に署名捺印したのであればよいのですが、借主が保証人のハンを盗用することもあります。そんな場合は、たとえ、そのハンが保証人の実印であり、印鑑証明書が添付されていたとしても、保証人に責任を問えないおそれがあります。

そこで保証人が目の前で保証したものでないかぎり、保証人に電話で照会するか、直接会うか、照会状を送って、本当に保証したかどうかを確認する必要があります。**保証意思を確認するのに内容証明郵便を利用するのは有効な方法です。****文例67**および**文例68**が、その通知です。

もし保証人が知らないうちに名前を使われたものなら、その通知を見て、すぐ連絡があるはずです。保証人から何も連絡がない場合には、本当に保証したものと推測してよいでしょう。あとで保証した覚えがないと言ったら、その内容証明郵便が物を言います。この通知を出したのに、なぜ連絡しなかったのかと。そのためにも、保証意思確認の通知は、配達証明付きの内容証明郵便でした方がよいです。

なお、平成29年の民法改正により、個人（借主の経営者以外の第三者）が事業用融資の保証人になろうとする場合には、保証契約する前に、公証人による保証意思を確認する手続きをして、保証意思宣明公正証書を作成しなければいけなくなりました。この手続きなしに行った保証契約は無効となります。

したがって、第三者が事業用融資の保証人の場合には、保証意思宣明公正証書が作成されて、保証意思が確認できますから、文例67や文例68の通知を出す必要はありません。



**文例67**
保証人の保証意思を確認する通知（1）

令和○年○○月○○日

東京都世田谷区等々力１丁目１番１号

代表取締役　山本二郎　殿

東京都中央区銀座４丁目８番１２号

大宮産業株式会社

代表取締役　大宮太郎

通知書

拝　啓

貴殿益々ご清栄のこととお慶び申し上げます。

さてこの度当社が、東京都新宿区早稲田南町１丁目２番３号斉藤三郎殿との間で締結いたしました令和○年○○月○○日付金銭消費貸借契約書（貸付金額金５００万円、返済期日令和○年○○月○○日）に、連帯保証人として貴殿の署名捺印をいただき、ありがとうございました。

もし何か事実にそわない点がございましたら、本書面到達後１０日間以内に当社へその旨お申し出くださいますようお願い申し上げます。

まずは御礼まで。

敬　具

←19行

←保証人が目の前で保証契約書にハンを押してくれた場合以外、保証意思を確認することは必要です。契約内容を明らかにして意思を確認することが重要です。

なお、利息、遅延損害金、弁済期など、契約内容を箇条書きにしたほうがよい場合は、文例68の書き方を参考にしてください。

**文例68**
**保証人の保証意思を確認する通知（2）**

令和○年○○月○○日

東京都世田谷区等々力１丁目１番１号

斉　藤　　清　殿

東京都中央区銀座４丁目８番１２号

大宮産業株式会社

代表取締役　大宮太郎　大宮産業株式会社代表取締役之印

通知書

拝　啓

貴殿益々ご清栄のこととお慶び申し上げます。

さて、このたび当社は、東京都新宿区早稲田南町１丁目２番３号斉藤三郎殿に対して、後記のとおり貸付けを行いましたが、その際貴殿に連帯保証していただき、ありがとうございました。

もし何か事実にそわない点がございましたら、本書面到達後１０日間以内に当社へその旨ご連絡ください。

まずは御礼まで。

敬　具

記

１　貸付金額　金５００万円

２　利　　息　年３％

←1枚目20行

３　遅延損害金　年14％

４　貸　付　日　令和○年○○月○○日

５　返済期日　令和○年○○月○○日

６　連帯保証人　貴殿

←2枚目4行

←文例67と同様の通知ですが、契約内容を箇条書きにして通知しています。

## ④ 保証人に対して請求する場合

保証人には、通常の保証人と連帯保証人とがあります。

**通常の保証人は、借主が借金を返済できなくなったときにだけ、支払うものです。いわば保証人の責任は二次的なものです。**貸主はまず借主に請求し、借主が支払わないときに、はじめて保証人に請求できるわけです。

**連帯保証の場合には、連帯保証人に資力があると思えば、借主に請求せず、まず連帯保証人に請求することもできますし、また借主と連帯保証人に対し、同時に請求したり、強制執行したりすることもできます。**貸主にとっては、連帯保証人の方が有利です。

そうはいっても、連帯保証人の場合でも、まず借主に請求し、どうしても支払わないときに請求するのが通例です。**文例69**が保証人に対する請求書です。

**文例69**
保証人に対する請求書

令和○年○○月○○日

東京都世田谷区等々力１丁目１番１号

斉 藤　清 殿

東京都中央区銀座４丁目８番１２号

大宮産業株式会社

代表取締役　大宮太郎

請求書

当社は、貴殿の保証のもとに、東京都新宿区早稲田南町１丁目２番３号斉藤二郎殿に対し、後記のとおり貸付けをいたしました。ところが、すでに返済期日が到来していま

←債務者に対する請求の場合も保証人への請求の場合も、債務の内容をはっきり書く必要があります。

すが、金○○○万円について返済がなされないままになっております。つきましては、保証人である貴殿において前記金額を本書面到達の日から１０日間以内にお支払いくださいますようお願いいたします。

ご事情によっては分割払いも考慮いたしますので、その場合は前記期間内に誠意ある分割弁済案をご呈示ください。同期間内にお支払いなきとき、あるいは誠意ある分割弁済案の呈示がないときには、仮差押え、訴訟その他の法的手段をとることになりますので、念のため申し添えます。

分割払いでもよい場合は、その旨を書いておくとよいでしょう。

←1枚目19行

記

| | | |
|---|---|---|
| 1 | 貸付金額 | 金○○○万円 |
| 2 | 利　　息 | 年３% |
| 3 | 遅延損害金 | 年14% |
| 4 | 貸　付　日 | 令和○年○○月○○日 |
| 5 | 返済期日 | 令和○年○○月○○日 |
| 6 | 連帯保証人 | 貴殿 |

←2枚目7行

## ⑤ 債権譲渡の通知をする場合

債権譲渡の通知は、必ず内容証明郵便でしなければいけません。その際、配達証明を付けます。

債権譲渡の通知については、63ページ以下に詳しく説明しておきましたので、そちらをご参照ください。

**文例70**
債権譲渡通知書（1）

令和○年○○月○○日

大阪市北区若松町１丁目１番１号

東北株式会社

代表取締役　川上五郎　殿

東京都豊島区東池袋１丁目１番１号

富士株式会社

代表取締役　山田太郎 

債権譲渡通知書

拝　啓

益々ご清祥のこととお慶び申し上げます。

さて今般、当社が令和○年○○月○○日貴社に売り渡した電気製品の売掛代金５００万円の債権を、令和○年○○月○○日、東京都港区西新橋２丁目１番５号山川商事株式会社に対して譲渡しましたのでご通知申し上げます。

敬　具

←15行

←債権譲渡するときには、確定日付のある証書（実際には配達証明付きの内容証明郵便）で、債権を譲渡する者から債務者に通知します。譲渡する債権の内容をはっきりと書きます。

**文例71**
債権譲渡通知書（2）

令和○年○○月○○日

大阪市北区若松町１丁目１番１号

東北株式会社

代表取締役　川上五郎　殿

東京都豊島区東池袋１丁目１番１号

富士株式会社

代表取締役　山田太郎 

債権譲渡通知書

拝　啓

益々ご清祥のこととお慶び申し上げます。

さて今般、当社が貴社に対して有している後記債権を、令和○年○○月○○日に、東京都港区西新橋２丁目１番５号山川商事株式会社に対して譲渡いたしましたので、ご通知申し上げます。

敬　具

記

１　当社が貴社に対して令和○年○○月○○日から令和○年○○月○○日までの間に売り渡した繊維製品の代金債権金５００万円

２　当社が貴社に対して令和○年○○月○○日貸し付けた　←1枚目20行

金６００万円の残金３５０万円の貸金債権

３　当社が貴社に対して有する東京都○○区○○町○丁目○番○号所在○○○工場の内装工事代金債権金１５００万円　←2枚目4行

←文例70と同様の通知ですが、債権がいくつかあるときは文例71のように箇条書きにしたほうがわかりやすいでしょう。

## ⑥ 相殺の通知をする場合

Ｘ社はＹ社に100万円を貸しており、他方Ｙ社がＸ社に商品を納入した売掛金が150万円になっていたとします。その場合、Ｘ社は100万円の貸金債権と、Ｙ社の150万円の売掛金債権とを対当額《たいとうがく》（100万円）の範囲内で消滅させることができます。これを相殺《そうさい》といいます。

相殺の結果、Ｘ社の100万円の貸金債権はなくなり、Ｙ社の50万円の売掛金債権が残ります。相殺したＸ社からみると、Ｙ社の売掛金と相殺することによって、100万円の貸金を回収したことになります。この場合、Ｙ社から相殺することもできます。

相殺を行ったＸ社の債権を自働《じどう》債権、相手Ｙ社の債権を受働《じゅどう》債権と呼んでいます。

**文例72**および**文例73**が相殺の通知書です。

相殺の通知は、いつ相手に到達したかの証拠を残しておくために、配達証明付きの内容証明郵便で行ってください。

**文例72**
相殺通知書（1）

令和○年○○月○○日

東京都港区西新橋２丁目２番２号

黒山商事株式会社

代表取締役　黒山春夫　殿

東京都豊島区東池袋１丁目１番１号

富士株式会社

代表取締役　山田太郎　富士株式会社代表取締役之印

相殺通知書

当社は、令和○年○○月○○日貴社に対して売り渡した印刷機械の代金５００万円の支払いを受けておりませんので、当社が令和○年○○月○○日貴社から借り入れた金３５０万円と、対当額で相殺します。

←相殺の対象となる両方の債権の内容をはっきりと書いておきます。

この結果、当社の借入金は全額返済したことになり、機械代金の残額が金１５０万円となりましたので、前記の残金をお支払いください。

←15行

**文例73**
相殺通知書（2）

令和○年○○月○○日

東京都港区西新橋２丁目２番２号

黒山商事株式会社

代表取締役　黒山春夫　殿

東京都豊島区東池袋１丁目１番１号

富士株式会社

代表取締役　山田太郎　富士株式会社代表取締役之印

相殺通知書

当社の貴社に対する債権債務は、後記のとおりですので、本日対当額で相殺いたします。相殺後の残債権金１５０万円は直ちにお支払いください。

記

１　当社の債権

当社が貴社に対して令和○年○○月○○日貸し付けた貸金債権金１０００万円

２　当社の債務

（1）当社が貴社より令和○年○○月○○日から令和○年○月○○日までの間に買い受けた建築資材の代金３５０万円

（2）当社が貴社に発注した東京都○区○町○丁目○番○

←1枚目20行

号工場の改築工事代金５００万円

合計　金８５０万円

←2枚目2行

←文例72と同様の通知ですが、相殺の対象となる債権がいくつかあるときはこの文例のように箇条書きにしたほうがわかりやすいでしょう。

普通の債権の場合は、相殺の通知を出せば相殺は終了です。ところが、X社の100万円の債権が貸金ではなく、Y社振出しの手形だったという場合には、相殺の通知を出すだけでは足りません。

本来手形の所持人が手形金の支払いを求めるには、手形を呈示《ていじ》し、かつその手形と引替えでなければ、現金の支払いを受けられません。なぜなら、振出人としては、支払いをするとき手形の返還を受けておかないと、その手形が善意の第三者の手に渡った場合、もう一度支払いを余儀なくされるからです。

X社からの相殺の通知だけで相殺の効力が発生し、X社の100万円の手形債権が消え、Y社の50万円の売掛金が残ったとしますと、Y社は手形の呈示も受けず、また手形を回収せずに、手形金を支払ったことになります。

そこで**手形による相殺の場合には、相殺の通知のほかに、手形を呈示して交付しなければ、相殺の効力が生じない**とされています。

X社の所持するY社振出しの100万円の手形と、Y社の150万円の売掛金債権とを相殺する場合には、内容証明郵便で相殺の通知をしてから、その手形をY社に手渡すということになります。

手形金全額で相殺する場合は手形を交付してもかまいませんが、手形金の一部で相殺する場合には、手形を渡してしまうわけにはいきません。

右の例でいえば、Y社振出しの手形が300万円であり、その手形で150万円の売掛金と相殺する場合です。

手形の振出人が手形金の一部について支払いをするときには、手形を回収することはできません。手形面上に手形金の一部を支払ったことを記載して、また手形所持人に戻します。手形所持人としては、残金の支払いを受けるために手形が必要だからです。

手形金の一部による相殺もやはり同じです。相殺の通知をして手形を呈示します。振出人に手形の一部が相殺で消滅したことを手形面上に記載する機会を与えるためです。

相殺するためには、手形の支払期日が来ていなければなりません。しかし相手が倒産した場合には、支払期日前の手形でも相殺できます。

**文例74**は手形による相殺通知書です。

相手が倒産した場合の相殺には、時間的制限がありますから注意してください。

同じ倒産でも、会社更生法の適用か、破産か、民事再生かによって違います。

**会社更生の場合と民事再生の場合には、相殺は債権届出期間内にしなければなりません。その後の相殺は無効ですので、注意してください。**

破産の場合には、法律上特別の制限がないので、いつでもできます。しかし、破産手続開始決定後できるだけ早い時期に相殺し、残金の債権があれば届け出るのがよいでしょう。

**文例74**
手形による相殺通知書

令和○年○○月○○日

東京都港区西新橋２丁目２番２号

黒山商事株式会社

代表取締役　黒山春夫　殿

東京都豊島区東池袋１丁目１番１号

富士株式会社

代表取締役　山田太郎　富士株式会社代表取締役之印

相殺通知書

当社の貴社に対する債権債務は、後記のとおりですので、本日対当額で相殺いたします。相殺後の残りの手形金１００万円は直ちにお支払いください。

記

１　当社の手形債権

←手形による相殺の場合は、通知だけでなく、手形を呈示して交付しなければ相殺の効力は生じないとされています。相殺するには、手形の支払期日が来ていなければなりません。

（1）約束手形

額　　面　　　金３００万円

振 出 人　　　貴社

受取人兼第一裏書人　藤田株式会社

振 出 日　　　令和○年○○月○○日

支払期日　　　令和○年○○月○○日

←1枚目19行

（2）約束手形

額　　面　　　金４００万円

振 出 人　　　貴社

受取人兼第一裏書人　藤田株式会社

振 出 日　　　令和○年○○月○○日

支払期日　　　令和○年○○月○○日

合計　金７００万円

２　当社の債務

当社が貴社から平成○○年○○月○○日買い受けた自動車３台の代金６００万円

←2枚目10行



## ⑦ 債権放棄の通知をする場合

債権放棄の通知については、67ページに説明しておきましたので、そちらをご参照ください。

**文例75**は売掛金債権に関するものです。**文例76**は手形債権を放棄する場合の通知書です。手形債権を放棄する場合には、手形を返す必要があります。

**文例75**
債権放棄の通知書（1）

令和○年○○月○○日

東京都港区西新橋２丁目２番２号

黒山商事株式会社

代表取締役　黒山春夫　殿

東京都豊島区東池袋１丁目１番１号

富士株式会社　代表取締役　山田太郎

債権放棄通知書

当社は貴社に対し、本日現在金５６７万円の電気製品の売掛金債権を有しておりますが、当社は本書面をもって売掛金債権全額を放棄いたします。

←いくつかある債権のうち一部分を放棄するときは、放棄する債権が特定できるように書きます。

←10行

**文例76**
債権放棄の通知書（2）

令和○年○○月○○日

東京都港区西新橋２丁目２番２号

黒山商事株式会社

代表取締役　黒山春夫　殿

東京都豊島区東池袋１丁目１番１号

富士株式会社　代表取締役　山田太郎

債権放棄通知書

当社は貴社に対し、後記債権を有しておりますが、本日後記債権を放棄いたします。

１　約束手形

額　　面　　金３００万円

振 出 人　　貴社

受取人兼第一裏書人　藤田株式会社

振 出 日　　令和○年○○月○○日

支払期日　　令和○年○○月○○日

←文例75と同じですが、手形債権を放棄するときの通知書です。手形債権の内容をはっきり書きます。

←15行

# 第11章

# 担保権実行のための内容証明

## ① 抵当権を実行する場合

不動産、すなわち土地や建物を担保にとる方法としては、抵当権《ていとうけん》を設定するのが普通です。

抵当権というのは、債務者が債務を返済しないときに、債権者（抵当権者）が抵当権を設定した不動産の競売を裁判所に申し立て、裁判所がその抵当不動産を売却し、売却代金のうちから抵当権者が他の者より優先的に弁済を受けることのできる権利です。

不動産を担保に提供するのは債務者自身が多いのですが、第三者のこともあります。会社の債務のために社長が個人財産を担保に提供するというのがそれです。

抵当権を設定しても、抵当不動産の所有者（抵当権設定者）は別にその不動産を抵当権者に引き渡さなければならないわけではなく、競売されるまでは自由に使用できます。

また１個の抵当権をつけたあとで、別の抵当権をつけることもできます。競売になった場合には、抵当権をつけた登記の順序に従って配当されます。

抵当権をつけたあとで、その不動産を売却したり、他の人に所有権を移したりすることもできます。

債務者が弁済期を過ぎたのに、債務を返済しなければ、いよいよ抵当権を実行します。抵当権の実行というのは、裁判所に抵当権を設定した不動産の競売を申し立てることです。

かつては、抵当権の実行に先立って、抵当不動産について、所有権、地上権、または永小作権を取得した人（これを第三取得者といいます）がいる場合には、それらの者に対して、抵当権を実行する旨の通知をし、通知の到達後１か月内に、相手から債務の弁済または滌除《てきじょ》の通知がなかったときでなければ、競売の申立てができないということになっておりました。

平成15年の民法改正により、滌除および第三取得者への通知義務が廃止となり、抵当権実行の通知は不要となりました。通知をしないでいきなり競売の申立てができます。

## ② 抵当権消滅請求（抵当権の抹消の手段）をする場合



抵当権のついた不動産を買って、所有権を取得した者（第三取得者）は、抵当権者が抵当権を実行して競売による差押えの効力が発生するまでは、自分が相当と思う一定の金額を抵当権者に提供して抵当権の消滅を請求することができます（民法379条、民法382条）。

これを**抵当権消滅請求**といいます。

第三取得者が抵当権を抹消する手段としては、以前、滌除という制度がありましたが、滌除制度においては、抵当権実行前に第三取得者にその旨を通知しなければ競売の申立てができないため、執行妨害を招いているなどの問題がありました。

そこで、平成15年の民法改正により、滌除および抵当権実行前の第三取得者への通知義務が廃止されたうえ、抵当権消滅請求という制度に改められました。

抵当権消滅請求できる人も、所有権を取得した人だけとなり、地上権、永小作権を取得した人は抵当権消滅請求をできなくなりました。

抵当権者は、この抵当権消滅請求に対し、必ずしもこれに応じる必要はありません。

しかし、それを拒否したときは、222ページ以下に述べる競売の申立てをしなければなりません。

第三取得者は、抵当権者から抵当権実行としての競売による差押えの効力が発生するまでは、いつでも抵当権の消滅を請求することができます（民法382条）。

第三取得者が抵当権消滅請求をするには、登記をしているすべての債権者（抵当権者など）に、次の書面を送らなければなりません（民法383条）。

① 取得の原因、年月日、譲渡人および取得者の氏名、住所、抵当不動産の性質（宅地・田畑等の地目や建物の種類）、所在、代価（買受代金）その他取得者の負担（第三取得者が支払うべき地代等）を記載した書面

② 抵当不動産の登記事項証明書

③ 債権者が２か月以内に抵当権を実行して競売の申立てをしなかったときは、第三取得者は①に掲げた代価、またはとくに指定した金額を債権の順位に従って弁済または供託する旨を記載した書面

以上のことを記載した抵当権消滅請求の通知の例が、**文例77**です。

**この通知は、登記をしたすべての抵当権者に対してしなければならず、**そのうちの１人でも通知していないと、抵当権消滅請求の効力は生じません。

第三取得者は抵当権消滅請求の通知の中に、一定の金額を提供して抵当権の消滅を請求すると書くのですが、その一定の金額というのは、実際に行われた売買代金でもよいし、それと関係なく第三取得者が自由に決めることもできます。

**数個の抵当不動産につき抵当権消滅請求をするときは、各不動産ごとに金額（買受代金か第三取得者が決めた金額）を記載しなければなりません。**一括した金額の記載は認められていません。

抵当権者は抵当権消滅請求の通知の送達を受けた後、２か月以内に抵当権を実行しての競売の申立てをしないときには、第三取得者の提供を認めたものとみなされてしまいます（民法384条）。そのうえで、第三取

得者が提供した金額を弁済または供託すると、抵当権は消滅します。

従前の滌除制度では、１か月以内に増価競売請求をするか否か判断しなければなりませんでしたが、平成15年の民法改正により、競売申立期間は２か月以内に伸びています。抵当権を実行するか、第三取得者の提供を認めるかの判断をする余裕ができたといえます。

なお、債務者本人や保証人は抵当権消滅請求をすることができません（民法380条）。



**文例77**
抵当権消滅請求
通知書

令和○年○○月○○日

東京都港区新橋３丁目３番３号

サン金融株式会社

代表取締役　白木三太　殿

東京都荒川区尾久５丁目６番７号

荒　川　一　夫　（荒川）

通知書

私は、令和○年○○月○○日、東京都世田谷区等々力２丁目６番１０号黒川夏夫殿から後記の土地建物を代金３０００万円で買い受けました。

貴社は、後記土地建物について東京法務局新宿出張所平成○○年○○月○○日受付第○○号をもって登記をした債権額金４０００万円の抵当権を有しております。

貴社が本書面到達後２か月以内に競売の申立てをしないときは、私は後記土地につき金２０００万円を、後記建物につき金９００万円を、それぞれ弁済または供託して、後記抵当権の消滅を請求することをご通知申し上げます。なお後記土地建物に関する登記事項証明書を別封の書留郵便にて送付いたします。

←抵当権消滅請求の書面は、登記をしているすべての債権者に必要な事項を通知した書面と、抵当不動産の登記事項証明書を送らなければなりません。内容証明郵便には手紙文以外のものを同封することができませんので（33ページ）、登記事項証明書は別便で送り、ここにはその旨を書いておきます。

←1枚目19行

記

１　所　　在　東京都新宿区新宿３丁目

地　　番　５００番

地　　目　宅地

地　　積　３００平方メートル

２　所　　在　東京都新宿区新宿３丁目５００番地

家屋番号　５００番

種　　類　店舗兼居宅

構　　造　木造瓦葺２階建

床面積　１階２５０平方メートル

２階２００平方メートル

←2枚目11行

## ③ 競売（抵当権消滅請求に対する対抗手段）をする場合

抵当権者は、抵当権消滅請求を受けた場合に、これを拒むには、抵当権消滅請求の通知を受けた後２か月以内に競売の申立てをしなければなりません。２か月以内に競売の申立てをしなければ、抵当権消滅請求を承諾したものとみなされます（民法384条１号）。

抵当権者の対抗手段としては、以前は増価競売の手続きがありましたが、増価競売の手続きにおいては、もし競売において第三取得者が提案した金額より１割以上高い価額で抵当不動産を売却することができなければ抵当権者自身が提案額より１割高い価額でその不動産を買い受けなければなりませんでした。さらに、増価競売の請求に基づく不動産競売においては、第三取得者が提供した金額プラス１割に相当する保証も提供しなければならなかったため、抵当権者にとって大きな負担でした。

そこで、平成15年の民法改正により、増価競売の手続きが廃止され、抵当権者が抵当権消滅請求に対抗する手段としては、通常の競売の申立てをすれば足りることとなりました。プラス１割で買い受ける義務やプラス１割に相当する保証を提供する必要はなくなっています（旧民法384条２項、旧民事執行法185条～ 187条の削除）。

**文例78**
競売申立通知書（債務者宛）

令和○年○○月○○日

東京都港区新橋３丁目３番３号

黒　川　夏　夫　殿

東京都港区新橋３丁目３番３号

サン金融株式会社

代表取締役　白木三太　（サン金融株式会社代表取締役之印）

通知書

当社は、貴殿との間の平成○○年○○月○○日付金銭消費貸借契約による債権額金４０００万円の担保として、後記の土地建物につき、東京法務局新宿出張所平成○○年○○月○○日受付第○○号の抵当権を有しておりますが、後記土地建物の第三取得者である荒川一夫殿から令和○年○○月○○日付の内容証明郵便により、前記抵当権を後記土地について金２０００万円、後記建物について金９００万円を、それぞれ弁済または供託して、前記抵当権の消滅を請求する旨の通知を受けました。

しかし、当社としてはこれを承諾することはできませんので、前記抵当権を実行して競売の申立てをいたします。

記

１　所　　在　東京都新宿区新宿３丁目

←抵当権消滅請求の通知書に対して、拒否する場合は、通知を受けてから2か月以内に競売の申立てをします。そうしないと、抵当不動産の譲渡人（第三取得者）の提示した金額で抵当権を消滅させることを承諾したものとみなされてしまいます。

競売の申立てをするときには、債務者や抵当不動産の譲渡人（第三取得者）にその旨を通知しなければなりません。

←1枚目20行

地　　番　５００番

地　　目　宅地

地　　積　３００平方メートル

２　所　　在　東京都新宿区新宿３丁目５００番地

家屋番号　５００番

種　　類　店舗兼居宅

構　　造　木造瓦葺２階建

床 面 積　１階２５０平方メートル

２階２００平方メートル　←2枚目9行

競売の申立てをすることができるのは、抵当権消滅請求の通知を受けたすべての抵当権者その他の債権者です。

なお、抵当権者等が競売の申立てをするときには、債務者や抵当不動産の譲渡人にその通知をしなければなりません（民法385条）。通知をするのは、やはり抵当権消滅請求の通知を受けてから２か月以内です。

**文例78**は債務者等に対する競売申立ての通知書です。**文例77**の抵当権消滅請求通知書に対するものです。

## ④ 仮登記担保権を実行する場合

不動産（土地・建物）を担保にとる方法として、抵当権のほかに仮登《かりとう》記担保《きたんぽ》というものがあります。

仮登記担保契約というのは、将来債務者がお金を返さない場合のことを考えて、債務者または第三者が提供する不動産に所有権移転の仮登記をつけておき、将来弁済期がきても借金の返済がなされないとき、借金のかたがわりとしてその不動産の所有権を債権者が取ってしまうというものです。

仮登記担保の態様としては、

① 代物弁済の予約を原因として、所有権移転請求権保全の仮登記をする場合

② 停止条件付き代物弁済《だいぶつべんさい》契約を原因として、条件付き所有権移転の仮登記をする場合

の２つが代表的です。



仮登記担保は、かつては野放しになっていて、2000万円の借金のかたに１億円の不動産を取ってしまうということもありました。

そこで、昭和53年に仮登記担保契約に関する法律（略して仮登記担保法）で規制されるようになりました。

仮登記担保法によりますと、仮登記担保権の実行手続きは次のようになります。

債権者は、債務者が弁済期に債務を返済しない場合、まず代物弁済の予約完結の意思表示をするとともに、債務者に対して一定の事項を通知しなければなりません。これが仮登記担保権実行の通知です。

この通知が債務者に到達してから２か月経過しないと、債権者はその不動産の所有権を取得することはできません。債務者はこの２か月内に返済すれば、その不動産を債権者に取られないですみます。

債務の返済をしないまま、この２か月が経過したときには、その不動産が取られる代わりに、その時点での債権額と不動産の価格を比べて、不動産の価格が債権の額を上回っているときには、債権者は債務者にその差額を清算金として支払わなければなりません。

債権者が清算金を支払うのと引きかえに、不動産の引渡しと所有権移転登記が行われます。仮登記担保権より後順位の抵当権者等は、清算金の支払いがなされるまでの間に、清算金を差し押さえることができ、差し押さえると、登記の順序に従って清算金が支払われます。

## ❶ 仮登記担保権の実行通知書

仮登記担保権の実行通知には、予約完結の意思表示とともに、実行通知書が相手に到達した日から２か月を経過した時点の土地等の見積価額ならびに、その時点での債権額（元本・利息・遅延損害金等を含む）や、債務者等が負担すべき費用で債権者が代わって負担したものの額をはっきり書かなければなりません（仮登記担保法２条）。

**文例79**
仮登記担保権の実行通知書（債務者宛）

令和○年○○月○○日

東京都杉並区高円寺７丁目５番３号

安　井　冬　夫　殿

東京都港区新橋３丁目３番３号

サン金融株式会社

代表取締役　白木三太　サン金融株式会社代表取締役之印

通知書

当社は貴殿に対する後記の債権を担保するため、貴殿所有の後記の土地について、平成○○年○○月○○日代物弁済の予約をなし、東京法務局杉並出張所平成○○年○○月○○日受付第○○○○○号をもって所有権移転請求権仮登記手続きをしました。

ところが、前記債権について、弁済期が到来しているにもかかわらず、弁済されておりません。

そこで、前記債権の代物弁済として後記土地の所有権を取得するため予約完結の意思表示をするとともに、後記のとおりの清算金の見積額をご通知申し上げます。

本書面が到達した日から２か月経過後に、前記清算金の支払いと引きかえに、後記土地の所有権移転登記手続きおよび引渡しをしてくださるようお願いいたします。

←仮登記担保権の実行通知書には、代物弁済の予約完結の意思表示をするとともに、通知書が相手に到達した日から2か月を経過した時点の土地の見積価額、その時点での債権額、債権者が代わって負担した費用で債務者が負担すべきものの額を記載します。

債務者は、仮登記担保権の実行通知書が届いてから2か月以内に債務を弁済すれば不動産をとられずにすみます。債権者は、2か月を経過しても債務の弁済がなかったときには、その不動産の所有権を取得します。

←1枚目20行

記

１　物件の表示

所　　在　東京都杉並区高円寺１丁目

地　　番　９９９番1

地　　目　宅地

地　　積　２３４．５６平方メートル

２　債権の表示

平成○○年○○月○○日付金銭消費貸借契約に基づき貸し付けた債権金５０００万円

３　清算金の見積額の表示

（1）前記土地の本通知書送達後２か月経過時の見積額

金８０００万円

（2）本通知書送達後２か月経過時の債権額

債 権 元 本　金５０００万円

利　　　息　金５７６万円

遅延損害金　金９９９万円

合　　　計　金６５７５万円

（3）清算金の見積額

金１４２５万円

←2枚目19行

債権の額が不動産の見積価額を上回るなど、清算金がないことも考えられます。その場合にもその旨を通知して2か月経過しないと、所有権移転の効力は生じません。



実行通知の相手方は、担保不動産の提供者です。債務者のこともあれば、第三者のこともあります。

第三者が担保提供したときには、実行通知の相手方はその第三者で、債務者に通知する必要はありません。

**文例79**は、債務者が担保提供している場合の、**文例80**は第三者が担保提供している場合の、仮登記担保権の実行通知書です。

債権者は通知した清算金の見積額に拘束されることになりますから、

この見積りは慎重に行う必要があります（仮登記担保法８条）。

仮登記担保の対象となっている不動産が２個以上のとき、たとえば土地と建物とか、土地が２筆以上のときには、個々の不動産ごとに見積価額を書き、どの不動産にいくらの債権を割りふるかも書いて通知しなければいけません。

**文例80**
**仮登記担保権の実行通知書（物上保証人宛）**

令和〇年〇〇月〇〇日

東京都杉並区荻窪７丁目１番１号

光　井　一　夫　殿

東京都港区新橋３丁目３番３号

サン金融株式会社

代表取締役　白木三太　サン金融株式会社代表取締役之印

通知書

当社は光産業株式会社に対する後記の債権を担保するため、貴殿所有の後記の土地について、平成〇〇年〇〇月〇〇日代物弁済の予約をなし、東京法務局杉並出張所平成〇〇年〇〇月〇〇日受付第〇〇〇〇〇号をもって所有権移転請求権仮登記手続きをしました。

ところが、前記債権について、弁済期が到来しているにもかかわらず、未だ弁済されておりません。

そこで、前記債権の代物弁済として後記土地の所有権を取得するため予約完結の意思表示をするとともに、後記のとおりの清算金の見積額をご通知申し上げます。

本書面が到達した日から２か月経過後に、前記清算金の支払いと引きかえに、後記土地の所有権移転登記手続きおよび引渡しをしてくださるようお願いいたします。

←担保不動産が債務者のものではなく、第三者の所有である場合は、不動産の所有者に仮登記担保権の実行通知書を出します。物上保証人といわれる不動産の所有者には債務を弁済する義務はありませんが、2か月の間に弁済がなければ不動産は仮登記担保権者のものになってしまうわけですから、不動産を失いたくなければ自ら弁済するなどの選択を迫られることになります。

←1枚目20行

記

1　物件の表示

所　　在　東京都杉並区荻窪２丁目

地　　番　５９９番1

地　　目　宅地

地　　積　３００．５６平方メートル

2　債権の表示

平成○○年○○月○○日付金銭消費貸借契約に基づき貸し付けた債権金４０００万円

3　清算金の見積額の表示

（1）前記土地の本通知書送達後２か月経過時の見積金額金７０００万円

（2）本通知書送達後２か月経過時の債権額

債権元本　金４０００万円

利　　息　金４００万円

遅延損害金　金６００万円

合　　計　金５０００万円

（3）清算金の見積額

金２０００万円

←2枚目19行

仮登記担保権の実行通知書には、代物弁済の予約完結の意思表示をするとともに、通知書が相手に到達した日から2か月を経過した時点の土地の見積価格、その時点での債権額、債権者が代わって負担した費用で債務者が負担すべきものの額を記載します。

仮登記担保権の実行通知書が届いてから2か月以内に債務の弁済ができれば不動産をとられずにすみます。債権者は、2か月を経過しても債務の弁済がなかったときには、その不動産の所有権を取得します。

## ❷ 後順位担保権者等に対する通知

仮登記担保の後に、抵当権者、仮登記担保権者、先取特権者《さきどりとっけんしゃ》、質権《しちけん》者《しゃ》、または所有権を取得した者があるときには、債務者等に対する**文例79**ないし**文例80**の仮登記担保権実行通知書が相手に到達した後に遅滞なく、これら後順位担保権者《こうじゅんいたんぽけんしゃ》や第三取得者に対し、㋑実行通知をしたこと、㋺その通知が債務者等に到達した日、㋩債務者等に通知した事項、を通知しなければなりません（仮登記担保法５条）。

**文例81**がこの通知です。これは**文例79**に対応するものです。

この通知は、登記簿上の住所または事務所にあてて発送すればよいのです。移転したため通知が到達しなくてもかまいません。

この通知があると、後順位抵当権者等は債務者に渡される清算金があるかどうか、またその清算金の額を知ることができます。

後順位抵当権等は、仮登記担保権が実行されると、すべて抹消されてしまいます。そこで、清算金が債務者に渡される前に差し押さえて、債権の回収をはかります。

その清算金に不満であれば、後順位抵当権者等は、競売の請求をすることができます。

**文例81**

**仮登記担保権の実行通知書（後順位担保権者および第三取得者宛）**

令和○年○○月○○日

東京都中野区中野７丁目５番３号

島　田　六　助　殿

東京都港区新橋３丁目３番３号

サン金融株式会社

代表取締役　白木三太　サン金融株式会社代表取締役之印

通知書

当社は、後記の債権を担保するため、安井冬夫殿所有の後記の土地について、平成○○年○○月○○日代物弁済の予約をなし、東京法務局杉並出張所平成○○年○○月○○日受付第○○○○号をもって所有権移転請求権仮登記手続きをしました。

ところが、前記債権について、弁済期が到来しているにもかかわらず、未だ弁済されておりません。

そこで、当社は、安井冬夫殿に対して、令和○年○○月

←仮登記担保権が実行されると、土地の所有権が債権者に移転します。後から抵当権を設定した者などには、債務者等に仮登記担保権の実行通知をしたこと、その通知が債務者等に到達した日、債務者等に通知した内容を通知しなければなりません。

後順位担保権者は清算金の有無や金額を知ることによって、次に対処すべきことを検討することになります。

○○日付の内容証明郵便をもって、前記債権の代物弁済として後記土地の所有権を取得するため予約完結の意思表示をするとともに、後記のとおりの清算金の見積額を通知し、同通知は同年○○月○○日同人に到達いたしました。

貴殿は、後記土地について東京法務局杉並出張所平成○ ←1枚目20行

○年○○月○○日受付第○○○○号をもって根抵当権設定登記手続きをしておられますので、以上のことをご通知申し上げます。

記

1　物件の表示

所　　在　東京都杉並区高円寺１丁目

地　　番　９９９番1

地　　目　宅地

地　　積　２３４．５６平方メートル

2　債権の表示

平成○○年○○月○○日付金銭消費貸借契約に基づき貸し付けた債権金５０００万円

3　清算金の見積額の表示

（1）前記土地の本通知書送達後２か月経過時の見積金額

金８０００万円

（2）本通知書送達後２か月経過時の債権額

債権元本　金５０００万円

利　　息　金５７６万円

遅延損害金　金９９９万円

合　　計　金６５７５万円 ←2枚目20行

最後の1文は、相手が所有権移転登記をしている場合には「貴殿は、後記土地について東京法務局杉並出張所平成○○年○○月○○日受付第○○○○号をもって所有権移転登記手続きをしておられますので、以上のことをご通知申し上げます。」とすればよいでしょう。

（3）清算金の見積額

金１４２５万円

←3枚目2行

# 第12章

# 商品売買と内容証明

# ① 商品代金の請求をする場合

商品を売ったのに、買主がどうしても売買代金を支払わないときに、内容証明郵便で代金の請求をすることになります。**文例82**が商品代金請求書です。

請求する際、必ず**文例82**のように相当の猶予期間を定めておきます。猶予期間を定めて請求したにもかかわらず、支払わないとき、売主は売買契約を解除できます（民法541条）。

**文例82**
商品代金請求書

令和○年５月１３日

東京都練馬区練馬１丁目１番１号

山　田　太　郎　殿

東京都目黒区上目黒２丁目２番２号

斉　藤　二　郎　斉藤

通知書

私は、令和○年４月１日、貴殿に対して、後記の商品を金３００万円で売り渡し、その際、金５０万円を内金として受領し、残金２５０万円は、令和○年５月１日支払うとの約束になっておりました。ところが、貴殿は前記約束に違反し、今日に至るも未だ残金２５０万円の支払いをしてくれません。

そこで、本書面到達後５日以内に必ず、前記残金全額をお支払いくださいますよう、請求いたします。

記

印刷機械（ＡＢＣＤ型）３台

←契約日、商品の内容と代金、未払いとなっている残金を書き、未だに支払われていない事実を書きます。そして、支払いは「いつまでに」と期限をきって請求します。期限は文例のように「本書面到達後○日以内に」と書くのが適当でしょう。

←16行

**請求というのは、将来契約を解除するときの布石となる大事なことですから、その意味でも内容証明郵便にしておきます。相当の猶予期間というのは、5日から10日を考えればよいのです。**

**文例82**の代金請求書を出したけれど、それでも買主が支払わない場合、売主は訴訟その他の裁判手続きをとったりしてあくまでも代金の支払いを求める方法と、売買契約を解除する方法とがあります。契約を解除すると、商品を引き渡す必要がなくなり、すでに渡してある商品は返してもらえます。もっとも受領済の代金があれば、それは返さなければいけません。この場合の契約解除の通知が**文例83**です。



**文例83**
商品代金不払いによる契約解除の通知書

令和〇年5月25日

東京都練馬区練馬1丁目1番1号

山　田　太　郎　殿

東京都目黒区上目黒2丁目2番2号

斉　藤　二　郎　斉藤

通知書

私は、令和〇年4月1日、貴殿に対して、後記の商品を金300万円で売り渡し、その際金50万円を内金として受領し、残金250万円は令和〇年5月1日支払うとの約束になっておりました。ところが、貴殿は約束に違反し、前記期日に残金250万円の支払いをしてくれませんので、令和〇年5月13日付の内容証明郵便にて、同郵便到達後5日以内にお支払いくださいますよう請求いたしましたが、貴殿は同期間内にも支払いをしてくれません。

そこで、私は前記売買契約を解除いたします。

記

印刷機械（ABCD型）3台

←17行

←契約日、商品の内容と代金、未払いの金額、請求しても支払われなかったこと、契約を解除することを書きます。

契約を解除する場合は、支払われている内金がある場合はその返還方法、商品を納品済みであれば返品してもらう方法を検討しておくべきでしょう。

代金の請求と契約解除の通知を別々に２回出すのはおっくうだという場合には、１通ですますこともできます。**文例84**は、**文例82**（代金請求書）と**文例83**（契約解除の通知）を１通にまとめたものです。

これは代金の請求をすると同時に、指定した日までに支払わないときは契約を解除することを前もって通知したものです。この通知をしておきますと、買主が指定された期日までに代金を支払わないときは、自動的に契約は解除となります。

**文例84**
**商品代金の請求と条件付き契約解除の通知書**

令和○年５月１３日

東京都練馬区練馬１丁目１番１号

山　田　太　郎　殿

東京都目黒区上目黒２丁目２番２号

斉　藤　二　郎　㊞

通知書

私は、令和○年４月１日、貴殿に対して、後記の商品を金３００万円で売り渡し、その際金５０万円を内金として受領し、残金２５０万円は令和○年５月１日に支払うとの約束になっておりました。ところが、貴殿は約束に違反し、今日に至るも未だ残金２５０万円の支払いをしてくれません。そこで本書面到達後５日以内に必ず前記金２５０万円をお支払いくださいますよう請求いたします。

もし、前記期間内にお支払いなきときは、あらためて契約解除の通知をなさず、期間の経過をもって、前記売買契約を解除いたします。

記

印刷機械（ＡＢＣＤ型）３台

←文例82と文例83の内容を1回の通知ですませるときはこの文例のように書きます。指定した期日までに支払われなければ自動的に契約を解除することになるので、通知を2回出す必要がなく、便利です。また、1回の通知で請求の効果が高いと期待できます。

←18行

## ② 割賦販売代金の請求をする場合

分割払いの販売（正式には割賦《かっぷ》販売）については、割賦販売法によって、一般の商品販売契約とは違った取扱いがなされています。

割賦販売には、①客が販売代金を２か月以上の期間にわたり、しかも３回以上に分割して支払いをする販売方式と、②客があらかじめ交付を受けたカード等を使って、定められた分割払いで代金の支払いをする販売方式（自社割賦方式）とがあります。単なる掛売りは、正式の割賦販売ではありません。

一般の売買契約におきましては、買主が約束の支払期限内に代金の支払いを怠りますと、売主は、相当の猶予期間（通常５日ないし10日）を決めて、代金の請求をし、それでも支払わない場合、売主は契約を解除できます（民法541条）。また、買主が代金を支払わないとき、直ちに契約を解除できるという特約を設けることもできます。

ところが割賦販売の場合、買主が割賦金の支払いを怠ったからといって残金を一括して支払えとか、すぐ契約を解除したりすることはできません。売主は、必ず**20日以上の猶予期間を決めて書面で請求し**、それでも支払わないとき、はじめて契約を解除したり、残代金全額の一括請求をしたりできるようになっています（割賦販売法５条）。

一般の売買契約の場合、代金不払いを理由に契約を解除しますと、売主は、買主に売った商品の返還を請求できるほか、受けた損害の賠償請求ができます。また違約金をあらかじめ特約しておくこともできます。

ところが割賦販売法では、契約解除となったときに売主が請求できる損害賠償額がはっきり決められています。

解除の結果、商品が売主に返される場合には、その物の通常の使用料か、割賦販売価格から商品の残存価値を差し引いた額のいずれか高い額に、年３％の利息額を加えた額を最高限度として、損害賠償の請求をすることになります。平成29年の民法改正により、法定利率は年３％になりました。なお、年６％であった商事法定利率は、その際に廃止されました。

売主に商品が返されない場合は、その商品の割賦販売額相当額に、年３％の利息額を加えた額が最高限度です。

**文例85**

**割賦販売代金請求書（買主宛）**

令和○年○○月○○日

東京都港区六本木５丁目４番３号

斉　藤　金　太　郎　殿

東京都中央区京橋１丁目３番５号

京橋販売株式会社

代表取締役　京橋秋夫

京橋販売株式会社代表取締役之印

請求書

当社は、貴殿に対して後記の商品を令和○年○○月○○日付割賦購入契約により売り渡しました。

ところが、令和○年○○月○○日現在、貴殿が支払うべき割賦代金のうち金１２万円が支払われておりません。

つきましては、本書面到達の翌日から２０日以内に前記金額をお支払いくださるようご請求いたします。

なお、期日までに完済されない場合は、期限の利益を喪失させ残金３５万円を即時現金にてお支払い願うか、あるいは本契約を解除し、同商品の返還をしていただき、その上で所定の使用損害金をお支払いしていただくことになりますことを、念のため申し添えます。

記

１　○○○社製カメラ（Ｆ３６型）１台

←20行

←割賦金が支払われなかったからといって、すぐに契約を解除したり、残金を即時払ってもらうようにすることはできません。売主の対応としては、文例85のような内容証明（法律上は、書面でよい）で、20日以上の猶予期間を決めて請求することが必要です。契約日、割賦販売契約によって売り渡したこと、割賦販売代金が支払われていないこと、未払いの代金を請求する旨を書きます。最後の1文があると、請求の効果が増すと思います。

買主がすでに支払った代金がある場合、売主は、前記のようにして計算した損害賠償額を差し引き、余った分を返還し、足りないときは、差額を請求することになります。

**文例85**は、買主に対する割賦販売代金請求書で、**文例86**は、保証人がいる場合の保証人に対する割賦販売代金請求書です。

**文例87**は、**文例85**で一度請求したのに、支払わないので、残金全額の一括払いを求めるものです。

**文例86**

割賦販売代金請求書（保証人宛）

令和○年○○月○○日

東京都港区六本木５丁目４番３号

斉　藤　花　子　殿

東京都中央区京橋１丁目３番５号

京橋販売株式会社

代表取締役　京橋秋夫　（京橋販売株式会社代表取締役之印）

請求書

当社は、斉藤金太郎殿に対して、後記の商品を令和○年○○月○○日付割賦購入契約により売り渡しました。

ところが、令和○年○○月○○日現在、同人が支払うべき割賦代金のうち金１２万円が支払われておりません。

つきましては、連帯保証人である貴殿において、本書面到達後２０日以内に前記金額をお支払いくださいますようご請求申し上げます。

もし前記期日までに完済されない場合には、本契約により残金３５万円を即時現金でお支払いいただくことになりますことを、念のため申し添えます。

記

１　○○○社製カメラ（Ｆ３６型）１台

←19行

←割賦販売代金が支払われない場合、保証人がいるのであれば保証人に請求することもできます。文例85と同じ主旨の請求書を連帯保証人に宛てて出す場合の文例です。

**文例87**

**割賦販売代金請求書（買主宛）**

令和〇年〇〇月〇〇日

東京都港区六本木５丁目４番３号

斉　藤　金　太　郎　殿

東京都中央区京橋１丁目３番５号

京橋販売株式会社

代表取締役　京橋秋夫

請求書

当社は貴殿に対して、後記の商品を令和〇年〇〇月〇〇日付割賦購入契約により売り渡しましたが、令和〇年〇〇月〇〇日現在、割賦代金のうち金１２万円が未払いとなっておりました。

そこで当社は貴殿に対して、令和〇年〇〇月〇〇日付内容証明郵便で同郵便到達後２０日以内に前記金額をお支払いくださるよう請求し、同郵便は同年〇〇月〇〇日到達いたしましたが、前記期間を経過した現在にいたるもお支払いがありませんので、期限の利益は喪失いたしました。

つきましては、残金３５万円全額を本書面到達後５日以内にお支払いください。

前記期日までにお支払いなき場合には、やむをえず訴訟・強制執行その他の法的手続きをすることになります。

←1枚目20行

記

1　〇〇〇社製カメラ（Ｆ３６型）１台

←2枚目2行

←文例85のような書面をもって請求をしたのに支払ってもらえない場合に出す書面の文例です。文例85のような請求書で20日以上の相当の期間を定めて催告し、それでも支払いがなかったときには、契約を解除したり、残金を一括して支払うよう請求することができます。契約解除の場合は、割賦販売法で定められた損害賠償を請求することができます。この文例は、残金を一括して支払うよう求めているものです。

# ③ 商品の引渡し請求と回答の仕方

## ❶ 商品の引渡し請求と契約解除

商品の売買契約をしたけれど、売主が約束の期日までに商品を引き渡さない場合、買主は売主に対し商品の引渡しを請求できます。

民法541条によりますと、契約の当事者の一方が約束を履行しないとき、相手方は相当の猶予期間を定めて約束の履行を請求し、もしそれでも、その期間内に履行がないときは、契約を解除することができます。



**文例88**
商品の引渡し請求書

令和○年９月１３日

東京都目黒区上目黒２丁目２番２号

目黒物産株式会社

代表取締役　斉藤三郎　殿

東京都練馬区練馬１丁目１番１号

山田商事株式会社

代表取締役　山田太助　山田商事株式会社代表取締役之印

通知書

当社は、令和○年８月１１日、貴社より後記の商品を買い受けました。貴社は後記商品を同月２６日までに当社に運搬して引き渡すべき約束にもかかわらず、今日に至るも未だ履行しておりません。

そこで、本書面到達後５日以内に必ず後記商品を引き渡してくださいますよう、ご請求いたします。

記

○○社製コンピューター（Ｆ４５２型）１式

←商品を買った日(契約日)、商品の内容、商品を買ったこと、商品の引渡しがないこと、一定の期間を定めて引渡しを請求することを書きます。商品引渡しを請求する猶予期間は、5日から10日くらいが相当です。

←16行

したがって、買主から売主に対する商品の引渡しの請求は、契約解除の布石となるものです。

**文例88**が商品の引渡し請求書です。請求の際の相当の猶予期間というのは、５日から10日くらいを考えておけばよいです。その定め方も、「令和○年５月20日までに引き渡せ」と書くよりも、「本書面到達後５日以内に引き渡せ」と書いた方がよいです。

買主が売主に対し商品の引渡しを請求したけれど、売主がそれでも商品を引き渡さない場合、買主は売買契約を解除できます。それが**文例89**

**文例89**
商品を引き渡さないことを理由とする契約解除の通知書

令和○年９月２５日

東京都目黒区上目黒２丁目２番２号

目黒物産株式会社

代表取締役　斉藤三郎　殿

東京都練馬区練馬１丁目１番１号

山田商事株式会社

代表取締役　山田太助　山田商事株式会社代表取締役之印

通知書

当社は令和○年８月１１日、貴社より後記の商品を買い受けました。

貴社は後記商品を、同月２６日までに当社に運搬して引き渡すべき約束にもかかわらず、引渡しをせず、また当社から貴社宛ての同年９月１３日付内容証明郵便にて、同郵便到達後５日以内に引き渡しくださいますよう請求いたしましたが、貴社は同期間内にも引渡しをしません。

そこで、当社は、前記売買契約を解除いたします。

記

○○社製コンピューター（Ｆ４５２型）１式

←相当の猶予期間を定めて請求したにもかかわらず、その期間内に商品の引渡しがなかった場合の契約解除の通知書です。契約を解除すると、代金を支払っていない場合にはもちろん支払う必要はありませんし、すでに支払った代金は返してもらえます。また、損害があれば賠償を請求することもできます。

←18行

の契約解除の通知です。買主が売買契約を解除すると、代金の支払いをしなくてすみますし、すでに支払った代金は返してもらえます。また損害があれば賠償を請求できます。

契約を解除するには、請求書を出し、それに応じないとき解除の通知書を出すというのがたてまえですが、買主は商品の引渡しを請求すると同時に、売主が指定した期日までに引き渡さないときは、契約を解除するということを、１通の通知で行うこともできます。

この方法をとったのが、**文例90**です。**文例88**と**文例89**を１通にした



**文例90**
商品の引渡し請求と条件付き契約解除の通知書

令和○年９月１３日

東京都目黒区上目黒２丁目２番２号

目黒物産株式会社

代表取締役　斉藤三郎　殿

東京都練馬区練馬１丁目１番１号

山田商事株式会社

代表取締役　山田太助　山田商事株式会社代表取締役之印

通知書

私は令和○年８月１１日、貴社より後記の商品を買い受けました。貴社は後記商品を同月２６日までに当社に運搬して引き渡すべき約束にもかかわらず、今日に至るも未だ引き渡しておりません。そこで、本書面到達後５日以内に後記商品を必ず引き渡してくださいますよう、ご請求申し上げます。もし、期間内に引渡しなきときは、あらためて契約解除の通知をなさず、期間の経過をもって、前記売買契約を解除いたします。

記

○○社製コンピューター（Ｆ４５２型）１式

←18行

←商品が引き渡されない場合に一定の期間を定めて引渡しを請求し、期間内に引渡しがなければ契約を解除するというものです。

商品を買った日（契約日）、商品の内容、引渡しがないこと、期間を定めて引渡しを請求すること、期間内に引渡しがなければ契約を解除することを書きます。商品引渡しを請求する猶予期間は、5日から10日くらいが相当です。

ものです。この通知をすると、売主が指定の期日までに商品の引渡しをしないときは、自動的に契約は解除となってしまいます。

## ❷ 売主の回答

売買契約では、売主の商品を引き渡す義務と買主の代金支払い義務とは、同時《どうじ》履行《りこう》の関係にあります（民法533条）。売主は、代金と引きかえでなければ商品を渡せないといえますし、買主は商品と引きかえでなければ代金を支払えないといえます。

**文例91**
代金と引きかえに商品を渡す旨の回答書（文例88および文例90に対する回答書）

令和○年○○月○○日

東京都練馬区練馬１丁目１番１号

株式会社山田商事

代表取締役　山田太助　殿

東京都目黒区上目黒２丁目２番２号

目黒物産株式会社

代表取締役　斉藤三郎　目黒物産株式会社代表取締役之印

回答書

当社が令和○年８月１１日、貴社に対して後記の商品を売り渡したことにつきまして、貴社は令和○年９月１３日付内容証明郵便をもって当社に対し後記商品の引渡しを請求されました。

しかし、貴社は当社に対し後記商品代金の残金３００万円を支払っておりません。

当社は、貴社が前記代金の残金を支払うまで後記商品の引渡しをおことわりいたします。

記

○○社製コンピューター（Ｆ４５２型）１式

←18行

←文例88や文例90の通知を受けた売主が、代金と引きかえに商品を渡すと回答する通知書です。売買契約が特定できるように、契約日、売り渡す商品の名前と数、代金が全額未払いの場合はその金額を、一部支払ってもらっていて残金がある場合には残金の額を書き、その金額を支払ってもらえれば商品を引き渡す用意をしていることを伝えます。

これを**同時履行《どうじりこう》の抗弁権《こうべんけん》**といいます。

買主から**文例88**または**文例90**の商品引渡しの請求がなされたときの売主の回答書が、**文例91**です。回答は、通知を受け取ったら、なるべく早く出した方がよいです。

## ④ 欠陥商品について請求をする場合

買い受けた商品に欠陥があった場合、買主に責任がない限り、買主は代わりの商品に取りかえるか、修繕を求めること、また軽微な欠陥は別ですが契約の解除をすることができます。また、代金の減額を請求できる場合もあります。欠陥商品を引き渡したことについて、売主に責任がある場合には、買主は損害賠償の請求をすることもできます。

もっとも、契約の解除をするには、原則として、相当の猶予期間を定めて、修繕ないし代替品との交換を請求し、その期間内に、売主が応じなかったときでなければできません。

**文例92**は、修理ないし代替品の請求書です。**文例93**は、一定の猶予期間を定めて修理ないし代替品の請求をし、その期間内に応じないときには自動的に契約を解除するという、解除予告付きの請求書です。

**文例92**を出した場合、契約を解除するには、またあらためて契約解除の通知が必要です。

欠陥が大きく、代替物がなく、また修繕しても、契約の目的を達することができない場合には、**文例92**や**文例93**のような通知を出さず、いきなり契約を解除することができます。**文例94**は、こういう場合の契約解除の通知書です。

商人間の売買では、買主は目的物を受け取ったら、遅滞なく検査をして欠陥や数量不足について、直ちに売主にその通知をしなければ、契約の解除、代金の減額、損害賠償の請求はできません。

直ちに発見できない欠陥であっても、６か月以内に通知しなければ同じです（商法526条）。

**文例92**
**修理ないし代替品の請求書（欠陥商品に対する請求）**

令和○年○○月○○日

東京都目黒区上目黒２丁目２番２号

目黒物産株式会社

代表取締役　斉藤三郎　殿

東京都練馬区練馬１丁目１番１号

山田商事株式会社

代表取締役　山田太助　山田商事株式会社代表取締役之印

通知書

当社は、令和○年○○月○○日、貴社より後記の商品を買い受けました。ところが後記商品の○○○部分に欠陥があることがわかりました。

つきましては、本書面到達後７日以内に前記欠陥の修理ないし欠陥のない完全な物との交換をご請求いたします。

記

○○社製コンピューター（Ｆ４５２型）１式

←商品の売買契約の内容、商品に欠陥があったこと、相当の期間を定めて修理するか代わりの商品を求めることを書きます。この通知を出しても相手が期間内に修理または代替品を提供しない場合、すぐに契約が解除になるというわけにはいかず、あらためて契約解除の通知書を出すことになります。

←15行

**文例93**
**修理ないし代替品の請求と条件付き契約解除の通知書**

令和○年○○月○○日

東京都目黒区上目黒２丁目２番２号

目黒物産株式会社

代表取締役　斉藤三郎　殿

東京都練馬区練馬１丁目１番１号

山田商事株式会社

代表取締役　山田太助　山田商事株式会社代表取締役之印

通知書

当社は、令和○年○○月○○日、貴社より後記の商品を買い受けました。ところが後記商品の○○○部分に欠陥があることがわかりました。

つきましては、本書面到達後７日以内に前記欠陥の修理ないし欠陥のない完全な物との交換をご請求いたします。

同期日までに修理ないし欠陥のない完全な物との交換がなされない場合には、あらためて通知せずに、期日の経過をもって、本売買契約を解除いたします。

記

○○社製コンピューター（Ｆ４５２型）１式

←一定の期間内に修理ないし代替品の提供がなければ契約を解除すると書くことで、文例92より強く相手の対応を求める内容になっています。相手が期間内に修理または代替品を提供しなかった場合、あらためて通知を出すことなく契約を解除することができます。

←18行

## 文例94
## 商品売買契約解除通知書

←商品の売買契約の内容、商品に欠陥があったこと、それにより契約した目的が達成できないので契約を解除すること、支払い済みの代金の返還を請求する旨を書きます。欠陥が大きく、代替物がなく、または修理しても本来の目的を達することができない場合などにこのような通知を出します。

令和○年○○月○○日

東京都目黒区上目黒２丁目２番２号

目黒物産株式会社

代表取締役　斉藤三郎　殿

東京都練馬区練馬１丁目１番１号

山田商事株式会社

代表取締役　山田太助　山田商事株式会社代表取締役之印

通知書

当社は、令和○年○○月○○日、貴社より後記の商品を買い受けました。ところが後記商品の○○○部分に重大な欠陥があることがわかりました。この欠陥は修理しても本来の目的どおりに使用することができず、契約の目的を達しませんので、本売買契約を解除いたします。すでに支払い済みの売買代金５５０万円を至急お返しください。

記

○○社製○○○○○○○○１式

←16行

# ⑤ 欠陥商品の損害賠償を請求する場合（製造物責任）

## ❶ 製造物責任法の制定

製造物責任法（ＰＬ法）が平成７年７月１日から施行されました。

これにより、欠陥商品によって損害をこうむった被害者が、それまでよりずっと保護されることになりました。

欠陥商品による被害は今までずい分発生して、社会問題になっておりました。古くは砒素ミルク事件、次いで、サリドマイド事件やキノホルムによるスモン病、カネミ油症事件等、欠陥商品による大規模事故が発生しました。また、大規模事故ではありませんが、購入したテレビを事務所に置いていたところ、そのテレビが原因で火災が発生し、事務所および階下にある店舗等に被害が生ずるという事故がありました。

被害者が加害者に対し、損害賠償の請求をするには、損害を与えたことが故意《こい》または過失《かしつ》によるものであることを証明しなければならないというのが、法律の原則です。

故意というのは、被害の発生を予想していたにもかかわらず、あえてその行為を行った場合です。

過失というのは、加害者が被害の発生について予想できたにもかかわらず、被害の発生を予防しなかった場合です。

高度な科学技術を応用して、大規模で複雑な施設、設備等で製造した製品の欠陥によって生じた災害について、消費者がメーカーのどこに過失があったかを証明することは大変困難なことです。

そこで、被害者側の立証責任を緩和し、消費者の保護をはかる目的で制定されたのが、製造物責任法（ＰＬ法）です。

これにより、被害を受けた消費者は製造業者の過失を証明しなくても、製品の欠陥が証明できれば、製造業者に損害賠償を請求できるようになりました。

なお、製造物責任法による損害賠償の請求権は、損害および賠償義務者を知ってから３年、その製造業者が当該製造物を引き渡してから10年を経過すると、時効になります。

## ❷ 製造物とは

ＰＬ法の対象となる製造物とは、製造または加工された動産です。土地や建物等は対象とされていませんが、自動車や家財道具、用具類だけでなく、菓子や牛乳、その他食べ物にも及びます。

加熱、味付け、粉びきなどは、製造または加工したものにあたりますが、単なる切断、冷凍、乾燥等は、製造または加工にあたりません。したがって、たまごや冷凍した魚は未加工ですが、牛乳、砂糖、ジュース、ハムは加工されたものになります。

## ❸ 欠陥とは

欠陥とは、製造物が通常有すべき安全性を欠いていることです。欠陥には、次の３種類があります。

第一は、製造物の製造過程で粗悪な材料が混入したり、製造物の組立てに誤りがあったなどの原因により、製造物が設計、仕様どおりにつくられず安全性を欠く場合、すなわち製造上の欠陥です。

第二は、製造物の設計段階で十分に安全性を配慮しなかったために、製造物が安全性に欠ける結果となった場合、すなわち設計上の欠陥です。

第三は、危険性が存在する製造物について、その危険の発生による事故を消費者が防止するに必要な情報を製造者が与えなかった場合、すなわち指示・警告上の欠陥です。

## ❹ 賠償責任を負う製造業者の範囲

ＰＬ法で責任を負う製造業者等は、次の三者です。

第一は、実際に製造、加工または輸入した者です。

第二は、実際に製造、加工、輸入をしてはいないけれども、製造業者または輸入業者として表示したか、またはそれと誤解されるような表示をした者です。つまり「製造元○○」「輸入元○○」といった肩書きをつけた場合、あるいは、肩書きをつけずに自分の名前をつけた場合等です。

第三は、実際には製造、加工、輸入をしていないけれども、社会通念上実質的に製造業者または輸入業者であると認められる表示をした者です。つまり「発売元○○」「販売元××」といった肩書きをつけて、その製品を一手販売している場合等です。

販売業者は、欠陥をつくり出し、自分の意思で市場に供給したといえないので、ＰＬ法の対象とはなりません。もっとも、従来からの法律に従って、直接の買主に対し、契約上の責任は負います。

## ❺ 製造業者が責任を逃れられる場合

製造業者がＰＬ法の責任を免れるのは、次の２つの場合です。

第一は、製品を製造業者等が引き渡したときの科学技術の水準によっては、欠陥があることを認識することができなかったことを証明した場合です。

第二は、部品・原材料の製造業者が、部品または原材料の欠陥が、それを使ったほかの製品の製造業者が行った設計に関する指示によって生じ、欠陥の発生について過失がなかったことを証明した場合です。

なお、ＰＬ法で救済されないときは損害賠償請求が一切できないのではなく、ほかの法律による損害賠償請求も可能です。

**文例95**
欠陥商品に対する損害賠償請求書

令和○年３月３１日

東京都港区芝公園８丁目６番６号

株式会社火山電機製作所

代表取締役　火山三郎　殿

東京都中野区本町４丁目４番４号

川　山　一　郎

請求書

私は、令和○年３月頃、貴社製造のテレビ（ＡＴＶＩＮ１９３型）を、東京都新宿区○○町１丁目２番３号株式会社××商会から購入し使用していたところ、令和○年９月１８日、前記テレビから出火し、自宅が半焼し、かつ私自身同火災により右腕に全治○か月を要する大やけどを負ってしまいました。

前記火災は、前記テレビから出火したものであり、通常に使用していたテレビから出火したということは、前記テレビに欠陥があったためです。そこで、私は、前記テレビの製造業者である貴社に対し、私が前記出火によりこうむった後記の損害の賠償をご請求申し上げます。

記

１　建物の損害　　　金○○○○円

２　家財道具の損害　金○○○○円

３　治療費　　　　　金○○○○円

４　休業補償　　　　金○○○○円

５　慰謝料　　　　　金○○○○円

合計　金○○○○○円

どうか、本書面到達後１０日以内に、前記損害金合計金○○○○○円をお支払いください。もし、前記期間内にお支払いなき場合には、訴訟、強制執行その他の法的手段をとらざるを得なくなりますので、ご了承ください。

←製造物責任法による損害賠償請求の場合、製造業者の故意または過失を立証しなくても、製品の欠陥が証明できれば、製造業者に損害賠償を請求できます。損害の状況と損害額を書きます。

製造物責任法による損害賠償請求権は、損害および賠償義務者を知ってから3年（ただし、人の生命または身体を侵害したときは5年）、製造業者が製造物を引き渡してから10年を経過すると時効になりますので、注意してください。

←1枚目20行

←2枚目9行

## ⑥ クーリング・オフにより契約解除する場合

訪問販売は、居ながらにして買えるなどの便利な面もある反面、ほしくないものまで買わされてしまうことがあります。「アンケート調査に来た」といって商品を売りつけたり、「消防署の方から来た」と言って、消火器を売りつけたりするのです。

その結果、セールスマンの甘言にまどわされ、必要もないのに、つい衝動的に売買契約を結んだり、セールスマンの説明をうのみにして契約書を読まないでサインしたりすることが、少なくありません。後になってから契約を解除しようとすると、業者は契約が成立したことを理由に契約の解除を拒否するということで、よくトラブルが生じていました。

そこで消費者を保護するため、**特定商取引に関する法律**（特定商取引法）ができています。この法律は、訪問販売をするときには、自分の身元（業者の氏名または名称）と何を売りに来たのかを、最初にはっきり名乗ることを義務付けました。

口頭で訪問販売業者が身元を名乗っても、後でトラブル等が起きたときに、連絡先がわからないということでは困るので、申込みや契約のときに、販売価格や業者の氏名、名称、住所、担当販売員の氏名等、一定の事項を書いた書面を消費者に渡すことを義務付けています。これに違反すると業者には罰則が科せられます。

また、電話による販売の勧誘についても、特定商取引法の規制の対象になります。

販売契約をしたあと、**理由のいかんを問わず８日間以内なら消費者側で自由に解除することができます**（特定商取引法９条）。これを**クーリング・オフ**といいます。

ただし3000円以下の取引きの場合には、代金を全部支払い、同時に品

**文例96**

**クーリング・オフの場合の契約解除通知書（1）**

令和○年○○月○○日

東京都台東区上野２丁目３番５号

　　東日本販売株式会社

　　東京支店長　柏木八郎　殿

東京都足立区中央５丁目６番７号

花　畑　四　郎

通知書

　私は貴社より、令和○年○○月○○日初級英会話の教材一式を代金○○万円で買い受ける契約をいたしましたが、今般、本書面をもって契約を解除いたします。

←契約した日付と、契約を解除する旨を書いておくことが重要です。契約を解除する理由を書く必要はありません。

←10行

**文例97**

**クーリング・オフの場合の契約解除通知書（2）**

令和○年○○月○○日

東京都新宿区新宿３丁目３番３号

　　日本健康増進株式会社御中

東京都足立区中央５丁目６番７号

花　畑　四　郎

通知書

　私は、令和○年○○月○○日付で、貴社のセールスマン山田三太郎氏を通じ、貴社から寝具（商品名○○健康ふとん）を代金○○万円で買う契約をし、代金の内金○○万円をお支払いたしましたが、今般、本書面をもって契約を解除いたします。

　つきましては、支払っております金○○万円を、早急に返還くださいますよう、ご請求申し上げます。

←契約した日付と、契約を解除する旨を書いておくことが重要です。契約を解除する理由を書く必要はありません。この文例は、すでに支払っている商品代金の返還も請求する内容です。

←13行

物も全部受け取ったときは、もはや解約できなくなります。

クーリング・オフの期間は、「８日間は無条件で解約できます」という意味のことを書いてある書類（契約書や申込書等に赤枠で囲って書いてあります）を消費者が受け取った日から８日間です。この８日間は、前記の書類を受け取った日を第１日目として数えます。

**解約をするには、業者に電話や口頭で伝えても駄目です。８日以内に解約する旨の書面を発送しなければなりません。解約の通知をしたことの証拠を残しておくために、内容証明郵便にして、配達証明付きにしておくと安全です。**

こうして解約すれば、頭金や手付金等ですでに支払ってある金銭は返還してもらえます。品物を受け取っている場合には、業者は自分の費用で引き取らなければなりません。

なお、クーリング・オフによる解約の場合、業者は損害賠償や違約金の請求はできません。

**文例96**が、クーリング・オフの場合の契約解除の通知書です。このように簡単に書けばよいのです。

クーリング・オフというのは、頭を冷やすということだと言われています。甘い言葉に乗せられて、ハンコを押したものの、頭を冷やしよく考えてみると、購入申込みを撤回したいとか、契約を解除したいという気持ちになるものです。

クーリング・オフは、訪問販売だけではなく、以下のような場合にも定められています。

① 通信販売については通信販売の広告に「返品できる」とか「返品できない」とかを表示すべきことになっており、広告に返品の表示がない場合には、商品が届いてから８日間は、申込みを撤回し、または契約を解除することができる……特定商取引法15条の３、11条４号

② 連鎖《れんさ》販売《はんばい》取引《とりひき》（いわゆるマルチ商法）の場合は20日間以内……特定

商取引法40条

③　電話勧誘販売の場合は８日間以内……特定商取引法24条

④　エステ、外国語会話教室、パソコン教室、家庭教師、学習塾、結婚相手紹介サービス（特定継続的役務提供の場合）は８日間以内……特定商取引法48条

⑤　内職・モニター商法（業務提供誘引販売取引）の場合は20日間以内……特定商取引法58条

⑥　訪問販売、電話勧誘取引、連鎖販売取引、特定継続的役務提供、業務提供誘引販売取引について、販売業者を通じてクレジット会社と立替払いの契約（個別クレジット契約）をした場合、契約書面を受け取った日から、訪問販売、電話勧誘取引、特定継続的役務提供は８日間以内、連鎖販売と業務提供誘引取引は20日間以内……割賦販売法35条の３の10、35条の３の11（この場合には、販売業者およびクレジット会社の双方に対し、クーリング・オフによる契約解除の通知を送ります）

⑦　不動産販売（宅地建物取引業者が売主となり、業者の事務所等以外の場所で契約したときに限る）の場合は８日間以内……宅地建物取引業法37条の２

⑧　生命保険、損害保険で、保険期間が１年を超えるものを営業所等以外の場所で契約した場合は８日間以内……保険業法309条

⑨　業者が個人宅を訪問して物品を購入する「訪問購入」について、訪問販売と同様のクーリング・オフが定められました。クーリング・オフの期間は８日間……特定商取引法58条の14

営業所、代理店等でなされたものや、すでに賦払金《ふばらいきん》全部の支払いが終わったもの、消耗品で全部または一部を使用または消費してしまった場合には、クーリング・オフは適用されませんので、ご注意ください。

さらに、訪問販売において、日常必要とされる量を著しく超える過量《かりょう》販売の場合は、契約したときから１年間は解除できます（特定商取引法９条の２）。通信販売の個別クレジット契約が、日常必要とされる量を著しく超える過量販売の場合も同様です（割賦販売法35条の３の12）。

## ⑦ 不当な勧誘による契約を取り消す

消費者を守る法律には、前述の「特定商取引に関する法律」のほかにも、いろいろとあります。消費者契約法、金融商品の販売等に関する法律等もそのうちです。これらの法律は、消費者が関わる取引や契約について、消費者と事業者との間のルールを定めています。

消費者と事業者の間には、事業者が取り扱う商品やサービス等について、知識や情報の質、量や、契約締結時の交渉力に大きな差があります。

ですから、事実と異なることを告げられたりして勧誘された場合、消費者がウソとわからずに契約を結んでしまうこともあります。

消費者契約法は、このような場合に契約の取消しができるとしています。

また、事実と異なることを告げられた場合だけでなく、契約の勧誘に際して不当な勧誘がなされた場合に契約の取消しができるとしています（消費者契約法４条）。

消費者契約法で規定されている不当な勧誘とは、次のものです。

①　重要な事項について事実と異なることを告げる

②　重要な事柄について、利益になることばかりを告げ、不利益についてはわざと隠しておく

③　将来の見通しがわからないことについて、断定した説明をする

④　消費者の家または勤務先を訪問して契約を勧めているときに、消費

令和○年○○月○○日

東京都台東区上野２丁目３番５号

東日本電機販売株式会社

東京支店長　柏木八郎　殿

東京都足立区中央５丁目６番７号

花　畑　四　郎

通知書

私は貴社より、令和○年○○月○○日、通信衛星放送の受信の勧誘を受け、同日契約を締結しましたが、この契約は貴社営業部員高畠一郎氏の「契約はいつでもやめられる」という言葉を信用して結んだものです。しかし、令和○年○○月○○日に受信契約をやめようと営業所に電話したところ、５年間解約できないといわれました。

貴社従業員高畠一郎氏による前記の勧誘は、事実と異なることを告げてなされたものですので、本件契約は消費者契約法４条１項１号に基づき取り消しうべきものです。

したがいまして、私は本書面をもって本件契約を取り消す旨の意思表示をします。

**文例98**

**消費者契約法による契約取消通知書**

←不当な勧誘によって契約し、その契約を解除する場合でも、クーリング・オフできる期間内ならクーリング・オフの通知を出すことをお勧めします。クーリング・オフできる期間を過ぎてしまった場合には、この文例のような書面で契約を取り消す旨を通知します。契約の内容、不当な勧誘によって契約をしたという事実、契約を取り消すということをはっきりと書きます。

←18行



者が帰ってほしいと要請しているにもかかわらず、いすわるなどして消費者を困らせて契約させる

⑤　契約を勧めている場所から消費者が帰りたいと言っているのに、事業者がそれを妨害して消費者を困らせて契約させる

このような不当な勧誘による契約をした場合、消費者契約法によって契約を取り消すこともできますが、クーリング・オフができる期間中なら、クーリング・オフの通知を出すことをお勧めします。

なぜなら、クーリング・オフにすれば、理由を説明せずに一方的に解

約できますので、便利だからです。

クーリング・オフの期間を過ぎてからですと、業者の方は、契約が成立したことを理由に拒否したりすることが考えられます。

その場合は「不当な勧誘行為によってなされた契約だから、消費者契約法によって契約を取り消す」という旨の内容証明を出せばよいのです。

**文例98**は、その場合の契約取消しの通知書の例です。

契約を取消しできる期間は、事業者のウソや誤認に気がついたとき、または困惑の状態を免れたときから６か月です。また、契約を結んでから５年を過ぎると取消しできなくなりますので、注意してください。

なお、消費者契約法では、不当に消費者に不利益となるような契約条項は、その部分については無効、つまりはじめからなかったものになるという定めもあります。

具体的には次のような条項についてです。

① 事業者の責任を免除するもの（一切の損害賠償責任の免除、損害賠償額の上限設定等）

② 瑕疵があるにもかかわらず、修理も交換も損害賠償もしないというもの

③ 事業者の平均的な損害額を超える違約金の定め

④ 支払いが遅れた場合の損害金のうち、年14.6パーセントを超える部分

⑤ 著しく消費者に不利益な条項

「いかなる理由があっても契約解除・取消しできません」といった条項があると、契約解除できないと思いこんでしまいがちですが、実はそんなことはありません。

契約をめぐって、不要なトラブルに巻き込まれないために、知っておくべきことといえましょう。

# 第13章

# 会社経営をめぐる内容証明

## ①　株券の発行を請求する場合

株券の発行については、平成17年の会社法の制定により、株式会社では定款で株券を発行する旨定めた場合に限り、株券を発行しなければならないとされましたので、原則として株券の発行は不要となりました。

しかし、定款で株券を発行する旨を定めた株券発行会社は、株式を発行した日以後遅滞なく、当該株式の株券を発行しなければなりません（会社法214条、215条１項）。

株券発行会社における株式の譲渡は、当該株式の株券の交付を要する（会社法128条１項）ため、株券発行会社が株式の発行後遅滞なく株券を発行しないと株式の譲渡が制限されるからです。

もっとも、定款に株券を発行する旨を定めていても、公開会社ではな

**文例99**
**株券発行請求書**

令和○年３月１日

東京都中央区銀座３丁目１０番３３号

株式会社吉村製作所

代表取締役　吉村　勝　殿

東京都豊島区要町６丁目１５番１０号

山　本　一　郎　山本

株券発行請求書

私は貴社の株主であります。

貴社は定款で株券を発行する旨定めている株券発行会社でありますが、私に対して未だ株券の発行がありません。

よって、早急に株券を発行されたく、ご請求申し上げます。

←定款に株券を発行する旨を定めている会社でも、株主から請求があるまで株券を発行することを要しないことになっています。そこで株券発行を望む株主は、このような書面で株券の発行を請求します。

←12行

い株券発行会社では、株主からの請求があるまで株券を発行することを要しません（会社法215条４項)。

株券発行の費用は、会社が負担しなければなりません。株券発行会社の株主は株券交付請求権を有します。**文例99**は株券発行の請求書です。

## ② 株券の不所持を申し出る場合



株券発行会社の株主は、その所有する株式につき株券の所持を希望しない旨を会社に申し出ることができます（会社法217条１項)。

この株券不所持の申出は、その申出にかかる株式の数（種類株式発行会社においては、株式の種類および種類ごとの数）を明らかにしなければなりません（会社法217条２項前段)。**文例100**は株券不所持の申出書です。

株券不所持の申出があったとき、会社は、株券を発行しない旨を株主

**文例100**
株券不所持申出書

令和○年７月２４日

東京都中央区銀座３丁目１０番３３号

株式会社吉村製作所

代表取締役　吉村　勝　殿

東京都新宿区北新宿８丁目５番５号

島　田　三　郎　㊞

株券不所持申出書

令和○年７月１５日発行の貴社新株式１０００株については、株主である私において株券の所持を必要としませんので、あらかじめ申し出ます。

←株式の数（種類株式発行会社の場合は、株式の種類および種類ごとの数)、株券の所持を希望しない旨の申出を書きます。

←10行

名簿に記載しなければなりません（会社法217条３項）。

株主は、株主名簿にその氏名・住所が記載してあれば株主としての権利を行使できます（会社法130条１項）から、当分株式を処分する予定がなければ株券を所持する必要がありません。また、株券発行会社では株券の交付によって株式を譲渡することになる（会社法128条１項）ため、株主が株券を所持していると株券を喪失した場合に、それが善意取得される危険があります。

そこで、株券発行会社でも株券不所持の制度があります。

株券不所持の申出をした株主は、株式の譲渡等のために株券の所持を欲するときは、いつでも、株券発行会社に対して、株券の発行を請求することができます（会社法217条６項）。

## ③ 株式を譲渡する場合

株主は、原則として自由に株式を他人に譲渡できますが、株式会社のなかには好ましくない者が株式を譲り受けて株主となっては困るという閉鎖的な会社があります。

そこで、会社法は、会社が定款で株式の譲渡について会社の承認を要する旨を定めることによって、会社に株式の買取人を指定する権限を保留することを認めました（会社法２条17号、139条、140条）。

定款に、株式の譲渡につき会社の承認を要する旨の定めがある場合の株式の譲渡は、次のように行われます。

株式を譲渡しようとする株主は、会社に対し、譲渡しようとする株式の種類と数および株式を譲り受けようとする者の氏名・名称を明らかにして譲渡の承認を、会社がその者に対する譲渡を承認しないときは、会社または他の者（指定買取人）が株式を買い取るよう請求できます（会社法136条、138条１号)。**文例101**は株式譲渡承認請求書です。この譲渡承認請求は、株式取得者からもできますが、その場合は株主名簿に記載された株主等と共同して請求しなければなりません（会社法137条２項、138条２号)。**文例102**はその例です。

この譲渡を会社が承認すれば問題はないのですが、承認をしないときは､会社は譲渡承認請求の日から原則として２週間以内（定款で短縮可）に、譲渡承認請求をした者に対し、承認・不承認の決定を通知しなければなりません（会社法139条２項、145条１号)。承認の通知は**文例103**、不承認の通知は**文例104**です。

令和○年５月１２日

東京都中央区銀座３丁目１０番３３号

株式会社吉村製作所

代表取締役　吉村　勝　殿

東京都豊島区要町６丁目１５番１０号

山　本　一　郎　㊞

株式譲渡承認請求書

私は、貴社の後記株式を後記の者に譲渡いたしたく、貴社の承諾を請求いたします。

もし、承認されない場合は、貴社にて後記株式を買い取るか、または後記株式を買い取る者をご指定ください。

記

１　譲渡する株式の種類および数

普通株式　　１０００株

２　譲受人

東京都新宿区○○１丁目２番３号

川　島　清　一

**文例101**
株式譲渡承認請求書

←株式の譲渡について会社の承認を要する旨を定款で定めている会社の場合、株式を譲渡しようとする株主は、文例のような通知書で会社の承認を求めます。この請求書には、譲渡しようとする株式の種類と数、譲渡の相手方の氏名・名称を書きます。また、譲渡の相手方として示した者への株式譲渡を承認してもらえないときは、会社または他の者が株式を買い取るよう請求できますので、その旨も書いておきます。

←17行

なお、承認・不承認の決定は、取締役会設置会社においては取締役会、取締役会を設置しない株式会社においては株主総会の決議によるものとされていますが、定款で譲渡承認機関を変更することも可能です（会社法139条１項）。

会社は、譲渡を不承認とした場合には、みずから株式を買い取るか、他に株式の全部または一部を買い取る者（指定買取人）を指定しなけれ

**文例102**

**株式譲渡承認請求書（譲渡人と譲受人からの共同請求）**

令和○年５月１２日

東京都中央区銀座３丁目１０番３３号

株式会社吉村製作所

代表取締役　吉村　勝　殿

東京都新宿区○○１丁目２番３号

譲受人　川島清一　川島

東京都豊島区要町６丁目１５番１０号

譲渡人　山本一郎　山本

株式譲渡承認請求書

山本一郎は貴社の後記株式を有する株主として貴社の株主名簿に記載されていますが、後記株式については川島清一が譲り受けましたので、これについて貴社の承諾を請求いたします。承認されない場合、貴社にて後記株式を買い取るか、後記株式を買い取る者をご指定ください。

記

１　譲り受けた株式の種類および数

普通株式　　１０００株

２　譲受人

東京都新宿区○○１丁目２番３号

川　島　清　一

←株式の譲渡の承認請求を、株券を譲り受けた者から通知する例です。この場合は、株主名簿に記載された株主等と共同で請求しなければなりません。譲り受けた株式の種類と数、譲受人の氏名・名称を書いて譲渡の承認を求めます。また、譲受人への譲渡を承認してもらえないときは、会社または他の者が株式を買い取るよう請求できますので、その旨も書いておきます。

←20行

ばなりません（会社法140条１項、４項）。

会社による株式買取りの決定は、株主総会の特別決議によります（会社法140条２項、309条２項１号）。指定買取人の指定は、取締役会設置会社においては取締役会決議、取締役会を設置しない株式会社においては株主総会の特別決議によるものとされていますが、定款で指定機関を変更することも可能です（会社法140条５項、309条２項１号）。

会社が株式買取りを決定した場合は、不承認の通知をした日から40日以内（定款で短縮可）に、譲渡承認請求をした者に対し、株式を買い取る旨および会社が買い取る対象株式の種類と数を通知しなければなりません（会社法141条１項、145条２号）。会社が指定買取人を指定した場



**文例103**
株式譲渡承認通知書

令和○年５月２０日

東京都豊島区要町６丁目１５番１０号

山　本　一　郎　殿

東京都中央区銀座３丁目１０番３３号

株式会社吉村製作所

代表取締役　吉村　勝

承認通知書

貴殿の令和○年５月１２日付書面による後記株式譲渡承認請求は、当社の取締役会において承認されましたので、通知いたします。

記

１　譲渡する株式の種類および数

普通株式　　１０００株

２　譲渡する相手方

東京都新宿区○○１丁目２番３号

川　島　清　一

←文例101や文例102の株式譲渡承認請求書を受け取ってから２週間以内（定款で短縮された場合はその期間内）に会社から不承認の通知がなければ、会社の承認があったものとみなされますが、譲渡を承認する場合には早めに通知するのがよいでしょう。

←16行

合は、指定買取人は会社が不承認の通知をした日から10日以内（定款で短縮可）に、譲渡承認請求をした者に対し、指定買取人として指定を受けた旨および指定買取人が買い取る対象株式の種類と数を通知しなければなりません（会社法142条１項、145条２号）。

会社または指定買取人が、前記の株式買取通知をしようとするときは、１株当たりの純資産額に買い取る対象株式の数を乗じた額を会社の本店所在地の供託所（法務局）に供託し（会社法27条３号、供託法１条）、これを証する書面を株式買取通知書に添付します（会社法141条２項、142条２項）。会社が買い取る場合の買取通知書が**文例105**、指定買取人が買い取る場合の買取通知書が**文例106**です。

会社または指定買取人の株式買取通知によって、株主と会社または指定買取人との間に売買契約が成立したのと同一の効力が生じます。会社または指定買取人から株式買取通知があったときは、譲渡承認請求をし

**文例104**
**株式譲渡不承認の通知書**

令和○年５月２０日

東京都豊島区要町６丁目１５番１０号

山　本　一　郎　殿

東京都中央区銀座３丁目１０番３３号

株式会社吉村製作所

代表取締役　吉村　勝　（株式会社吉村製作所代表取締役之印）

株式譲渡不承認通知書

貴殿の令和○年５月１２日付の内容証明郵便による当社株式１０００株（普通株式）を川島清一殿に譲渡することの請求は、同月２０日開催の当社取締役会において不承認と決定いたしましたので、会社法１３９条２項により通知いたします。

←株式譲渡承認請求書を受け取ってから２週間以内（定款で変更可）に会社から不承認の通知がなければ、株式譲渡について会社の承認があったものとみなされてしまいます。譲渡を承認しない場合には、期間内に通知しなければなりません。

←12行

た者は、前記の供託を証する書面を受領した日から１週間以内に前記の供託所に買い取る対象株式の株券を供託し、遅滞なく、会社または指定買取人に供託の通知をしなければなりません（会社法141条３項、142条３項）。譲渡承認請求者が株券を供託したことおよび売買価格の協議

**文例105**

**株式買取通知書（会社が買い取る場合）**

令和○年６月２０日

東京都豊島区要町６丁目１５番１０号

山　本　一　郎　殿

東京都中央区銀座３丁目１０番３３号

株式会社吉村製作所

代表取締役　吉村　勝　株式会社吉村製作所代表取締役之印

株式買取通知書

貴殿の令和○年５月１２日付の内容証明郵便による当社株式１０００株（普通株式）を川島一郎殿に譲渡することの請求は、同月２０日開催の当社取締役会において不承認と決定しており、同日付の内容証明郵便による株式譲渡不承認通知書によりその旨通知いたしました。

そして、貴殿所有の当社普通株式１０００株については、令和○年６月２０日開催の当社株主総会により当社が買い取ることに決定いたしましたので、会社法１４１条１項により通知いたします。

なお当社は、同法１４１条２項に従い、当社の１株当たりの純資産額金○○○○円に前記１０００株を乗じた金○○○万円を、東京法務局に供託いたしましたので、これを証するため同供託書を別便にて貴殿に送付いたしました。

←1枚目20行

それを本書の添付書類といたします。

本書面にて、株式買取りの通知に及んだ次第です。

←2枚目2行

←株式譲渡承認請求書を受け取ってから２週間以内（定款で変更可）に会社から不承認の通知がなければ、株式譲渡について会社の承認があったものとみなされてしまいます。譲渡を承認しない場合には期間内に通知しなければなりません。

を申し入れる通知書が**文例107**です。

株式の売買価格は協議によって決めますが、協議がととのわないときは、当事者のどちらからでも、株式買取通知があった日から20日以内に裁判所に対して売買価格の決定を請求することができ、裁判所は会社の資産状態その他一切の事情を斟酌《しんしゃく》して売買価格を決定します（会社法144条１～３項）。

**文例106**

**株式買取通知書（指定買取人が買い取る場合）**

令和○年５月２８日

東京都豊島区要町６丁目１５番１０号

山　本　一　郎　殿

東京都世田谷区北烏山４丁目５番６号

佐　藤　光　一　（佐藤）

株式買取通知書

拝　啓

ますますご清栄のこととお慶び申し上げます。

さて、私は、株式会社吉村製作所から、貴殿所有の同社普通株式１０００株の全部を買い取る者として指定されましたので、会社法１４２条１項により通知いたします。

なお、私は、同法１４２条２項に従い、前記会社の１株当たりの純資産額金○○○○円に前記１０００株を乗じた金○○○万円を、東京法務局に供託いたしましたので、これを証するため同供託書を別便にて貴殿に送付いたしました。それを本書の添付書類といたします。

本書面にて、株式買取りの通知に及んだ次第です。

敬　具

←株式譲渡承認請求を不承認とし、会社が株式を買い取る者（指定買取人）を指定した場合、指定買取人は、会社が不承認の通知をした日から10日以内（定款でこの期間を短縮している場合はその期間内）に、指定買取人として指定を受けた旨および買い取る株式の種類と数を通知します。この通知を期間内にしないと、株主からの株式譲渡請求について、会社の承認があったものとみなされることになってしまいます。

←18行

この譲渡手続きにおいて、①会社が譲渡の承認をしない場合に、譲渡承認請求の日から２週間以内（定款で短縮可）に譲渡承認請求をした者に対して不承認の通知をしないとき（会社法145条１号）、②会社が株式の買取りを決定した場合に、不承認の通知をした日から40日以内（定款で短縮可）に、譲渡承認請求をした者に対して買取通知をしないとき（会社法145条２号）、③指定買取人が、会社が不承認の通知をした日から10日以内（定款で短縮可）に譲渡承認請求をした者に対して買取通知をしないとき（会社法145条２号）などには、株主の株式の譲渡につき、会社の承認があったものとみなされます。

**文例107**
**売買価格協議申入書**

令和○年５月３１日

東京都世田谷区北烏山４丁目５番６号

佐　藤　光　一　殿

東京都豊島区要町６丁目１５番１０号

山　本　一　郎　㊞

売買価格協議申入書

貴殿の令和○年５月２８日付株式買取通知書を受領いたしました。

私は、同月３１日、譲渡を希望している株式会社吉村製作所の普通株式１０００株の株券を会社法１４２条３項に従い東京法務局に供託いたしましたので、ご通知申し上げます。

前記株式の売買価格につき協議いたしたく本書をもって申し入れる次第です。

←株主は、会社または指定買取人から株式買取通知を受けたら、1週間以内に株券を供託し、その旨を通知しなければなりません。株式の譲渡制限をしている会社の株式は、取引所の相場や店頭価格などで売買価格を決められませんから、譲渡人と会社または指定買取人との協議で決めることになります。

←14行

## ④ 株主総会の招集を請求する場合

株主総会は、取締役会設置会社においては、代表取締役が取締役会の決議に基づいて招集し、取締役会を設置しない株式会社においては、取締役が招集するのが原則です（会社法298条１項、４項）。

しかし、株主にも一定の条件のもとに総会招集請求権ないし招集権が与えられています。

６か月前より引き続き総株主の議決権の100分の３以上の議決権を有する株主（少数株主）は、会議の目的である事項と招集の理由を示して総会の招集を請求することができます（会社法297条１項）。**文例108**は招集の請求書です。

定款自治《ていかんじち》（定款で定めることにより、法律の範囲内において、各社の判断で選択・運営等をすること）により、100分の３を下回る割合や６か月を下回る保有期間とすることもできます。また、公開会社でない株式会社においては、100分の３以上の株式を保有していれば、６か月前から引き続き保有していなくても総会の招集を請求することは可能です（会社法297条２項）。

少数株主による総会招集の請求があった後、遅滞なく招集手続きがなされないとき、または請求の日から８週間以内の日を会日とする招集の通知が発せられないときは、請求をなした株主は、裁判所の許可を得て、総会を招集することができることになっています（会社法297条４項）。

**文例108**
**株主総会招集請求書**

令和○年10月1日

東京都中央区銀座3丁目10番33号

株式会社吉村製作所

代表取締役　吉村　勝　殿

東京都豊島区要町6丁目15番10号

山　本　一　郎　(山本)

東京都新宿区北新宿8丁目5番5号

島　田　三　郎　(島田)

株主総会招集請求書

私達は、6か月前から引き続き合計で貴社総株主の議決
権の100分の3以上の割合の議決権を有する株主です。

つきましては、後記のとおり株主総会を招集されたく、
会社法297条1項に基づき請求いたします。

記

1　総会の目的である事項

取締役鈴木太郎の解任およびその後任者選任の決議をす
る件

2　総会招集の理由

取締役鈴木太郎は貴社の金員を不正に費消し、貴社に多
大な損害を与えているので、直ちにこれを解任し、その後　←1枚目20行

任者を選任すべきである。　←2枚目1行

←株主総会招集請求権の条件を満たした株主は、文例のような書面をもって株主総会招集を請求することができます。この書面は代表取締役に宛てて、総会の目的である事項、総会招集の理由を記載します。

## ⑤ 株主総会の議題を提案する場合

株主には、株主総会への㋑議題（たとえば「取締役選任の件」）の提案権（会社法303条）と㋺議案（たとえば「Aを取締役に選任する件」）を提出して議案の要領を招集通知等に記載することを求める権利があります（会社法305条）。これを総称して株主提案権といいます。なお株主は、株主総会の会場において議案（取締役提出の議案に対する修正提案等）を提出することができます（会社法304条）。

**文例109**
株主提案通知書

令和○年４月１日

東京都中央区銀座３丁目１０番３３号

株式会社吉村製作所

代表取締役　吉村　勝　殿

東京都新宿区北新宿８丁目５番５号

島　田　三　郎　島田

通知書

私は貴社の議決権４００個を所有する株主ですが、後記の事項を令和○年６月に開催予定の定時株主総会において会議の目的とされたく、かつ、これを同株主総会招集の通知および公告に記載されたく、本書をもって請求いたします。

記

１　議題　　取締役鈴木太郎解任の件

２　理由　　前記取締役は、貴社の金員を不正に費消し、貴社に多大な損害を与えているものである。

←株主提案権の条件を満たした株主は、文例のような書面をもって、議題を提案したり、議案を提出してその要領を招集通知などに記載することを求めることができます。自分に株主提案権があることの説明、提案の内容、会社への要求を記載します。

←16行

株主提案権は、次の要件が必要です（会社法303条１項、305条４項）。

①㋑議題については、提案の内容が総会の決議事項であること

㋺議案については、提案にかかる議案が法令および定款に違反しないこと。実質的に同一の議案が総会で総株主の議決権の10分の１以上の賛成が得られなかった場合は、それより３年を経過していること

取締役会設置会社においては、①の要件に加え、次の②③の要件が必要です（会社法303条２項、305条１項ただし書）。

②　株主が６か月前より引き続き総株主の議決権の100分の１または300個以上の議決権を有すること

③　取締役に対し会日より８週間前までに書面をもって請求すること

定款自治（270ページ参照）により、定款で100分の１を下回る割合や６か月を下回る保有期間や８週間を下回る行使期間を定めることもできます。また、公開会社でない取締役会設置会社においては、６か月前から引き続き株式を保有していなくても株主提案権を行使することが可能です（会社法303条３項、305条２項）。

**文例109**は、株主が議案を提案し、議案の要領を株主総会の招集通知等に記載することを請求する通知書です。

## ⑥ 株主が帳簿閲覧権を行使する場合

総株主の議決権の100分の３以上の議決権を有する株主または発行済株式の100分の３以上に当たる株式を有する株主は、会社の営業時間内は、いつでも、会計帳簿およびこれに関する資料の閲覧《えつらん》・謄写《とうしゃ》を請求することができます（会社法433条１項前段）。

平成17年の会社法の制定により、総株主の議決権の100分の３以上の株主のみならず、発行済株式の100分の３以上の株式を有する株主も行

使できるようになっています。また、定款自治（270ページ参照）により、定款で100分の３を下回る割合を定めることができます。

株主は、帳簿閲覧権をみずから行使するほか、公認会計士等の代理人に行使させたり、補助者を使用したりすることもできます。

帳簿閲覧権の行使は、その理由を明らかにしなければなりません（会社法433条１項後段）。**文例110**は帳簿閲覧請求書です。

株主が帳簿閲覧権を行使して、会計帳簿およびこれに関する資料の閲

**文例110**
**帳簿閲覧請求書**

令和○年５月１５日

東京都中央区銀座３丁目１０番３３号
株式会社吉村製作所
代表取締役　吉村　勝　殿

東京都新宿区北新宿８丁目５番５号
島　田　三　郎　㊞

帳簿閲覧請求書

私は貴社発行済株式の１００分の３以上に当たる株式を有する株主でありますが、後記のとおり貴社に対し帳簿等閲覧ならびに謄写の請求をいたします。

←自分が帳簿閲覧請求権のある株主であること、帳簿の閲覧・謄写を求める日時と場所、帳簿、同行者、閲覧を求める理由を書きます。

記

１　日時　　令和○年６月１日
２　場所　　貴社本社
３　帳簿等　平成○○年４月１日から令和○年３月３１日までの会計帳簿一切（関係諸帳簿を含む）
４　閲覧等の範囲　閲覧につき全部、謄写につき指示部分
５　同行者　公認会計士高橋次郎
６　閲覧を求める理由　貴社取締役らに対する違法行為差止および損害賠償請求権行使のための資料収集

←19行

覧・謄写の請求をしたときは、会社はその請求が次のいずれかの場合でない限り、請求を拒むことはできません（会社法433条２項）。

① 当該請求を行う株主（請求者）がその権利の確保または行使に関する調査以外の目的で請求を行ったとき

② 請求者が当該株式会社の業務の遂行を妨げ、株主の共同の利益を害する目的で請求を行ったとき

③ 請求者が当該株式会社の業務と実質的に競争関係にある事業を営み、またはこれに従事するものであるとき

④ 請求者が会計帳簿またはこれに関する資料の閲覧または謄写によって知り得た事実を利益を得て第三者に通報するため請求したとき

⑤ 請求者が、過去２年以内において、会計帳簿またはこれに関する資料の閲覧または謄写によって知り得た事実を利益を得て第三者に通報したことがあるものであるとき



**文例111**
帳簿閲覧請求に対する回答書

令和○年５月２０日

東京都新宿区北新宿８丁目５番５号

島　田　三　郎　殿

東京都中央区銀座３丁目１０番３３号

株式会社吉村製作所

代表取締役　吉村　勝　株式会社吉村製作所代表取締役之印

回答書

貴殿の当社に対する令和○年５月１５日付の内容証明郵便による帳簿閲覧請求につき、当社は、後記の理由によりこれを拒否いたします。

記

1　貴殿は当社と競合をなす会社の社員であり、当社の業務と実質的に競争関係にある事業に従事していること。

←株主からの帳簿閲覧請求に対し、会社は会社法433条２項に規定される理由があれば拒否することができます。この通知には拒否の理由を書いておきます。

←13行

**文例111**は、前記③を理由とした帳簿閲覧請求に対する拒絶の回答書です。

## ⑦ 身元保証契約を解約したい場合

身元保証契約書は、社員が入社すると同時に、また仮採用から本採用に移るときに、会社に提出させるという例が多いようです。

**文例112**
会社から身元保証人への通知書

←社員の任務の変更を身元保証人に通知する文例です。

令和○年４月２日

埼玉県さいたま市吉川町１丁目５番１号

吉　川　次　郎　殿

東京都中央区銀座６丁目５番４号

株式会社栄光商事

代表取締役　広岡五郎　株式会社栄光商事代表取締役之印

拝　啓

貴家益々ご清祥のこととお慶び申し上げます。

さて、当社の社員島田啓太郎君は、平成○○年４月入社以来、今日まで誠実に勤務し、優秀な成績をおさめました。そこで、その能力を一層発揮してもらうために、同君を令和○年４月１日付をもって、総務部○○課長に任命いたしました。

つきましては、同君の身元保証人である貴殿に、この旨のご通知を申し上げると共に、同君に対する今後一層のご指導ご鞭撻をお願い申し上げる次第であります。

敬　具

←17行

身元保証契約については、「身元保証ニ関スル法律」で種々の制限をしていますので、注意しなければなりません。

身元保証をした後に、「被用者（社員）に業務上不適任、または不誠実な事跡があってこれがため身元保証人の責任を引き起こすおそれのあることを知ったとき」「被用者（社員）の任務または任地を変更しこれがため身元保証人の責任を加重しまたはその監督を困難ならしめるとき」の事情が発生したとき、会社が身元保証人への通知を怠ると、その後、会社に損害が発生しても、それを身元保証人に請求できなくなる場合があります。したがって、**文例112**のような通知が必要になってくるのです。

**文例112**のような通知を受け取った身元保証人の側では、これ以上は責任を負い切れないと判断した場合には、身元保証を打ち切ることができます。

社員が会社に認められて、たとえば課長になったならば、当然に身元

**文例113**
身元保証契約を解除する通知書（文例112に対する回答）

令和○年４月１０日

東京都中央区銀座６丁目５番４号

株式会社栄光商事

代表取締役　広岡五郎　殿

埼玉県さいたま市吉川町１丁目５番１号

吉　川　次　郎　(吉)

通知書

貴社から令和○年４月２日付の手紙を受領いたしました
。

私は、貴社の総務部○○課長になった島田啓太郎君の身元保証をすることに自信がありませんので、本書をもって
、同君に関する貴社との身元保証契約を解除いたします。

←文例112のような任務の変更や業務上不適任または不誠実な報告を受け取った身元保証人が、これ以上は責任を負いきれないと判断したときに出す、身元保証契約の解除通知の文例です。

←12行

保証人の負う責任も重くなるわけですから、これ以上身元保証人としての責任を負いたくないという場合には、必ず書面で（内容証明郵便の方が確実)、解約の通知（**文例113参照**）を会社宛に出しておくことです。

## ⑧ 取締役を辞任したい場合

株式会社の取締役は、株主総会において選任され（会社法329条１項)、任期は原則として選任後２年（委員会設置会社では１年）以内に終了する事業年度のうち最終のものに関する定時総会の終結の時までとされています（会社法332条１項、３項)。

公開会社でない株式会社においては、定款で任期を選任後10年以内に終了する事業年度のうち最終のものに関する定時株主総会の終結の時まで伸長することもできます（会社法332条２項)。

そして、会社と取締役との間の関係については、委任に関する規定が

**文例114**
取締役辞任届

令和○年○○月○○日

東京都中央区銀座８丁目１番１号

株式会社山川水産

代表取締役　若山忠一　殿

東京都町田市玉川学園８丁目２０番５０号

宮田　浩太郎　宮田

辞任届

私は貴社の取締役をしておりましたが、この度都合により辞任いたします。つきましては、すみやかに取締役辞任の登記手続きをしてくだされたく、お願い申し上げます。

←取締役辞任の意思表示は、株式会社の場合は代表取締役に対して行うのが普通です。会社の取締役は登記事項ですから、文例では辞任の登記手続きをすることも促す内容としています。

←10行

適用されていますので（会社法330条、民法644条）、取締役は受任者として、「善良なる管理者としての注意義務」をもって、業務を執行しなければなりません。

会社と取締役間の関係は委任関係であることから、取締役が辞任したい場合には、委任を終了させればよいわけです。ですから、辞任は、会社に対する一方的な意思表示によって効力が生じ、とくに会社の承諾を必要とはしません。辞任は会社を代表する取締役、またはその権限を与えられた代理人に、辞表等、文書の形式でなされるのが普通です。**文例114**は辞任届です。

取締役はいつでも辞任することができますが、やむを得ない場合を除いて、会社のために不利益な時期に辞任をしたときは、これによって生じた損害を、会社に対して賠償しなければならないとされています（会社法330条、民法651条２項１号）。

## ⑨ 株主が訴訟を提起する場合

取締役が株主から損害賠償請求の裁判を起こされる事例が増えています。証券会社による損失《そんしつ》補填《ほてん》の問題やゼネコン汚職にからむ贈賄《ぞうわい》行為の責任追及、財テクの失敗による損害の責任問題等、新聞でよく目にするようになりました。

一つの事例を紹介しましょう。ある船会社の株主が「グループ企業に対する無謀な融資や債務保証で会社が損害を受けた」として、役員等を相手取り損害賠償を求めた株主代表訴訟で、裁判所は経営陣の責任を認め、約１億7000万円を会社へ支払うよう命じる判決を言い渡しました。その船会社は、ある関連会社に融資を繰り返し、当時から経営状態が悪く、その後事実上倒産、多額の貸付金が焦げついていたようです。

取締役が、法令または定款に違反する行為により会社に損害を与えたときは、取締役は会社に対して損害賠償責任を負います。したがって、本来、会社が取締役に対して損害賠償の請求をします。

訴訟によって請求する場合、監査役設置会社では、原則として監査役が行います（会社法386条）。監査役を設置しない株式会社では、取締役会で定める代表者が、もし株主総会で代表者を定めればその者が会社を代表します（会社法364条、353条）。しかし、役員同士ですから、会社による取締役の責任追及はあまり期待できません。そこで、会社法では株主が会社に代わって取締役の責任を追及する訴訟を認めています。

これが株主代表訴訟です。６か月以上株主であれば、代表訴訟を起こすことができます（会社法847条１項）。定款自治（270ページ参照）により、定款で６か月を下回る保有期間を定めることもできます。また、公開会社でない株式会社においては、６か月前から引き続き株式を保有していなくても代表訴訟を起こすことが可能です（会社法847条２項）。

株主が代表訴訟を起こすには、まず、会社に対して書面で取締役の責任を追及する訴えを起こすよう請求することが必要です（会社法847条１項）。会社に対する請求は、監査役宛に行います（会社法386条２項）。

**文例115**
**株主の取締役責任追及の訴え請求書**

令和○年５月１日

東京都中央区銀座４丁目１０番６号

株式会社東西商事

代表者監査役　北山五郎　殿

埼玉県さいたま市高砂５丁目４番２号

南　山　四　郎　南山

訴え請求書

私は、貴社の株式を本日まで６か月以上引き続き保有している株主です。

私は、貴社に対し、会社法８４７条１項の規定に基づき
、後記の事由により、貴社の代表取締役甲山一郎氏、取締
役乙山二郎氏および取締役丙山三郎氏に対し金５億円の損
害賠償責任を追及する訴えを、本書面到達後遅滞なく提起
されたくご請求申し上げます。

←この請求は必ず内容証明郵便で行うべきです。責任を追及すべき取締役の名前、責任を追及できる理由、責任追及の訴訟を起こすようにという請求を書きます。

記

1　貴社の代表取締役甲山一郎氏は、貴社を代表して、甲
山一郎氏が代表取締役をしている株式会社甲山商事に
対し、貴社の商品を他の取引先に比べて著しく廉価で販
売しております。
　貴社から株式会社甲山商事への販売は、利益相反取引

←1枚目20行

に当たり、取締役会設置会社である貴社の場合、会社法
３５６条１項、３６５条により取締役会の承認が必要で
あるにもかかわらず、取締役会の承認を得ずに行ったも
ので、違法です。
　また、廉価販売により、他の取引先への販売価格との
差額である５億円について、貴社に損害を与えておりま
す。これは、取締役の忠実義務に反するものであり、甲
山一郎氏は、貴社に対し前記金５億円の損害賠償義務が
あります。

2　取締役乙山二郎氏および取締役丙山三郎氏が貴社から
株式会社甲山商事への廉価販売を知りながら、あるいは
容易に知りうる立場にありながら前記の販売を放置した
ことは、取締役の忠実義務に反するものであり、貴社に
対し前記金５億円の損害賠償義務があります。

以　上

←2枚目15行

監査役を設置しない取締役会設置会社では代表取締役宛、取締役会を設置しない株式会社では取締役宛にします。

この書面は、内容証明郵便で行うべきです。書面には責任を追及すべき取締役の名前、責任を追及できる理由、責任追及の訴訟を起こすようにという請求を書きます。**文例115**は、監査役にあてた取締役責任追及の訴えを求める通知書です。

**文例116**
不提訴理由通知書

令和〇年６月〇〇日

埼玉県さいたま市高砂５丁目４番２号

南　山　四　郎　殿

東京都中央区銀座４丁目１０番６号

株式会社東西商事

代表者監査役　北山五郎

不提訴理由通知書

貴殿の当社に対する令和〇年５月１日付の内容証明郵便による訴えの請求について、当社は、後記の理由により訴えを提起しないことにいたしましたので、その旨通知いたします。

記

１　当社の代表取締役甲山一郎は株式会社甲山商事の取締役ではございません。当社の商品を株式会社甲山商事へ販売しても、会社法３５６条１項、３６５条により当社取締役会の承認が必要となる利益相反取引には当たりません。

２　当社は株式会社甲山商事に対し、当社の商品を適正な価格で販売しており、他の取引先に比べて著しく廉価で販売した事実などございません。株式会社甲山商事との取引により当社が損害を受けたことはございません。

←文例115のような訴え請求書を受け取ってから60日以内に、会社がその取締役に対し訴訟を起こさない場合は、株主は代表訴訟を起こすことができます。

会社が文例115のような訴え請求書を受け取ったのに訴訟を起こさない場合は、代表訴訟をした株主から請求があれば、訴訟を提起しない理由を書面等で通知しなければなりません。これはそのときの通知書の文例です。

←20行

会社が、この書面を受け取った日から60日以内に訴えを起こさないときに、はじめて株主は代表訴訟を起こすことができます（会社法847条３項）。会社がその取締役に訴訟を起こしたときは、株主は代表訴訟を起こせません。

逆に、会社が、前記書面を受け取った日から60日以内に訴訟を起こさない場合は、代表訴訟の請求をした株主から請求があれば、遅滞なく責任追及の訴訟を提起しない理由を書面等の方法により通知しなければなりません（会社法847条４項）。**文例116**は、不提訴の理由の通知書です。

株主が勝訴すると、被告である取締役は個人の負担で会社に損害賠償金を支払わなければなりません。損害賠償金は会社が請求できるものであり、原告となった株主自身に支払いを求めることはできません。

株主代表訴訟を起こすときに裁判所に納める手数料は、取締役に対する請求金額の大小に関係なく、一律１万3000円です（会社法847条の４、民事訴訟費用等に関する法律４条２項）。また、株主が勝訴した場合には、弁護士報酬や訴訟のために要した調査費用、証拠収集費用について、会社に請求できます（会社法852条１項）。株主が敗訴したときは、すべての費用は自己負担でどこにも請求できませんが、悪意であったときを除き、損害賠償義務は負いません（会社法852条２項）。

なお、濫《らん》訴《そ》を防止するため、平成17年の会社法の制定により、取締役の責任を追及する訴えが当該株主もしくは第三者の不正な利益を図りまたは会社に損害を加えることを目的とする場合は、代表訴訟を起こすよう請求できないものと定められました（会社法847条１項但書）。

# 第14章

# 特別な場合の内容証明

## ① 交通事故による損害賠償請求書

交通事故の損害賠償を請求する際に気をつけたいことは、原則として、受傷した傷が完治または症状が固定するまでは、示談《じだん》交渉を開始しないということです。

治療継続中では、損害額も確定できないし、またどんな後遺症が発生するかもわからないからです。

いきなり電話をして、示談交渉を始めてもかまわないのですが、とくに交通事故の場合には、請求金額、過失割合、治療の経過、傷害の程度、後遺症、自動車保険金等、多くの問題を含んでいますので、いきなりの交渉ではスムーズな交渉は望めません。

そこで、実質的な交渉を始める前に、損害賠償請求が一読してわかるように、詳細にわかりやすく書いたものを、配達証明付きの内容証明郵便で、交通事故の加害者の方に出しておきます。**文例117**がその例です。

この請求書を受け取った側は、これに対する何らかの反応をするもので（通常は損害保険会社の交渉係の人が来ます）、それを契機に、スムーズに交渉に入ることができましょう。

実際に交渉に入るときは、争点を明確にし、証拠書類等をも準備しておくことが大切です。

また示談ですから、お互いに歩み寄りの姿勢があれば、解決への道は開けるというものです。

どうしても話合いで解決できなければ、一度、専門家に相談してみるというのも一つの方法です。

## 文例117
交通事故による損害賠償請求書

令和○年○○月○○日

東京都中央区日本橋１丁目３番９号
　　ヤスイ産業株式会社
　　代表取締役　安井清一　殿

東京都江戸川区葛西１丁目１０番２２号
　　江戸川コーポ３０１号
　　宮　崎　清　殿

東京都練馬区春日町５丁目９番１号
畑　田　浩　二

損害賠償請求書

私は、令和○年２月１日午前１１時１０分頃、東京都練馬区○町３丁目１６番地先路上の横断歩道を歩行中、宮崎清氏運転の普通乗用自動車（所有者ヤスイ産業株式会社）にはねられ、頭部挫傷等のケガをしました。この事故は、宮崎清氏が前方注視を怠ったために発生したものです。

私は、この事故により、令和○年２月１日から同年９月１５日まで○○病院に入院し、退院後、令和○年２月２５日まで通院いたしました。その結果、後記のとおり合計金○○○○○○○円の損害をこうむりました。

１　治　療　費　金○○○○○円

←１枚目20行

２　付添看護料　金○○○○○円
３　入院雑費　金○○○○○円
４　通院交通費　金○○○○○円
５　遺失利益　金○○○○○円
６　慰　謝　料　金○○○○○円

←この文例では、加害者である運転者、加害車両の所有者である加害者の使用者の両者に対して請求しています。事故の日時、場所、加害者、事故の態様、加害者の過失内容、損害賠償額がわかるようにくわしく書いておきます。

宮崎清氏は運転者として、ヤスイ産業株式会社は加害車両の所有者そして宮崎清氏の使用者として、損害賠償の責任があります。

そこで、本書面到達後１０日間以内に、前記損害金合計金○○○○○○○円をお支払いくださるようご請求いたします。

もし前記期間内にお支払いなき場合には、訴訟、強制執行その他の法的手段をとらざるを得なくなりますので、ご了承ください。

←2枚目14行

## ② 示談後に後遺症が出た場合の請求書

交通事故の場合、示談によって解決するのが大半です。示談というのは、損害賠償や慰謝料を、いつ、いくら、どういう方法で支払うかについて、裁判によらないで、加害者と被害者とが話し合って決めることです。

示談は話合いで紛争を解決することですから、交通事故に限りません。土地や建物の紛争のときにも、また、金銭貸借のときにも行われます。

交通事故の示談は、加害者が被害者に対し損害賠償として一定額を支払うことを約束し、被害者はその金額の支払いを受けることで満足し、それ以上加害者に損害賠償の請求を一切しないという約束です。いったん示談が成立すると、原則として示談をやり直すことはできません。

ですから、示談成立後、被害者側は、示談後に損害が増加したからといって加害者に追加請求はできませんし、加害者側も、被害者の実際の損害が示談金より少なかったからといって示談金の支払いを拒むことはできません。お互いに、その示談によってトラブルに終止符を打つつもりで成立させたのです。一方の者が、自分の不注意によって、間違った内容の示談を成立させてしまったからといって、そのつどやり直すことは適当ではありません。ですから、示談は慎重にやらなければなりません。

ほとんどの示談書には「今後本件に関し、いかなる事態が起こりましても、双方決して異議の申立て、訴訟等一切しないことを確約します」というような条項が入っています。この条項を権利放棄条項といいます。これは、後になって、被害者から損害賠償の追加請求をされるのを防止するためです。

しかし、**示談が成立した後に、予想外の後遺症が出た場合には、この後遺症についての損害賠償は別に請求できます。**ただ、示談書を作るときに、すでに被害者に後遺症が出ていて、示談の時、当事者もそれを知っていた場合には、その示談書は、後遺症も含めて作られたとされます。このような場合以外は、いちおう後遺症の分は別と考えてよいでしょう。ですから示談するときに後遺症が出ていないならば、後日、後遺症の追加請求をすることができます。

ただ用心のために、**示談書の最後に「被害者において、将来、後遺症が発生した場合は、それに対する損害賠償について、本示談書で定めた損害賠償金とは別に、加害者は被害者に支払うものとする」という条項を入れておくべきです。**こうしておくと、後遺症が出ても安心です。

損害賠償請求権は５年を経過したとき、また強制保険の保険金の請求権は２年を経過したときに、時効によって消滅します。では、事故から６年たって後遺症が出た場合はどうなるでしょうか。後遺症の損害賠償請求権は、後遺症が出たときから５年（保険金の方は２年）間は時効になりません。ですから、時効のことを心配せずに請求できます。

交通事故によって一眼の視力が0.6になったため、後遺症第13級なので180万円で示談したところ、その後悪化し一眼の視力が0.1になったとしますと、これは後遺症第10級にあたります。後遺症第10級の場合の慰謝料は550万円ですから、すでに受け取った180万円を差し引き、差額370万円を追加請求できます（日弁連交通事故相談センター東京支部編「民事交通事故訴訟　損害賠償額算定基準」（2020年２月発行）にある金額です）。

**文例118**
後遺症による損害賠償請求書

令和〇年〇〇月〇〇日

東京都目黒区中目黒３丁目４１番１号

丸　山　丸　志　殿

埼玉県川口市浜町６丁目２４番３０号

青　林　一　郎　青林

損害賠償請求書

私は、令和〇年５月２５日午後３時２５分頃、東京都中央区京橋〇丁目〇〇番地先路上において、乗用自動車を運転していたところ、貴殿運転の普通乗用自動車に追突され、私の自動車は破損しました。

←後遺症が事故によるものであること、示談の内容にここでいう後遺症は含まれていないこと、損害賠償額がわかるようにくわしく書いておきます。

物損については、令和〇年７月２５日貴殿に損害賠償していただき解決いたしました。ところが、その後、私はムチ打ち症になり、令和〇年１０月１日から令和〇年６月２０日まで通院いたしました。医師の診断によるとこのムチ打ち症は前記交通事故によるものとのことです。

前記ムチ打ち症の結果、後記のとおり合計金〇〇〇〇円の損害をこうむりました。

１　治　療　費　金〇〇〇〇円

２　付添看護料　金〇〇〇〇円

３　入 院 雑 費　金〇〇〇〇円

←1枚目20行

4　通院交通費　金○○○○円

5　遺 失 利 益　金○○○○円

6　慰　謝　料　金○○○○円

そこで、本書面到達後１０日間以内に、前記損害金合計金○○○○円をお支払いくださるようご請求いたします。もし、前記期間内にお支払いなき場合には、訴訟、強制執行その他の法的手段をとらざるを得なくなりますので、ご了承ください。

←2枚目8行

## ③ 身のまわりの事故で損害賠償を請求する場合

私たちの身のまわりには、危険がいっぱいです。事故の形態も、交通事故、水の事故、学校事故、労働事故、スポーツ中の事故、医療事故、食品事故等、さまざまです。

事故の加害者に故意過失がある場合には、被害者は損害の賠償を請求することができます。

たとえば飼犬が他人をかみ、ケガを負わせた場合、飼主は、被害者に賠償する責任があります。

ところが、加害者の中には、逃げまわっていて、さっぱり示談の交渉に応じない人がおります。そんなときには、内容証明郵便で損害賠償の請求をします。

令和〇年６月２５日

横浜市緑区〇〇町５丁目２番２２号

香　川　次　郎　殿

横浜市緑区〇〇町１丁目２番３号

宮　崎　太　郎　宮崎

通知書

私は、令和〇年５月１３日午後１０時３０分頃、横浜市緑区〇〇町５丁目２番２２号先の路上を歩行中、貴殿の飼育にかかる土佐犬に咬まれ、腕に傷を受けました。

この負傷により、私は同日から翌６月５日まで〇〇病院への通院を余儀なくされ、治療費金〇〇〇〇円の損害を被りました。

そこで、私は貴殿に対し、前記損害を早急に賠償されるよう請求する次第です。

もし、貴殿が本書面到達後７日以内に前記賠償をされないときは、法的措置をとらせていただきますことを、念のためお伝えします。

**文例119**
**身のまわりの事故による損害賠償の請求書**

←事故の発生日時、態様、被害状況と、損害賠償の金額を書いておきます。

←17行

## ④ 委任契約を解除する場合

委任《いにん》というのは、ある事務を処理することを他人に依頼する契約です。たとえば、不動産の登記を司法書士に依頼したり、不動産業者（仲介業者）に、土地家屋の売買や賃貸借の仲介を頼んだりするのが、よくある委任の例です。

民法643条で委任という場合は、第三者と契約を結ぶなどの「法律行為」を委任する場合をいい、「法律行為」でない事務の処理を委託する場合を準委任として区別していますが、委任の規定が全部準用されていますので、区別する実益はないようです。

一般に委任契約をするには、「委任状」を作る例が多いようですが、口頭でも契約は成立します。ただし委任の内容について後日モメないために、委任状を作成しておいた方がよいでしょう。

委任契約は、両当事者間の信頼関係に基づいて成り立つものですから、いつでも、どちらからでも解約することができます（民法651条）。

ただし、相手方にとって不利益な時期にやめると、やむを得ない事情がないかぎり、損害賠償をしなければなりません。

やむを得ない事情というのは、たとえば、受任者が委任者の信頼をひどく裏切るような行為をしたときなどです。

### 文例120 委任契約の解除通知書

令和○年○○月○○日

川崎市幸区木月町３丁目４番５号

川　崎　権　太　殿

横浜市港北区早川町１丁目９番９号

島　田　正　夫　島田

通知書

私は、令和○年○○月○○日、貴殿に対して、後記の事項を委任いたしましたが、今般本書面をもって後記委任を解除いたします。つきましては、お渡ししております委任状１通および印鑑証明書１通を、至急お返しください。

記

１　○○○○○の件

２　○○○○○の件

←13行

←委任契約の内容と、解除する旨を書きます。解除の理由を書く必要はありませんが、場合によっては書いておくとよいこともあります。契約解除にともない返してもらいたい書類などがある場合は、その旨も書いておきます。

## ⑤ 加入団体を脱退したい場合

世の中には、種々な団体があります。いったん入会しますと、ずっと続くのが普通です。最初のうちは熱心に活動していたけれど、いつの間にか、名前だけの幽霊会員になっていることがあります。名前を連ねていれば、会費も請求されることになります。

退会したいのであれば、退会したいとはっきり申し出ればよいのです。もっとも、会の規則で退会の手続きが決められている場合には、それに従って手続きをとる必要があります。

長い間参加していないので、直接出向いて行って退会手続きをするのが躊躇《ちゅうちょ》されるとか、会って話をすると、逆に説得されて退会しにくいという場合には、内容証明郵便にして、退会届を出すとよいのです。こうしておくと、気おくれすることもありませんし、また後日のために証拠を残しておくことにもなります。

**文例121**
加入団体への退会届

令和○年○○月○○日

東京都千代田区霞が関３丁目９番６号

やまびこ会　会長　山本良一郎　殿

埼玉県さいたま市桜木町２丁目２番６号

桜　井　　稔　（桜井）

退会届

私は、貴会に入会しておりましたが、この度都合により退会いたします。

つきましては、会員名簿からの削除等よろしくお願いいたします。

←退会届は、一般的には内容証明郵便による必要はなく、会の規則にしたがって退会手続きをします。内容証明郵便にする場合は、文例のように書きます。特に理由を書く必要はないでしょう。

←10行

退会届の内容は、**文例121**または**文例122**のように、退会することがはっきり書かれていれば、特別に理由を書く必要はありません。

**文例122**
労働組合への脱退通知書

> 令和○年○○月○○日
>
> 埼玉県志木市中宗岡１丁目１３番２８号
>
> さいたま労働組合
>
> 執行委員長　佐藤　博　殿
>
> 埼玉県さいたま市桜木町２丁目２番６号
>
> 桜　井　　稔　（桜井）
>
> 通知書
>
> 私は、貴組合に加入しておりましたが、本日をもって脱退いたします。

←加入団体が労働組合の場合です。退会することがはっきり書かれていれば、特に理由を書く必要はないでしょう。

←9行



## ⑥ 遺留分の侵害額を請求する場合

わが国の相続法（民法の相続編）では、人は生前に、自分の所有している財産を自由に処分（贈与《ぞうよ》）することができますし、また自分の死後の財産の行方についても、遺言することによって自由に決定（遺贈《いぞう》）できるとしています。

ただし、その場合にも、一定の近親者については、被相続人（亡くなった人）の意思に反しても、一定割合の相続財産を留保することにしており、これを遺留分《いりゅうぶん》といっています（民法1042条）。

遺留分の認められる者は、父母等の直系尊属《ちょっけいそんぞく》、子孫等の直系卑属《ちょっけいひぞく》と、配偶者だけです。その割合も、直系尊属のみが相続人のときは、相続財産の３分の１で、それ以外の場合は相続財産の２分の１とされています。

たとえば、被相続人が特定の相続人に対して、あるいはある宗教団体等の第三者に、相続財産の全部を譲る遺言（遺贈）をしたとすると、遺留分を持つ相続人としては、自分の相続権を侵害されることになります。そこで、自分の遺留分侵害額に相当する金銭の支払いを請求することができます（民法1046条）。従来は侵害分について戻すよう請求できた権利が、平成30年の改正により令和元年７月１日以降の相続では金銭支払いの請求権になりました。

遺留分侵害額の負担者の順序は法律で決まっており、遺贈と贈与がある場合は、遺贈を受けた者から先に負担することになっています。

**遺留分侵害額請求権の行使は、遺留分を侵害する遺贈や贈与を受けた**

**文例123**
遺留分侵害額請求書

令和○年○○月○○日

東京都新宿区新宿４丁目３番２号

吉　田　二　郎　殿

東京都世田谷区代田１丁目２番５号

吉　田　一　郎　(吉)

遺留分侵害額請求書

私の亡父吉田広は、遺言をもって貴殿に対し後記の財産を相続させました。しかし私は、亡父の子として、亡父の残した全財産のうち８分の１につき遺留分を有しております。

私は、前記遺言により、遺留分を侵害されましたので、貴殿に対し遺留分侵害額の請求をいたします。

記

１　東京都新宿区四谷３丁目２番地
　　宅地２５８平方メートル

２　有価証券および預金全部

←遺留分侵害額は、遺留分を侵害する相続や贈与を受けた人に対して請求します。遺留分が侵害されたことを知った日から1年以内にしなければならないので、日付が重要となることから配達証明付きの内容証明郵便で出すとよいです。

←16行

人に、意思表示をするだけでできますので、内容証明郵便で、「遺留分侵害額の請求をする」旨の意思表示をすればよいのです。

なお、遺留分侵害額請求権は、被相続人の死亡と遺留分を侵害する遺贈または贈与があったことを知った時から１年間で時効により消滅しますので注意してください。

## ⑦ 消滅時効により支払いを拒絶する場合

物を売れば代金を払えという請求権があります。お金を貸せば、返せという請求権があります。しかし、売掛金も貸金も永年放っておくと請



**文例124**
消滅時効による支払拒絶の通知書

令和○年１０月２日

横浜市緑区中央１丁目３番２４号

緑山株式会社

代表取締役　緑山黒太　殿

東京都中央区京橋２丁目１４番１号

花木株式会社

代表取締役　花木　咲　花木株式会社代表取締役之印

通知書

貴社は、当社に対し、金５００万円の売掛金を支払うよう請求しておりますが、前記売掛金の支払期限は平成○○年6月３０日ですから、すでに５年以上経過しており、貴社の当社に対する売掛金請求権は時効により消滅しております。したがって、貴社のご請求には応ずることはできません。

←請求を受けた売掛金債権について、時効により消滅していることを通知するものです。

←14行

## 文例125
時効が成立していないことを理由とする請求書

令和○年○○月○○日

東京都中央区京橋２丁目１４番１号

花木株式会社

代表取締役　花木　咲　殿

横浜市緑区中央１丁目３番２４号

緑山株式会社

代表取締役　緑山黒太

緑山株式会社代表取締役之印

通知書

当社は、貴社に対して、平成○○年○○月○○日から平成○○年○○月○○日までの間にカメラ・時計等を販売いたしましたが、代金５００万円を支払っていただいておりません。

貴社からの令和○年１０月２日付通知書によると、支払期限である平成○○年６月３０日から５年以上経過したから消滅時効が完成したとのことです。しかし当社は、貴社が平成○○年１１月５日に資金繰りが大変なので支払いを待ってほしい旨を申し入れてきたので現在まで待っていた次第です。支払猶予の申入れは債務の承認ですから、消滅時効は前記支払猶予の申入日から再スタートし、まだ５年間を経過しておらず、時効は完成しておりません。

←1枚目20行

つきましては、本書面到達後７日間以内に金５００万円をお支払いくださいますようご通知いたします。

万が一、前記期間内にお支払いなき場合、遺憾ながら訴訟・強制執行その他法的手続きをとらざるを得ませんのでご了承ください。

←2枚目5行

←時効が成立したとして、債務者からの支払拒絶の通知に対抗し、さらに支払いを求める文例です。時効の進行はどんな場合にストップするかについては67ページ以降を読んでください。

求できなくなります。

このように、相手に対して何かを請求できる権利（請求権）は、権利を行使できることを知った時から５年間行使しないとき、また権利を行使することができる時から10年間行使しないときのいずれか早い方が経過したときに時効が成立し、請求できなくなります。これを**消滅時効**《しょうめつじこう》といいます。消滅時効の詳細については、67ページ以下に解説しておきましたので、そこをご覧ください。

消滅時効の進行をストップさせるために、内容証明郵便で請求するときでも、文中に「時効の成立をストップさせるために請求いたします」ということを書く必要はありません。貸金の場合には、**文例64**（201ページ）のように、売掛金の場合には、**文例66**（203ページ）のように書いて請求すれば、消滅時効進行はストップします。

消滅時効が完成し、支払いを拒絶する場合には**文例124**です。時効が完成していないことを理由に請求する場合には**文例125**です。

## ⑧ 取得時効が完成した場合

時効には、前に述べた消滅時効のほかに、**取得時効**《しゅとくじこう》があります（民法162条以下）。ある人が、他人の物を、10年ないし20年間自分の所有物と思って占有《せんゆう》していると、その物の所有権を取得します。これが取得時効です。

たとえば、清水氏は山川氏からある土地を買い取り、そこに自宅を建てて、所有者として10年ないし20年間住んでいると、その土地がもともと山川氏の所有ではなく高橋氏の所有だったとしても、清水氏はその土地の所有権を取得します。

長期間続いた状態が、本当の権利関係と違っていても、その続いた状態を正当な権利と認めようというのが取得時効です。つまり、既成事実を尊重しようということです。したがって、取得時効が認められる権利は、所有権だけではなく、賃借権その他の財産権も含まれます。

取得時効が成立するための期間は、不動産については、占有の始めに、**善意かつ無過失ですと10年間で、悪意または過失があると20年間**です。

ある人が、ある土地を自分の所有地だと思って占有し、固定資産税を払って、20年以上経ったところ、実は他人の所有地であったことが判明したとしても、その人は取得時効の成立によって、所有権を取得するわけです。しかし時効で取得した者は、権利証や登記識別情報もありませんし、登記もありません。

取得者は、もとの地主に対し、時効取得による所有権の主張をして、移転登記の請求をすることになります。それが**文例126**です。

もとの地主は、通常、簡単には移転登記に応じてくれないでしょう。無償で所有権を譲渡することになるからです。

移転登記に応じなければ、もとの地主を相手に訴訟を起こすほかはありません。移転登記を命ずる判決を得て、判決で自分名義への移転登記をします。

**文例127**に掲げたのは、所有名義人からの、時効が成立していないことを理由とする土地明渡しの請求書です。

**文例126**
**取得時効による所有権の移転登記を求める請求書**

令和○年○○月○○日

横須賀市箱崎町６丁目２番４号

高　橋　九　郎　殿

川崎市宮前区鷺沼４丁目１０番１号

清　水　太　郎　清水

通知書

私は、後記の土地を平成○○年○○月○○日から自分の土地として占有してまいりました。

今般、貴殿は、私に対し後記土地の明渡しを求めております。確かに貴殿は、登記上所有権者となっております。

しかし、私は、前記の期日から、所有の意思をもって、平穏公然善意無過失に後記土地を占有してまいりました。したがって、すでに１０年以上経過しておりますので、時効により後記土地の所有権を取得いたしました。

つきましては、本書面到達後７日間以内に、後記土地の所有権移転登記の手続きをしてください。

具体的には、所有権移転登記済権利証・移転登記のための実印押捺の委任状および印鑑証明書をご交付ください。

前記期間内に移転登記に応じていただけない場合には、遺憾ながら訴訟その他の法的手続きをとらざるを得なくな

←1枚目20行

りますので、ご了承ください。

土地の表示

川崎市宮前区鷺沼４丁目１６番地

宅地　３０６．３１平方メートル

←2枚目4行

←占有の始めに善意・無過失で、10年間不動産を占有し続けていると、取得時効が成立し、所有権を取得します。その場合に、もとの所有者に取得時効の成立を知らせ、所有権移転登記手続きを求める請求書の文例です。

令和○年○○月○○日

川崎市宮前区鷺沼４丁目１０番１号

清　水　太　郎　殿

横須賀市箱崎町６丁目２番４号

高　橋　九　郎　㊞

通知書

私は、後記土地の所有者です。

貴殿は、時効により所有権を取得したことを理由に、移転登記の請求をしております。

確かに、貴殿は占有しておりますが、それは貴殿のたっての希望により私が好意的に無償で使用させてあげただけのことであり、所有権を移転したことはありません。

貴殿は所有者として、つまり所有の意思をもって占有した訳ではありませんから、取得時効が成立する余地はありません。

私は、貴殿に所有権の移転登記をする意思はありません。逆に本書面をもって使用貸借契約を解除いたしますので、本書面到達後７日間以内に土地を明け渡してください。

前記期間内に明け渡していただけない場合には、遺憾ながら訴訟その他の法的手続きをとらざるを得なくなります

←1枚目20行

ので、ご了承ください。

土地の表示

川崎市宮前区鷺沼４丁目１６番地

宅地　３０６．３１平方メートル

←2枚目4行

**文例127**

**取得時効が成立していない旨の主張および明渡し請求書**

←文例126のような請求書を受け取った元の所有者が、取得時効は成立していないと主張して、逆に占有されていた土地の明渡しを求める請求書です。

# ⑨ 任意後見契約を解除する場合

## ❶ 任意後見契約とは

売買契約等の法律行為をするには、その行為の結果を認識できるだけの判断能力が必要です。しかし、認知症などにより判断能力が衰えてしまった場合、契約を結ぶために代理人を選任する制度が成年後見制度です。この制度は高齢者が増加している今日において、利用数が増加しています。

成年後見制度は、大まかに法定後見制度（成年後見、保佐、補助）と任意後見制度の２種類があります。法定後見制度は、利用する段階で既に判断能力が衰えてしまった場合のものです。他方、任意後見制度は、将来自分の判断能力が衰えた場合に備えて、自分の希望する人との間で、特定の行為について代理人になってもらう契約を結ぶというものです。そして、この制度が利用されると成年後見登記に記載されます。代理人は、成年後見登記に基づく登記事項証明書を委任状として利用することになります。

任意後見契約は、公証役場で必ず公正証書により作成しないといけません。しかし、代理人となる人はこの段階では代理権は生ぜず、いよいよ判断能力が衰えて、家庭裁判所によって、任意後見監督人が選任されて初めて、代理人として活動ができます。

## ❷ 任意後見契約を解除する方法

任意後見契約が締結された後に、一方が転居したため面倒が見られなくなった、あるいはお互いの信頼関係が崩れてしまった場合など、原則としていつでも解除することができます。解除の方法は、両者の合意による方法と一方的に解除をする方法があります。そして、作成した解除の書面に対して、任意後見監督人が選任される前は公証人の認証を、選任された後は家庭裁判所の許可が必要となります。これは、解除が真意に基づくことを確認するためです。さらに、成年後見登記に契約が終了したことを反映させないと、終わったことを第三者に言えません。

一方的に解除をする方法については、解除通知書を相手方に送る必要があります。そして、任意後見契約が終わったことを成年後見登記へ反映させるために、東京法務局後見登録課に終了の登記の申請をする必要がありますが、申請の際に提出する解除通知書は、配達証明付き内容証明郵便で行わないといけないとされています。

そこで、任意後見監督人が選任される前に、任意後見契約を一方的に解除するにあたっては、**文例128**の解除通知書を郵送する前に公証役場に持って行き、公証人に認証してもらい、これを配達証明付き内容証明郵便で相手方に送る必要があります。

**文例128**

**任意後見契約の解除通知書（任意後見受任者宛）**

令和○年７月３０日

東京都中央区銀座９丁目１０番１１号　銀座ビル３階

（登記上の住所 東京都千代田区神田神保町七丁目６番５号）

（受任者）加藤二郎　殿

東京都多摩市唐木田６丁目１番３号　寿ホーム

（登記上の住所　東京都千代田区九段北

五丁目１３番７号）

（委任者）斉藤一郎　斉藤

通知書

私、斉藤一郎は、貴殿との間で締結した平成○○年１２月３日東京法務局所属公証人鈴木三郎作成平成○○年第１５０号任意後見契約公正証書による任意後見契約を解除いたします。

←登記記録上の住所と現在の住所が異なる場合には併記する必要があります。

登記記録の特定ができるよう少なくとも作成日・証書番号・公証人名は記載する必要があります。

任意後見契約公正証書や登記事項証明書の記載を参照して記載します。

解除の理由を書く必要はありません。

←13行

## 巻末資料

# 郵便法・郵便約款

# 郵便法・郵便約款

## 郵便法（抜粋）　昭和22年12月12日法律第165号

第２章　郵便の役務

第４節　郵便物の特殊取扱

第４４条　（特殊取扱）　会社は、この節に定めるところによるほか、郵便約款の定めるところにより、書留、引受時刻証明、配達証明、内容証明及び特別送達の郵便物の特殊取扱を実施する。

②　会社は、前項の規定によるほか、郵便約款の定めるところにより、郵便物の代金引換（差出人が指定した額の金銭と引換えに名あて人に交付し、その額に相当する金額を当該差出人に支払う取扱いをいう。第５０条第１項第２号及び第２項第４号において同じ。）その他の郵便物の特殊取扱を実施することができる。

③　引受時刻証明、配達証明、内容証明及び特別送達の取扱いは、書留とする郵便物につき、これをするものとする。

第４５条　（書留）　書留の取扱いにおいては、会社において、当該郵便物の引受けから配達に至るまでの記録をし、もし、送達の途中において当該郵便物を亡失し、又はき損した場合には、差出しの際差出人から会社に申出のあつた損害要償額の全部又は一部を賠償する。

②　前項の損害要償額は、郵便物の内容である現金の額（その内容が現金以外の物であるときは、その物の時価）を超えない額であつて郵便約款の定める額を超えないものでなければならない。

③　差出人が第１項の損害要償額の申出をしなかつたときは、同項の規定の適用については、郵便約款の定める額を損害要償額として申し出たものとみなす。

④　会社は、第１項の規定によるもののほか、次に掲げる郵便物以外の郵便物につき、差出人からの申出があるときは、当該郵便物の引受け及び配達について記録し、もし、送達の途中において当該郵便物を亡失し、又はき損した場合には、郵便約款の定める額を限度とする実損額を賠償する書留の取扱いをすることができる。

　１　現金又は第１７条に規定する貴重品を内容とする郵便物

2　引受時刻証明、配達証明、内容証明又は特別送達の取扱いをする郵便物

第４６条　（引受時刻証明）　引受時刻証明の取扱いにおいては、会社において、当該郵便物を引き受けた時刻を証明する。

第４７条　（配達証明）　配達証明の取扱いにおいては、会社において、当該郵便物を配達し、又は交付した事実を証明する。

第４８条　（内容証明）　内容証明の取扱いにおいては、会社において、当該郵便物の内容である文書の内容を証明する。

②　前項の取扱いにおいては、郵便認証司による第５８条第１号の認証を受けるものとする。

第４９条　（特別送達）　特別送達の取扱いにおいては、会社において、当該郵便物を民事訴訟法（平成８年法律第１０９号）第１０３条から第１０６条まで及び第１０９条に掲げる方法により、送達し、その送達の事実を証明する。

②　前項の取扱いにおいては、郵便認証司による第５８条第２号の認証を受けるものとする。

③　特別送達の取扱いは、法律の規定に基づいて民事訴訟法第１０３条から第１０６条まで及び第１０９条に掲げる方法により送達すべき書類を内容とする郵便物につき、これをするものとする。



## 内国郵便約款（抜粋）　平成24年10月1日実施　令和2年2月3日改正

第５章　特殊取扱

第６節　配達証明

第117条　（配達証明の取扱い）　当社は、郵便物を配達し、又は交付した事実を証明する配達証明の取扱いをします。

②　配達証明とする郵便物（以下「配達証明郵便物」といいます。）は、一般書留としていただきます。

③　当社は、配達証明郵便物を配達し、又は交付したときは、事業所において、差出人に配達証明書を当社が別に定める取扱いとする郵便物により送付します。

（注）第３項の当社が別に定める取扱いとする郵便物は、特殊取扱としない通常葉書とします。

第118条　（配達証明郵便物の表示）　配達証明郵便物には、その旨を示す当社が別

に定める表示をしていただきます。

（注）当社が別に定める表示は、郵便物の表面の見やすい所に「配達証明」の文字を明瞭に記載するものとします。

第119条　（差出し後の配達証明の請求）　一般書留郵便物の差出人は、その郵便物を差し出した後でも、その差出しの日から１年以内に限り、その郵便物の配達証明の請求をすることができます。

②　前項の請求をするときは、差出事業所（差し出した郵便物が点字内容証明の取扱いをしたものであるときは、第１２４条（点字内容証明の取扱い）に規定する点字内容証明取扱局を含みます。）に郵便物の受領証を提示していただきます。

第７節　内容証明

第120条　（内容証明の取扱い）　当社は、郵便物の内容である文書の内容を証明する内容証明の取扱いをします。

②　内容証明（点字内容証明を除きます。以下この節において同じとします。）とする郵便物（以下「内容証明郵便物」といいます。）は、集配事業所及び当社が別に定める事業所（以下「内容証明取扱局」といいます。）において、次により取り扱います。

⑴　第１２２条（内容証明郵便物の差出方法）の規定により提出された内容である文書とその謄本とを対照して符合することを認めたときは、内容である文書及び謄本の各通に、差出年月日、その郵便物が内容証明郵便物として差し出された旨及び当社の名称を記載し、並びに通信日付印を押印すること。

⑵　謄本のうち１通は、事業所においてこれを保存し、これと内容である文書及び他の謄本とを通信日付印で契印すること。

⑶　謄本が２枚以上あるもののつづり目及び謄本の文字又は記号の訂正、挿入又は削除に関する記載がある所には、通信日付印を押印すること。

⑷　⑴から⑶までの規定により証明された謄本のうち事業所において保存するもの以外のものは、差出人に交付すること。

⑸　⑴及び⑵の規定により証明した内容である文書は、事業所の職員の立会いのもとで差出人においてこれを郵便物の受取人及び差出人の氏名及び住所又は居所を記載した封筒に納めて封かんしていただいた上で送達すること。

③　内容証明の取扱いにおいては、郵便認証司による法第５８条第１号の認証を受けるものとします。

（注）第２項の当社が別に定める事業所は、支社が指定した事業所とします。

第121条　（内容証明の取扱いをする郵便物）　内容証明の取扱いは、仮名、漢字及び数字のみを記載した文書１通のみを内容とする郵便物につき、これをします。

②　前項の文書には、英字（固有名詞に限ります。）及び括弧、句点その他一般に記号として使用されるもの（以下「英字等」といいます。）を記載することができます。

③　内容証明郵便物は、一般書留としていただきます。

第122条　（内容証明郵便物の差出方法）　内容証明郵便物を差し出すときは、内容である文書のほかその謄本２通に内容証明料を添えて、内容証明取扱局に提出していただきます。ただし、２通以上の郵便物でその内容である文書の内容を同じくするもの並びに内容である文書のうち名あて人の氏名及び住所又は居所のみを異にする２通以上の郵便物でそれぞれの名あて人にあてたものについては、その内容である文書のすべてを通じて謄本２通を提出していただきます。

第123条　（内容証明郵便物の謄本の作成方法）　内容証明郵便物の謄本は、次により作成していただきます。

⑴　１行２０字（記号は、１個を１字とします。以下同じとします。）以内、１枚２６行以内で作成すること。ただし、謄本を横書きで作成するときは、１行１３字以内、１枚４０行以内又は１行２６字以内、１枚２０行以内で作成することができる。

⑵　謄本の文字又は記号は、これを改ざんしないこと。文字又は記号を訂正し、挿入し、又は削除するときは、その字数及び箇所を欄外又は末尾の余白に記載し、これに押印し、訂正又は削除に係る文字は明らかに読み得るよう字体を残すこと。

⑶　謄本の枚数が２枚以上にわたるときは、そのつづり目に契印をすること。

⑷　内容である文書が名あて人の氏名及び住所又は居所のみを異にする２通以上の郵便物でそれぞれの名あて人にあてたものの謄本には、内容である文書の名あて人の氏名及び住所又は居所を記載しないこと。

⑸　謄本には、郵便物の差出人及び受取人の氏名及び住所又は居所をその末尾余白に付記し、又は別に記載して添付すること。ただし、その氏名及び住所又は居所が内容である文書に記載されたものと同一であるときは、内容である文書が名あて人の氏名及び住所又は居所のみを異にする２通以上の郵便物でそれぞれその名あて人にあてたものを除き、その付記又は添付を省略することができる。

②　前項⑵の場合において文字の訂正又は挿入により５２０字を超えた謄本は、料金の支払に関してはこれを２枚として計算し、前項⑸の付記又は添付については、その文字又は添付したものを謄本の字数又は枚数に算入しません。

第124条　（点字内容証明の取扱い）　当社は、当社が別に定める事業所（以下「点字内容証明取扱局」といいます。）に差し出された仮名及び数字に対応する点字のみを掲げた文書１通のみを内容とする郵便物の内容を証明する点字内容証明の取扱いをします。

⑴　次条（点字内容証明郵便物の差出方法）の規定により提出された内容である文書とその謄本とを対照して符合することを認めたときは、内容である文書及び謄本の各通に、その符合することを認めたときの年月日、その郵便物が内容証明郵便物として差し出された旨及び当社の名称を記載し、並びに点字でその郵便物が内容証明郵便物として差し出された旨及び当社の名称を掲げ、並びに通信日付印を押印すること。

⑵　謄本のうち１通は、事業所においてこれを保存し、これと内容である文書及び他の謄本とを通信日付印で契印すること。

⑶　謄本が２枚以上あるときは、第１２６条（点字内容証明郵便物の内容である文書及び謄本の作成方法）⑶の規定により点字でページが掲げられた紙面（最後のページが掲げられた紙面を除きます。）につき、それぞれそのページが掲げられた紙面とその次のページが掲げられた紙面とを通信日付印で契印すること。

⑷　⑴から⑶までの規定により証明された謄本のうち事業所において保存するもの以外のものは、差出人にこれを交付し、又は一般書留郵便物により送付すること。

⑸　次条（点字内容証明郵便物の差出方法）の規定により提出された封筒に「第四種郵便物」と記載し、これを⑴及び⑵の規定により証明した内容である文書を納めて封かんした上送達すること。

② 前項の文書には、英字等に対応する点字を掲げることができます。

③ 点字内容証明の取扱いにおいては、郵便認証司による法第５８条第１号の認証を受けるものとします。

④ 点字内容証明とする郵便物（以下「点字内容証明郵便物」といいます。）は、一般書留としていただきます。

（注）第１項の当社が別に定める事業所は、銀座郵便局とします。

第125条 （点字内容証明郵便物の差出方法） 点字内容証明郵便物を差し出すときは、内容である文書のほかその謄本２通並びに郵便物の差出人及び受取人の氏名及び住所又は居所を記載した封筒（内容である文書を折り畳まないで納めることができるものに限ります。）に内容証明料及び書留料（他の特殊取扱とするものにあっては、その特殊取扱の料金を含みます。）を添えて、点字内容証明取扱局又は当社が別に定める事業所に提出していただきます。

（注）当社が別に定める事業所は、支社が指定した事業所とします。

第126条 （点字内容証明郵便物の内容である文書及び謄本の作成方法） 点字内容証明郵便物の内容である文書及び謄本は、次によりこれを作成していただきます。

(1) 日本工業規格Ｂ５の点字用紙（点字を明瞭に掲げることができるものに限ります。）を３枚重ねて、その片面のみに点字を横に掲げるものとし、１枚２０行以内（(3)の規定により点字で掲げるページの行は算入しません。）で作成すること。

(2) 内容である文書及び謄本の点字は、これを改ざんし、訂正し、挿入し、又は削除しないこと。

(3) 内容である文書及び謄本の枚数が２枚以上にわたるときは、それぞれの末尾余白の下部にページを点字で掲げること。

(4) 内容である文書及び謄本には、郵便物の差出人及び受取人の氏名及び住所又は居所をその末尾余白に点字で掲げること。

第127条 （再度証明の請求） 内容証明郵便物及び点字内容証明郵便物の差出人は、第１２９条（内容証明郵便物等の謄本の保存期間）に規定する謄本の保存期間内に限り、差出事業所（点字内容証明郵便物の差出人にあっては、点字内容証明取扱局を含みます。次項において同じとします。）にその郵便物の内容である文書の謄本を提出して、次に掲げる証明を受けることができます。この場合には、郵便物の受領証を提示していただきます。

(1)　内容証明郵便物に係る謄本

第１２０条（内容証明の取扱い）第２項(1)から(3)までに規定する取扱いによる証明

(2)　点字内容証明郵便物に係る謄本

第１２４条（点字内容証明の取扱い）第１項(1)から(3)までに規定する取扱いによる証明

②　前項の規定により差出事業所に提出する謄本については、内容証明郵便物に係るものにあっては第１２３条（内容証明郵便物の謄本の作成方法）、点字内容証明郵便物に係るものにあっては前条（点字内容証明郵便物の内容である文書及び謄本の作成方法）の規定に準じて作成していただきます。

③　第１項の取扱いにおいては、郵便認証司による法第５８条第１号の認証を受けるものとします。

第128条　（内容証明郵便物等の謄本の閲覧請求）　内容証明郵便物及び点字内容証明郵便物の差出人は、次条（内容証明郵便物等の謄本の保存期間）に規定する謄本の保存期間内に限り、差出事業所（点字内容証明郵便物の差出人にあっては、点字内容証明取扱局）にその郵便物の受領証を提示して謄本の閲覧を請求することができます。

第129条　（内容証明郵便物等の謄本の保存期間）　差出事業所における内容証明郵便物に係る謄本及び点字内容証明取扱局における点字内容証明郵便物に係る謄本の保存期間は、５年とします。

第130条　（内容証明郵便物等のあて名変更の請求）　内容証明郵便物及び点字内容証明郵便物については、あて名の変更を請求することができません。

**電子郵便約款（抜粋）**　平成24年10月1日実施　令和元年10月1日改正

第４章　電子内容証明郵便

第３４条　（取扱内容）　内容証明の取扱いをする場合のコンピュータ発信型電子郵便（以下「電子内容証明郵便」といいます。）の取扱いは、当社が別に定める事業所において、次により、これをします。

(1)　電子内容証明郵便とする郵便物（以下「電子内容証明郵便物」といいます。）を引き受けたときは、電子計算機により通信文等を読み取り、通信文用紙に黒色のみで印字すること。

(2) 次に規定する電子内容証明の取扱いをすること。

ア　電子計算機により読み取った通信文等を、その電子計算機により記録するとともに、謄本とするための通信文用紙（以下単に「謄本」といいます。）に黒色のみで印字すること。

イ　アの規定により記録した通信文等と、引受けの際、電子計算機により通信文等を読み取り黒色のみで印字した通信文用紙（以下「内容である文書」といいます。）及び謄本とを対照して符合することを認めたときは、内容である文書及び謄本に、電子計算機により、差出年月日、その郵便物が電子内容証明郵便物として差し出された旨、当社の名称及びページ数を記載し、並びに通信日付印の印影を表示すること。

ウ　イの規定により証明された謄本は、差出人にこれを当社が別に定める取扱いとする郵便物により送付するとともに、差出事業所において、アの規定により記録した通信文等その他謄本に係る情報を電磁的方法による記録に係る記録媒体により保存すること。

(3) 印字した通信文用紙を電子内容証明郵便封筒に納めて封かんして作成した郵便物は、一般書留とする郵便物の例により送達すること。

② 前項(1)の通信文用紙は、当社が別に定める大きさのものとし、その枚数は当社が別に定める枚数以内とします。

③ ２通以上の郵便物（当社が別に定める通数以内に限ります。）でその内容である文書の内容を同じくするもの並びに内容である文書のうち名あて人の氏名及び住所又は居所のみを異にする２通以上の郵便物（当社が別に定める通数以内に限ります。）でそれぞれその名あて人にあてたものについて、差出人が請求する場合にあっては、その内容である文書のすべてを通じて謄本１通を作成します。

④ 電子内容証明郵便物の差出人は、同時に差し出すその郵便物（当社が別に定める通数以内に限ります。）に係る第１項(2)イの規定により証明された謄本について、まとめて送付することを請求することができます。

⑤ 電子内容証明郵便の取扱いについては、第２２条（取扱内容）及び第２３条（対象郵便物）第１項の規定は、適用しません。

⑥ 電子内容証明の取扱いにおいては、郵便認証司による法第５８条第１号の認証を受けるものとします。

（注１）第１項本文の当社が別に定める事業所は、新東京郵便局とします。

（注２）第１項の当社が別に定める取扱いとする郵便物は、簡易書留とする郵便物とします。

（注３）第２項の当社が別に定める大きさは、日本工業規格Ａ４とします。

（注４）第２項の当社が別に定める枚数は、５枚とします。ただし、当社が指定するところにより通信文用紙に郵便物の差出人又は受取人の氏名及び住所又は居所その他当社が指定する事項を記載する場合には、これらの事項のみを記載した通信文用紙を４枚まで追加することができます。

（注５）第３項及び第４項の当社が別に定める通数は、１００通とします。

第３５条　（対象郵便物）　電子内容証明郵便の取扱いは、次により作成された文書１通のみを内容とするコンピュータ発信型電子郵便物（第２４条（差出方法等）第１項⑶の規定により差し出されるものに限ります。）につき、これをします。

⑴　内容である通信文、あて名等を差出事業所の指示するところにより記録する。

⑵　⑴の記録は、当社が別に定める仮名、漢字、数字、英字（固有名詞に限ります。）及び括弧、句点その他一般に記号として使用されるものにより行う。

②　電子内容証明郵便物は、一般書留としていただきます。

③　電子内容証明郵便物は、当社が別に定める特殊取扱とすることができます。

（注１）第１項⑵の当社が別に定める仮名等は、別記８のとおりとします。

（注２）第３項の当社が別に定める特殊取扱は、速達及び配達証明とします。

第３６条　（差出方法等）　電子内容証明郵便物を差し出そうとする者（以下この章において「利用者」といいます。）であって第２５条（料金の支払方法等）第３項の規定に基づき料金後納とするものは、当社が別に定めるところにより差出事業所に電子情報処理組織を使用して申出をし、その承認を受けていただきます。この場合において、その利用者は、差出事業所の指示に従い、当社が別に定める事項を入出力装置から入力していただきます。

②　第２５条（料金の支払方法等）第５項の規定に基づき内国郵便約款第６４条（クレジットカード払等）に規定するところにより郵便物の料金及び電子郵便料を支払おうとする利用者は、当社が別に定めるところによ

り差出事業所に電子情報処理組織を使用して申出をし、その承認を受けていただきます。この場合において、その利用者は、差出事業所の指示に従い、当社が別に定める事項を入出力装置から入力していただきます。

③　差出事業所は、前２項の規定による申出があった場合においては、電子情報処理組織を使用して利用者にその差出事業所が指定する番号（以下この章において「利用者番号」といいます。）を通知します。

④　第２項の規定による申出をした利用者は、前項の規定により差出事業所から利用者番号を通知されたときは、その差出事業所が指定するところにより、その通知があった日から起算して７日以内に、利用するクレジットカードに記載されている事項及び利用者番号を電話により差出事業所に通知していただきます。

⑤　第１項及び第２項の承認は、それぞれ次に定める場合にこれをするものとし、それぞれの承認をしたときは、電子情報処理組織を使用してそれぞれの利用者にその旨を通知します。



| 区別 | 承認する場合 |
|---|---|
| １　第１項の承認 | 差出事業所が第２５条（料金の支払方法等）第３項に規定する料金後納の承認（後納郵便物の差出方法について承認を要する場合は、その承認を含みます。）を受けた者であることを確認した場合 |
| ２　第２項の承認 | 内国郵便約款第６４条（クレジットカード払等）の料金の支払について、指定会社等が利用者から委託を受けた旨を差出事業所に通知した場合 |

（注１）第１項の当社が別に定めるところは、料金後納の承認（他局差出承認を要する場合は、その承認を含みます。）を受けた後に、インターネットを介して、差出事業所の電子計算機へ「https://e-naiyo.post.japanpost.jp/」のあて先で接続し、その電子計算機へ送信していただくこととします。

（注２）第１項の当社が別に定める事項は、次のとおりとします。

１　利用者の氏名及び住所又は居所並びにメールアドレス

２　照合記号番号（差出事業所が指示する方法に従って利用者が自由に設定した記号又は番号をいいます。以下同じとします。）

３　連絡先

4　内国郵便約款第４９条（料金後納）第１項に規定する承認に際し当社が指定した番号

5　その他差出事業所が指示する事項

（注３）第２項の当社が別に定めるところは、インターネットを介して、差出事業所の電子計算機へ「https://e-naiyo.post.japanpost.jp/」のあて先で接続し、その電子計算機へ送信していただくこととします。

（注４）第２項の当社が別に定める事項は、次のとおりとします。

1　（注２）の１から３までに規定する事項

2　電子内容証明郵便物の料金及び電子郵便料並びにこれに係る特殊取扱の料金に関する支払請求書については、指定会社等に送付することを依頼する旨

3　その他差出事業所が指示する事項

第３７条　（承認請求に係る申出内容の変更届）　前条（差出方法等）第１項又は第２項の承認を受けた利用者は、これらの規定又は同条第４項に規定する事項（当社が別に定めるものを除きます。）を変更するときは、当社が別に定めるところにより差出事業所に電子情報処理組織を使用して届出をしていただきます。この場合において、その利用者は、差出事業所の指示に従い、当社が別に定める事項を入出力装置から入力していただきます。

（注１）当社が別に定めるものは、電子内容証明郵便物の料金及び電子郵便料並びにこれに係る特殊取扱の料金に関する支払請求書については、指定会社等に送付することを依頼する旨とします。

（注２）当社が別に定めるところは、インターネットを介して、差出事業所の電子計算機へ「https://e-naiyo.post.japanpost.jp/」のあて先で接続し、その電子計算機へ送信していただくこととします。

（注３）当社が別に定める事項は、次のとおりとします。

1　氏名及び住所又は居所

2　照合記号番号及び利用者番号

3　変更年月日

4　変更の内容

第３８条　（差出廃止届）　第３６条（差出方法等）第１項又は第２項の承認を受け

た利用者は、電子内容証明郵便物を差し出す必要がなくなったとき又は指定会社等に委託をしないときは、当社が別に定めるところにより、電子情報処理組織を使用して差出しを廃止する旨の届出をしていただきます。この場合において、その承認を受けた者は、差出事業所の指示に従い、当社が別に定める事項を入出力装置から入力していただきます。

（注１）当社が別に定めるところは、インターネットを介して、差出事業所の電子計算機へ「https://e-naiyo.post.japanpost.jp/」のあて先で接続し、その電子計算機へ送信していただくこととします。

（注２）当社が別に定める事項は、次のとおりとします。

　１　氏名及び住所又は居所

　２　照合記号番号及び利用者番号

　３　差出しを廃止する年月日

第３９条　（第３章の規定の適用）　電子内容証明郵便の取扱いについては、この章に規定するほか、第３章（コンピュータ発信型電子郵便）（第２４条（差出方法等）第１項(3)の規定により差し出されるものに係る部分に限り、第２２条（取扱内容）第１項(2)、第２３条（対象郵便物）第１項、第２４条（差出方法等）第４項から第７項まで、第２６条（承認請求に係る申出内容の変更届）第２項、第２７条（料金の支払方法に関する事項の変更承認）、第２８条（みなし承認利用者の承認に係る変更）、第２９条（差出廃止届）第２項並びに第３２条（承認の取消し）第４項及び第５項を除きます。）に規定するところによります。この場合において、次の表の左欄に掲げる規定中同表の中欄に掲げる字句は、それぞれ同表の右欄に掲げる字句に読み替えるものとします。

| | | |
|---|---|---|
| 第２４条（差出方法等）第８項 | 第４項若しくは第５項の承認を受け、又は前項の規定によりこれらの承認を受けたものとみなされたコンピュータ発信型電子郵便物 | 第３６条（差出方法等）第１項又は第２項の承認を受けた電子内容証明郵便物 |
| 第２４条（差出方法等）第９項 | コンピュータ発信型電子郵便物 | 電子内容証明郵便物 |
| 第２４条（差出方法等）第９項表中１ | 第４項の承認を受けた差出人（第７項の規定により第４項の承認を受けたものとみなされたものを含みます。） | 第３６条（差出方法等）第１項の承認を受けた差出人 |
| 第２４条（差出方法等）第９項表中２ | 第５項の承認を受けた差出人（第７項の規定により第５項の承認を受けたものとみなされたものを含みます。） | 第３６条（差出方法等）第２項の承認を受けた差出人 |
| | コンピュータ発信型電子郵便物の料金及び電子郵便料 | 電子内容証明郵便物の料金及び電子郵便料並びにこれに係る特殊取扱の料金 |
| 第２４条（差出方法等）第１０項 | コンピュータ発信型電子郵便物 | 電子内容証明郵便物 |
| 第２５条（料金の支払方法等）第５項、第６項、第７項及び第８項 | 電子郵便料 | 電子郵便料並びにこれに係る特殊取扱の料金 |
| 第３０条（電子情報処理組織による申出等の到達の時点） | 第２４条（差出方法等）第４項又は第５項 | 第３６条（差出方法等）第１項又は第２項 |
| | 同条第８項 | 第２４条（差出方法等）第８項 |
| | 第２６条（承認請求に係る申出内容の変更届）第２項 | 第３７条（承認請求に係る申出内容の変更届） |
| | 第２７条（料金の支払方法に関する事項の変更承認）第２項の規定によりされた申出及び前条（差出廃止届）第２項 | 及び第３８条（差出廃止届） |
| 第３１条（引受けの停止）第２項 | 第２４条（差出方法等）第４項の承認を受けた利用者又は同項の承認に係るみなし承認利用者 | 第３６条（差出方法等）第１項の承認を受けた利用者 |
| | コンピュータ発信型電子郵便物 | 電子内容証明郵便物 |
| | 第２６条（承認請求に係る申出内容の変更届）第２項 | 第３７条（承認請求に係る申出内容の変更届） |
| 第３１条（引受けの停止）第３項 | 第２４条（差出方法等）第５項の承認を受けた利用者又は同項の承認に係るみなし承認利用者 | 第３６条（差出方法等）第２項の承認を受けた利用者 |
| | コンピュータ発信型電子郵便物 | 電子内容証明郵便物 |
| 第３２条（承認の取消し）第２項 | 第２４条（差出方法等）第４項 | 第３６条（差出方法等）第１項 |
| 第３２条（承認の取消し）第２項⑴ | コンピュータ発信型電子郵便物 | 電子内容証明郵便物 |
| 第３２条（承認の取消し）第２項⑵ | コンピュータ発信型電子郵便物（第２４条（差出方法等）第１項⑶の規定により差し出すものに限ります。以下この条において同じとします。） | 電子内容証明郵便物 |
| 第３２条（承認の取消し）第３項 | 第２４条（差出方法等）第５項 | 第３６条（差出方法等）第２項 |
| 第３２条（承認の取消し）第３項⑴及び⑵ | コンピュータ発信型電子郵便物 | 電子内容証明郵便物 |

第４０条　（損害要償額の限度額）　電子内容証明郵便物の損害要償額の限度額は、内国郵便約款の規定にかかわらず、１００，０００円とします。

第４１条　（再度証明）　電子内容証明郵便物の差出人は、謄本の情報（第３４条（取扱内容）第１項⑵ウに規定する記録媒体に記録されたものをいいます。以下同じとします。）に係る次条（謄本の情報の保存期間）の規定による保存期間内に限り、差出事業所において第３４条（取扱内容）第１項⑵の規定による証明を受けることができます。この場合において、その差出人は、差出事業所の指示に従い、当社が別に定める事項を入出力装置から入力していただきます。

②　前項の取扱いにおいては、郵便認証司による法第５８条第１号の認証を受けるものとします。

③　電子内容証明郵便物の差出人のうち、第１項の入力ができない者にあっては、集配事業所又は当社が別に定める事業所に申し出ることにより、第３４条（取扱内容）第１項⑵の規定による証明を受けることができます。この場合において、その差出人は、郵便物の受領証を提示し、第１項に規定する事項を通知していただきます。

④　前項の証明を受ける場合の電子内容証明料については、申出の際、郵便切手又は現金等で支払っていただきます。

（注１）第１項の当社が別に定める事項は、次のとおりとします。

1　照合記号番号、利用者番号及び郵便物の受領証に記載された引受番号

2　差出年月日

3　名あて人の氏名及び住所又は居所

4　差出人の氏名及び謄本の送付先として希望する住所又は居所

（注２）第３項の当社が別に定める事業所は、支社が指定した事業所とします。

第４２条　（謄本の情報の保存期間）　差出事業所における電子内容証明郵便物に係る謄本の情報の保存期間は、５年とします。

第４３条　（あて名変更請求不能）　電子内容証明郵便物については、あて名の変更を請求することができません。

〔著者紹介〕

**多比羅 誠**（たひら まこと）

弁護士（東京弁護士会所属）。
昭和18年、埼玉県に生まれ。早稲田大学法学部卒業。司法試験考査委員（破産法）、法制審議会委員、全国倒産処理弁護士ネットワーク副理事長、学習院大学法科大学院教授、東京地方裁判所専門委員等を務める。
著書に「手形・小切手がわかる本」（日本実業出版社）、共著に「倒産法の判例・実務・改正提言」（弘文堂）、「大コンメンタール 破産法」「新・裁判実務大系 新版 破産法」（以上、青林書院）、編著書に「進め方がよくわかる　私的整理手続と実務」（第一法規）などがある。
事務所　東京都港区西新橋1-6-13　柏屋ビル３階　ひいらぎ総合法律事務所

**多比羅 研**（たひら けん）

行政書士（神奈川県行政書士会所属）。
東京法務局（不動産登記部門、後見登録課）の非常勤職員、法律事務所勤務後、平成27年行政書士登録。一般社団法人コスモス成年後見サポートセンター神奈川県支部会員。
事務所　神奈川県川崎市中原区今井南町36-29　縁行政書士事務所

本書は1984年４月20日から2007年７月まで「内容証明の書き方と活用法」という書名で発行していたものを、内容を加筆・修正し、書名を変えて発行したものです。

**内容証明《ないようしょうめい》を出《だ》すならこの１冊《いっさつ》**

2009年２月５日　初版第１刷発行
2020年５月22日　第５版第１刷発行

著　者　多《た》比《ひ》羅《ら》　誠《まこと》
　　　　多《た》比《ひ》羅《ら》　研《けん》
発行者　伊　藤　滋
印刷所　図書印刷株式会社
製本所　新風製本株式会社

発行所　株式会社自由国民社
〒171-0033 東京都豊島区高田3-10-11
営業部　TEL03-6233-0781　FAX03-6233-0780
編集部　TEL03-6233-0786　URL　https://www.jiyu.co.jp/

本文デザイン 田中望／本文ＤＴＰ 有限会社中央制作社

●造本には細心の注意を払っておりますが、万が一、本書にページの順序間違い・抜けなど物理的欠陥があった場合は、不良事実を確認後お取り替えいたします。小社までご連絡の上、本書をご返送ください。ただし、古書店等で購入・入手された商品の交換には一切応じません。
●本書の全部または一部の無断複製（コピー、スキャン、デジタル化等）・転訳載・引用を、著作権法上での例外を除き、禁じます。ウェブページ、ブログ等の電子メディアにおける無断転載等も同様です。これらの許諾については事前に小社までお問合せください。また、本書を代行業者等の第三者に依頼してスキャンやデジタル化することは、たとえ個人や家庭内での利用であっても一切認められませんのでご注意ください。
●本書の内容の正誤等の情報につきましては自由国民社ホームページ内でご覧いただけます。
https://www.jiyu.co.jp/
●本書の内容の運用によっていかなる障害が生じても、著者、発行者、発行所のいずれも責任を負いかねます。また本書の内容に関する電話でのお問い合わせ、および本書の内容を超えたお問い合わせには応じられませんのであらかじめご了承ください。